VOYAGES
IMAGINAIRES,
ROMANESQUES, MERVEILLEUX,
ALLÉGORIQUES, AMUSANS,
COMIQUES ET CRITIQUES,
SUIVIS DES
SONGES ET VISIONS,
ET DES
ROMANS CABALISTIQUES.

CE VOLUME CONTIENT:

L'Hiſtoire de M. OUFLE, par l'abbé BORDELON;
Suivie de la DESCRIPTION DU SABBAT.

VOYAGES
IMAGINAIRES,
SONGES, VISIONS,
ET
ROMANS CABALISTIQUES.

Ornés de Figures.

TOME TRENTE-SIXIÈME.

Troisième classe, contenant les *Romans Cabalistiques*.

A AMSTERDAM,
Et se trouve à PARIS,
RUE ET HÔTEL SERPENTE.

M. DCC. LXXXIX.

HISTOIRE
DE
MONSIEUR OUFLE,
PAR L'ABBÉ BORDELON,
RETOUCHÉE ET RÉDUITE PAR M. G.

AVERTISSEMENT
DE L'ÉDITEUR.

L'INIMITABLE roman de don Quichotte a ouvert, aux auteurs, une nouvelle carrière, celle des romans critiques & satyriques; plusieurs l'ont suivie avec succès, mais il faut convenir qu'ils sont demeurés tous très-loin de leur modèle, soit qu'ils n'eussent pas reçu de la nature le talent rare d'une plaisanterie fine & délicate, soit qu'ils n'aient pas eu l'avantage de s'exercer sur des sujets aussi heureux que celui qu'avoit choisi Michel de Cervantes. On a distingué néanmoins, dans ce genre, *la fausse Clélie*, critique ingénieuse des sentimens exagérés des romans d'amour; l'*Anti-roman* ou le *berger Lisis*, où l'on badine agréablement les fadeurs de nos bergeries & de nos pastorales, les langueurs & les douloureux martyres des mauvaises copies des Astrées & des Céladons. On peut citer aussi les *Aventures merveilleuses de don Sylvio de Rosalva*, imprimées dans le trente sixième volume du Cabinet des Fées, où l'on parodie fort gaiement les contes de fées.

L'Histoire des Imaginations de M. Oufle est de ce genre & mériteroit d'y tenir un rang distingué, si un sujet aussi heureusement choisi & qui prêtoit autant à la plaisanterie, ne fût pas tombé entre les mains d'un auteur peu propre à le faire valoir. Au lieu de nous donner un chef-d'œuvre, l'abbé Bordelon n'a donc produit qu'un ouvrage médiocre, & l'on ne le lit avec plaisir que parce que la matière offre

DE L'ÉDITEUR.

par elle-même des ressources à la gaieté & à l'amusement qui n'ont pu se perdre sous la plume lourde & fastidieuse de l'écrivain.

M. Oufle, héros de ce roman, est un homme simple & crédule. Ses premières lectures qui ont été chez lui des ressources contre le désœuvrement & & l'ennui, ont eu pour unique objet des contes & histoires merveilleuses. Son imagination oisive a saisi avec avidité ce genre trompeur contre lequel son peu de jugement n'a pu le garantir ; il a fini par croire à l'existence des sorciers, des magiciens, des esprits élémentaires, des lutins & des revenans. Le champ étoit beau pour s'amuser, & il étoit facile de procurer au héros du roman, une suite d'aventures plaisantes & variées. L'auteur n'a pas précisément manqué ce but; il fait de M. Oufle d'abord un loup-garou, ensuite un homme tourmenté par les lutins, & enfin un magicien qui employe tout son art pour découvrir les pensées les plus secrètes de ceux qui l'environnent, se faire aimer des femmes, trouver la pierre philosophale, & autres rêveries, occupation ordinaire de ceux qui se laissent séduire par ces faux prestiges; mais il a surchargé ce joli cadre d'ornemens étrangers & qui, bien loin d'embellir le tableau, nous paroissent en avoir fait disparoître le principal mérite.

Nous avons entrepris de réparer ces fautes & de donner cet ouvrage d'une manière propre à piquer la curiosité de nos lecteurs, sans les fatiguer ni exercer leur patience. Nous avons supprimé de longues & ennuyeuses dissertations qui ne servent qu'à retarder la marche du roman. On y prouvoit, avec de grands efforts, que les prestiges des magiciens, leurs enchantemens & leurs maléfices, sont autant de supercheries ou plutôt de piéges tendus à l'innocence pour en abuser, ou à la crédulité pour la surprendre & la mettre à contribution. Ces dissertations nous paroissent inutiles, & nos lecteurs n'en ont pas besoin pour être convaincus de la fausseté de ces sciences prétendues, & pour se mettre en garde contre le charlatanisme. Nous avons retouché le style & supprimé les mauvaises plaisanteries dont l'ouvrage n'est que trop abondamment rempli. Nous pouvons dire que c'est, en quelque sorte, un nouveau roman, mais dont nous sommes redevables néanmoins à l'abbé Bordelon, à qui seul en appartient l'invention, la conduite & les principaux évènemens.

Pour justifier ce que nous venons de dire de l'abbé Bordelon, nous citerons le nouveau Dictionnaire historique, & nous allons donner, d'après cet ouvrage, l'extrait de la vie de notre auteur.

Laurent Bordelon, né à Bourges en 1653, & décédé à Paris en 1730, est entré chez le président de Lubert en qualité de précepteur. Ses essais en littérature ont été des pièces de théâtre, aujourd'hui profondément ignorées.

« Le théâtre, dit l'auteur du Dic-
» tionnaire historique, convenant peu
» à son état (il étoit docteur en théolo-
» gie), il se jeta dans la morale, & la

» traita comme il avoit fait la comédie:
» écrivant d'un style *plat & bizarre*
» des choses extraordinaires. De tous
» ses ouvrages on ne connoît plus ni
» son Mital, ni son Gongam, ni son
» Voyage forcé, &c., &c., &c.....
» Il ne reste plus que son histoire des
» Imaginations de M. Oufle. Cet Oufle
» est un homme a qui la lecture des
» démonographes à fait perdre la tête.
» Bordelon ne raconte pas ses extrava-
» gances avec le même esprit que Cer-
» vantes a mis dans le récit de celles
» de don Quichotte. Son style est si
» diffus & si assommant, que les com-
» pilateurs les plus lourds trouveroient
» de quoi s'ennuyer. Bordelon disoit
» qu'il écrivoit pour son plaisir; mais
» il ne travailloit guères pour celui de
» ses lecteurs. Ayant dit un jour que ses

» ouvrages étoient ses péchés mortels; » un plaisant lui répliqua que le public » en faisoit pénitence ».

Quelque dure que soit cette critique, on ne peut disconvenir qu'elle n'est pas entièrement injuste, nous desirons que nos lecteurs y trouvent de quoi nous savoir gré de la réduction que nous leur offrons, & qu'ils lisent avec plaisir ce roman tel que nous le leur présentons.

Il faut ajouter à la louange de l'abbé Bordelon, que son roman prouve qu'il lisoit beaucoup & avec fruit. On y trouve tout ce qu'il est possible de désirer sur la matière qu'il traite, & nous avons conservé avec soin une multitude de notes intéressantes qui sont une preuve de ses recherches & de son érudition.

PRÉFACE
DE L'AUTEUR.

ON a imaginé des histoires très-amusantes pour représenter des esprits gâtés par la lecture des livres de chevalerie, des romans, des poëtes & d'autres ouvrages également éloignés de la vérité & de la vraisemblance. Entre ces histoires les plus estimables, sont celles de *don Quichotte*, du *Berger extravagant* & de la *Fausse Clélie*. On les lit tous les jours avec plaisir, & je crois que c'est principalement parce qu'on y trouve des caractères qui sont de tous les tems, de tous les pays & de tous les âges. Or, l'expérience nous apprend que la plupart de ceux qui font leur lecture ordinaire de livres de visions, ne manquent point de devenir eux-mêmes visionnaires. Il y a très-peu d'enfans qui ne reçoivent pour vraies les fables d'Ésope & les contes des Fées; c'est à ceux dont le devoir est de leur donner une bonne éducation, à régler à cet égard leur crédulité. Il arrive aussi très-souvent que ceux qui, étant plus avancés en âge, ont cependant l'esprit aussi foible que celui des enfans, croyent tout ce qu'ils lisent, pourvu qu'ils y trouvent du prodigieux, de l'admirable & de l'extraordinaire. Celui, dont on va lire les extravagances, étoit dans ce goût. Il ne croyoit rien plus fortement que ce qui paroissoit le plus incroyable aux autres.

Ce pauvre homme avoit passé une grande partie de sa vie à lire des livres sur la magie & la sorcellerie, sur les spectres, les fantômes, les loups-garoux, les esprits-follets, les fées, les ogres, l'astrologie judiciaire, les divinations, les apparitions, les enchantemens; enfin sur ce

qu'on a écrit fur ces matières fantaſ-
tiques.

LES premiers ouvrages qui lui tombèrent entre les mains & auxquels il
s'abandonna avec le plus d'application,
furent ceux qui donnent ces rêveries pour
des vérités; & la prévention s'étant ainſi
emparée de ſon eſprit, il fut continuellement la dupe de tous ceux qui voulurent ſe divertir de ſa crédulité ou en
profiter. On réuſſiſſoit d'autant plus facilement à le tromper, qu'il convioit à
l'entreprendre, & qu'il y aidoit par ſon
entêtement.

ON ne dira rien ici davantage de lui
pour le faire connoître, puiſque le premier chapitre de ſon hiſtoire eſt uniquement deſtiné à repréſenter ſon caractère, on y trouvera auſſi ceux des per-
ſonnes de ſa famille qui y jouent des
rôles conſidérables.

PRÉFACE DE L'AUTEUR.

On a recherché, avec foin, dans les livres qui traitent de fuperftitions, les endroits qui avoient gâté l'efprit de M. Oufle. Les notes qui rapportent fidèlement ces endroits, contribueront à augmenter l'agrément de cette hiftoire, & ne feront pas indignes de la curiofité des lecteurs.

HISTOIRE
DE
MONSIEUR OUFLE.

CHAPITRE PREMIER.

Caractères de M. Oufle & des personnes de sa famille, dont il est parlé dans cette histoire.

ON ne dira point de quel pays étoit M. Oufle, ni dans quelle ville il s'étoit fait un établissement ; on permet aux lecteurs de placer où il leur plaira les scènes extravagantes dont ils verront les représentations dans cet ouvrage.

On se contentera donc de donner à connoître le caractère de M. Oufle, & des personnes de sa famille dont on se propose de parler ; c'est ce qu'on va faire dans la suite de ce chapitre.

M. Oufle jouissoit d'un bien très-considérable, tant en maisons, en terres, en rentes, qu'en argent comptant, qu'il ne dépensoit jamais plus volontiers, que quand il s'agissoit de satisfaire sa ridicule prévention. Il n'avoit jamais voulu se gêner par aucun emploi, ni par aucune charge; il se contentoit, pour toute occupation, de lire beaucoup de livres de magie, de sortilèges, d'apparitions, de divinations, enfin de tout ce qui avoit rapport à ces matières. Il faut avouer cependant qu'il lisoit avec une égale avidité le pour & le contre. Mais il est vrai aussi qu'il ne croyoit de ces lectures, que les histoires qui assuroient par exemple, qu'un tel spectre étoit apparu; qu'un tel esprit-follet avoit bien fait des siennes pendant la nuit dans un grenier ou dans une écurie; qu'une telle fille avoit été ensorcelée par un bouquet; un tel enfant par une pomme; que celui-ci n'avoit pu éviter ce que son horoscope lui avoit prédit, & une infinité d'autres contes semblables qui ne doivent leur existence qu'à l'adresse de ceux qui les débitent, & à la foiblesse de ceux qui les reçoivent. En vain lisoit-il des ouvrages faits pour combattre ces contes; il retenoit seulement dans sa mémoire les histoires qu'il y avoit lues, sans vouloir se laisser persuader par les raisons qui en faisoient connoître la fausseté. Souvent même il regardoit comme des impies & comme des gens sans religion, les auteurs de ces ouvrages ; car c'est l'ordinaire des gens de sa sorte de croire athées tous ceux qui ne sont pas superstitieux.

Non-seulement ses lectures, mais encore ses discours, ses actions, ses écrits, & même plusieurs de ses meubles prouvoient & représentoient son entêtement ; on voyoit chez lui un grand nombre de tableaux qu'il avoit fait faire à grands frais par les plus habiles peintres, & orner de bordures riches & parfaitement bien travaillées. Dans quelques-uns on voyoit des magiciens, avec tout l'attirail de leur art, ayant une baguette à la main, placés debout au milieu d'un cercle, entourés de monstres hideux, ou de diables qui jetoient feu & flammes, & paroissoient attendre leurs ordres, pour aller ravager, effrayer & exterminer tout l'univers. D'autres représentoient des astrologues, contemplant les astres, les comètes, les éclipses, dans le dessein de donner ensuite, non pas des conjectures pour l'avenir, mais plutôt des décisions infaillibles, & plusieurs gens de tous âges & de toutes professions qui attendoient avec empressement les oracles qui devoient sortir de leurs bouches. Toutes sortes de devins étoient aussi représentés ; par exemple, des aruspices qui fouilloient dans les entrailles des victimes ; des augures, ayant la tête élevée & les yeux fixés sur des oiseaux qui voloient ; des Bohémiennes disant la bonne aventure à de jeunes filles,

plus curieuses d'apprendre l'avenir, que ces friponnes n'étoient capables de les en instruire ; toutes ces sortes d'oracles dont l'antiquité a bien voulu prendre la peine de conserver les histoires, ou plutôt les fables; les Sibylles, avec leurs livres prophétiques, consultées par les princes. On voyoit aussi dans d'autres des démoniaques, s'agitant avec des contorsions épouvantables ; des diables figurés par des corps, ou horribles ou grotesques; des spectres, fantômes, revenans, les uns enveloppés de suaires d'un blanc éblouissant, les autres revêtus de longues robes noires, & tous se montrant avec des attitudes effrayantes. Comme la lune est en quelque manière la patrone des magiciens, on la voyoit ou attirée par leurs charmes, ou versant des influences dont ils faisoient mystérieusement des compositions. Une galerie étoit remplie de curiosités magiques ; de cédules que le diable avoit été obligé de rendre à ceux qui s'étoient donnés à lui ; d'instrumens d'astrologie ; de statues qu'il prétendoit avoir autrefois prononcé des oracles; de talismans faits pour plusieurs usages différens, & d'un grand nombre de livres très-bien reliés, qui traitoient de toutes sortes de superstitieuses pratiques. Le fond de cette galerie étoit rempli, ou plutôt tout couvert d'un très-grand tableau qui représentoit le sabbat; il étoit chargé d'un très-grand nombre de figures dont
les

les unes faifoient horreur, & les autres excitoient à rire. On peut dire que toute la fcience, toute la profeffion, & même toute la religion du bon homme Oufle étoient renfermées dans les curiofités, dans les tableaux & dans les livres dont on vient de parler. Et c'eft en cela que confiftoit fon véritable caractère. Ce qu'on dira dans la fuite le fera encore mieux connoître.

Parlons préfentement des perfonnes de fa famille, qui figureront dans le cours de cette hiftoire. M. Oufle avoit une femme, deux fils, dont l'aîné étoit abbé & le cadet financier; deux filles & un frère marié. Entre fes domeftiques il y avoit un valet, fin matois, qui jouera par la fuite plufieurs rôles qui ne feront pas des moins agréables. J'appellerai la femme de M. Oufle, Madame Oufle; fon fils aîné, l'abbé Doudou; fon fils le cadet, Sanfugue; fa fille aînée, Camèle; la cadette, Ruzine; fon frère, Noncrède, & le valet en queftion Mornand. Voici les vrais caractères de ces fept perfonnes.

Madame Oufle ne donnoit point du tout dans les vifions de fon mari. Au lieu que d'ordinaire les femmes font les plus fufceptibles de fuperftition, madame Oufle doutoit de tout ce que M. Oufle croyoit le plus fortement fur cette matière. Il fembloit que la foibleffe de l'efprit de celui-ci avoit fortifié l'efprit de celle-là; elle donnoit continuelle-

B

ment la chasse aux charlatans, aux astrologues, aux chiromanciens, & généralement à tous ceux qui venoient chez elle dans le dessein de deviner le passé, ou de prédire l'avenir. Elle étoit fort alerte, quand quelqu'imposteur promettoit de faire voir des spectres, ou les espiégleries de quelque prétendu esprit follet. On ne trouvoit point du tout son compte avec elle, pour tromper & pour surprendre. Aussi avoit-on bien soin de prendre le tems de son absence, pour duper son mari.

L'abbé Doudou, fils aîné de M. & madame Oufle étoit un bon garçon qui faisoit un mélange bizarre de science & de piété. Par piété, il croyoit que tout ce qu'il trouvoit d'extraordinaire dans les livres, étoit vrai, ne se pouvant persuader que l'on fût d'assez mauvaise foi pour faire imprimer des choses surprenantes, si elles n'étoient pas véritables; & le peu qu'il avoit de doctrine ne lui servoit qu'à trouver, je ne sais comment, dans son esprit, des preuves forcées de la possibilité de tout ce qu'il vouloit absolument croire. Il étoit crédule au point d'ajouter foi à toutes les histoires qu'on faisoit des sorciers; il n'y avoit pas une apparition, quelque étrange qu'elle fût, qui ne lui semblât très-possible: aussi étoit-il continuellement dans une si grande crainte de voir des fantômes, que rien n'étoit plus affligeant pour lui, rien ne lui donnoit plus d'inquiétude, que d'être obligé de rester seul la nuit dans une chambre. S'il se trouvoit par hasard sans compagnie dans une église, il s'imaginoit que les corps de ceux qui y sont enterrés, alloient sortir de leurs tombeaux, pour se montrer à lui dans un appareil épouvantable. On doit conclure de ce caractère que l'abbé Doudou ne contribuoit pas peu à entretenir son père dans ses imaginations extravagantes.

Sansugue, second fils de M. Oufle, qui avoit pris le parti de la finance, étoit un homme qui ne s'occupoit que des moyens de s'enrichir promptement. Les devins, les sorciers, les astrologues judiciaires, & autres gens de même sorte, tout lui étoit bon, pourvu qu'il y trouvât son intérêt. Si on lui présentoit un talisman pour lui faire acquérir de grandes richesses, il ne le rejetoit point ; quand on lui parloit de diables qui faisoient trouver des trésors, l'eau lui en venoit si fort à la bouche, qu'il ne les auroit pas renvoyés, quand même ils lui auroient apparu avec les formes les plus épouvantables. Il n'étoit pas si crédule sur l'apparition des ames des défunts ; parce que, disoit-il, ces fantômes de morts ne paroissent d'ordinaire que pour faire des demandes aux vivans. Il faisoit semblant quelquefois d'y ajouter foi ; mais c'étoit par complaisance pour son père, & pour en retirer quelque profit. Voilà quel étoit le caractère du cadet des fils de M. Oufle. Venons à présent à ses deux filles.

L'aînée à qui j'ai donné le nom de Camèle, avoit beaucoup de simplicité ; elle croyoit tout ce que lui disoit son père, quand il lui parloit, & ensuite elle n'en croyoit rien, quand elle s'étoit entretenue avec sa mère. Etant ainsi susceptible de toutes sortes d'impressions, elle jouoit toutes sortes de rôles, quelqu'opposés qu'ils fussent.

Ruzine, fille cadette de M. & madame Oufle, s'accommodoit comme sa sœur, au goût de son père & de sa mère ; mais ce que celle-ci faisoit par simplicité, celle-là le faisoit par artifice ; c'étoit une fine mouche qui alloit toujours à ses fins ; on peut dire qu'elle jouoit en quelque manière toute sa famille. Le desir du mariage la tourmentoit extrêmement ; cependant, comme cadette, elle ne pouvoit être mariée qu'après sa sœur. Et comme celle-ci étoit une indolente là-dessus, qui avoit éloigné par son indifférence plusieurs partis très-sortables, la pauvre Ruzine se trouvoit dans la cruelle nécessité d'attendre longtems la décision de sa destinée. C'est à cause de l'inquiétude & de l'impatience que lui donnoit cette attente forcée, qu'elle mit en usage, en s'accommodant aux visions de son père, plusieurs stratagêmes également plaisans & adroits.

Noncrède, frère de M. Oufle, avoit véritablement de la sagesse & de la probité. Comme il y joignoit beaucoup de bon sens, on juge bien qu'il étoit fort ennemi des extravagances de son frère. En effet, il lui faisoit, & à l'abbé Doudou, son neveu, des guerres continuelles sur leur ridicule entêtement; & il les soutenoit par des raisonnemens si solides, qu'on avoit lieu d'être surpris de ce qu'il ne pouvoit pas les réduire à la raison.

Mornand, l'un de ces maîtres valets qui, par une longue suite d'années de services, se sont emparés d'une espèce d'autorité sur les maîtres & sur les autres domestiques; Mornand, dis-je, avoit une conduite qui approchoit fort de celle de Ruzine; il paroissoit croire, ou ne pas croire, selon que son intérêt l'exigeoit. Son profit étoit le mobile & la règle de toutes ses démarches. En matière de divinations, d'apparitions & de sortilèges, il ne manquoit pas de mettre en pratique, ou pour ou contre, les intrigues les plus artificieuses, pourvu qu'il eût lieu d'espérer qu'elles se termineroient à son avantage. Son habileté à inventer & à conduire une fourberie, étoit telle, que les principaux de cette maison à qui il avoit affaire, ne pouvoient pas s'empêcher d'y succomber: c'est ce qui sera prouvé par des exemples qu'on trouvera dans le cours de cette histoire.

CHAPITRE II.

Où l'on voit combien M. Oufle étoit persuadé qu'il y avoit des loups-garoux, & ce qui l'avoit engagé à le croire.

IL y a long-tems qu'on parle des loups-garoux (1). Les anciens & les modernes nous en rapportent grand nombre d'histoires, qui quoique fabuleuses, n'ont pas laissé de passer dans l'esprit des simples, pour très-véritables. On en fait mille contes aux jeunes enfans, qui étant sans lumière & sans expérience, y ajoutent foi d'autant plus volontiers, que ce sont leurs pères, leurs mères & leurs mies qui leur font ces récits ridicules.

Il est à croire que M. Oufle avoit reçu étant jeune, des impressions de cette nature, & qu'il les avoit ensuite extrêmement fortifiées par la lecture ; car il ne manquoit pas de livres qui traitent de plusieurs sortes de ces bizarres transmutations ; toutes les histoires qu'il en lisoit, passoient dans son esprit pour constantes, ainsi, il ne doutoit point qu'il n'y eût, par exemple, des

---

(1) François Phœbus, comte de Foix, dit en son livre de la Chasse, que ce mot *garoux*, veut dire *gardez-vous*. Démonomanie de Bodin, p. 195. Tableau de l'inconstance des démons, par de Lancre, p. 319.

familles entières, où il y avoit toujours quelqu'un qui devenoit loup-garou (1); qu'on le devenoit aussi quelquefois en mangeant les entrailles d'un enfant sacrifié (2); il croyoit encore fermement qu'on pouvoit se changer en chat (3), en cheval (4), en

---

(1) Pline raconte qu'Evanthes, auteur grec, a rapporté que les Arcades écrivent que dans la race d'un certain Antæus, on choisit quelqu'un par sort, & qu'on le conduit près d'un étang, qu'il se dépouille, pend ses habits à un chêne, passe l'eau à la nage, puis s'enfuit dans un désert où il est transformé en loup, & converse avec les autres loups pendant neuf ans. Si, durant ce tems, il ne voit point d'homme, il retourne vers le même étang & le traverse à la nage, reprend sa forme d'homme, retourne chez lui, & allonge sa vieillesse de neuf ans. *Mirum*, dit Pline, *quod procedat græca credulitas, nullum tam impudens mendacium est, quod teste careat.* Médit. hist. de Camerarius, t. I, l. 4, c. 12. De Lancre, p. 265. On trouve d'autres exemples de loups-garoux dans la Démonomanie de Bodin, p. 193-450.

(2) Pline parle encore d'un nommé Demarque de Pharrase, qui, après avoir mangé les entrailles d'un enfant consacré à Jupiter Lycée par les Arcades, fut sur le champ changé en loup. Agrippa, de la vanité des sciences, c. 44.

(3) Spranger parle, *in malleo maleficarum*, de trois demoiselles qui, en forme de chat, assaillirent un pauvre laboureur, lequel les blessa toutes trois, & elles furent trouvées blessées dans leur lit. Des Spectres, par le Loyer, p. 274. Autres exemples semblables dans la Démonomanie de Bodin, p. 194.

(4) Le père de Præstantius, après avoir mangé d'un

B iv

arbre, en bœuf, en vipère, en mouche (1), en vache (2); enfin en toutes sortes de for-

---

fromage maléficié, crut qu'étant devenu cheval, il avoit porté de très-pesantes charges, quoique son corps eût été toujours dans le lit. Saint Augustin qui rapporte cette histoire dans la Cité de Dieu, l. 18, c. 17 & 18, interprète de cette façon tout ce qui a été écrit des merveilleuses transmutations, & de toutes les Lycanthropies d'Arcadie, dont Platon même nous a laissé quelque chose par écrit dans le huitième livre de sa République, où il récite cette fable des Arcadiens, pour nous faire comprendre la métamorphose d'un roi en tyran; les Neures, dont parle Herodote, l. 4, hist., qui devenoient loups tous les ans pendant quelques jours, ne patissoient sans doute qu'en la partie imaginaire. Agrippa, de la vanité des sciences, c. 44, m. l. v, t. I, p. 319. De Lancre, p. 266.

(1) La fameuse Empuse, chez Aristophane, prenoit toutes sortes de figures. Epicarme dit qu'elle paroissoit tantôt comme un arbre, immédiatement après sous la figure d'un bœuf, tantôt d'une vipère, puis d'une mouche, & après on la voyoit sous la figure d'une belle femme. L'Incr. sçau. p. 96.

(2) J'ai lu autrefois en Albert Krantz, l. 1, Dania, c. 32, que Frothon, roi de Danemarck, prince fort adonné à la magie, tenoit en sa cour une insigne sorcière qui prenoit telles formes d'animaux qu'elle vouloit. Cette sorcière avoit un fils aussi méchant qu'elle; ils dérobèrent les trésors du roi, & se retirèrent en leur maison. Le roi les soupçonnant, alla chez la sorcière, & elle le voyant entrer, se changea en vache & son fils en bouvard. Ce prince s'étant approché

mes (1). C'étoit en vain qu'il apprenoit dans quelques ouvrages, que les loups-garoux, s'il en existe, ne sont que l'effet d'une imagination troublée, qui persuade qu'on est véritablement loup, & qui en fait faire presque toutes les actions; ce qu'on appelle lycanthropie (2). Souvent encore les prétendus loups-garoux, sont des gens qui, pour se divertir, ou pour quelqu'autre raison (3), courent

---

de cette vache, pour la bien considérer, elle lui donna un si grand coup de corne dans les flancs, qu'elle le jeta mort sur la place. Le Loyer, p. 142.

(1) On lit dans Diodore Sicilien, l. 5, Biblioth., que les Telchines, premiers habitans de Rhodes, se changeoient en telles formes d'animaux qu'ils vouloient, id. p. 141.

(2) On présenta, dit Sabin, au traité de la Nativité des Sorciers, avec Jean Euvich, à Pomponace, célèbre médecin Italien, un malade atteint de lycanthropie, que des villageois ayant trouvé couché dans du foin, & pris pour un loup, d'autant qu'il disoit être tel & leur crioit qu'ils eussent à s'enfuir, autrement qu'il les mangeroit, avoient commencé à l'écorcher pour savoir s'il avoit le poil de loup sous la peau, selon l'opinion erronée du vulgaire. Mais ils le lâchèrent à la requête de Pomponace, qui le guérit de la maladie. Médit. Hist. de Camer. t. I, l. 4, c. 12.

(3) Baram, roi de Bulgarie, par ses prestiges, prenoit la figure d'un loup, ou d'un autre animal, pour épouvanter son peuple. L'Incred. sçav., p. 65. On lit dans Liutprand, l. 3, c. 8, *Rerum per Europam gestarum*; & dans Sigiber, *in Chronogr.*, que c'étoit Bajan, fils de Simon, roi des Bulgares. Le Loyer, p. 142.

les rues pendant la nuit, en faisant des hurlemens épouvantables, & cela, afin de faire peur aux gens simples, qui n'osent mettre la tête à la fenêtre, & se persuadent que, s'ils avoient cette témérité, le diable ne manqueroit pas de leur tordre le cou.

M. Oufle ne doutoit donc point qu'il ne fût très-possible d'être changé en différentes formes. Il croyoit avec la même certitude, qu'il n'étoit point du tout difficile de faire ce changement sur d'autres; que l'on pouvoit changer, par exemple, un marchand de vin en grenouille (1); qu'une femme pouvoit donner à un homme la forme d'un castor (2); à un autre celle d'un âne (3); enfin il ne trouvoit aucune difficulté pour ces transmutations, parce qu'il avoit lu qu'elles avoient été exécutées. Il croyoit avec la même complaisance, ou plutôt avec la même foiblesse d'esprit,

---

(1) Une sorcière changea en grenouille un cabaretier à qui elle en vouloit. Delrio. Disquis. mag., p. 124.

(2) Une autre sorcière, pour se venger de l'infidélité d'un homme qu'elle aimoit, le changea en castor avec une seule parole. Cet animal s'ôte ses testicules pour se délivrer de ceux qui le poursuivent.

(3) Un jeune homme qui demeuroit en Chypre fut changé en âne par une sorcière. Guillaume, archevêque de Tyr. Spranger, inquisiteur. Démonomanie de Bodin, p. 199.

que des roses (1), ou une fourche (2), ou d'autres choses pareilles, pouvoient rendre la première forme à ceux qui avoient subi ces transformations.

On voit bien qu'avec de pareilles opinions, ce pauvre homme étoit très-disposé à tomber dans de très-grandes extravagances. On en sera parfaitement convaincu par les aventures qu'on va lire, on y apprendra comment notre héros crut être loup-garou, & ce qu'il fit après s'être mis dans l'esprit cette folle imagination.

---

(1) L'Ane d'or d'Apulée.
(2) Guérir les malades du loup-garou en leur donnant un coup de fourche, justement entre les deux yeux. Cir.

CHAPITRE III.

Comment M. Oufle crut être loup-garou, & ce que son imagination lui fit faire.

UN des jours du carnaval, M. Oufle donna à souper à toute sa famille, & à quelques-uns de ses amis. On y mangea abondamment, & on y but de même; car quoiqu'il fût visionnaire & superstitieux, il ne laissoit pas d'aimer la bonne chère & la joie, à condition pourtant qu'on ne renverseroit point de salière, qu'on ne mettroit point de couteaux en croix, & qu'on ne seroit point treize à table. Il mit ce soir-là tout le monde en train; pour exciter à boire, il portoit continuellement des santés, & satisfaisoit exactement à celles qu'on lui portoit à lui-même; de sorte qu'il prit un peu plus de vin que sa tête n'en pouvoit porter. Madame Oufle ravie de le voir si gaillard, se donna bien de garde de faire naître l'occasion de parler de divinations, d'apparitions ou de sortilèges, tant elle craignoit qu'il ne changeât d'humeur.

Après le repas, & une conversation fort animée & fort enjouée sur plusieurs matières, comme il arrive presque toujours quand le vin se met de la partie, tous se retirèrent très-contens les uns des autres. M. Oufle se retira ensuite dans sa chambre, & Madame Oufle dans la sienne. Les enfans prirent aussi le parti de la retraite, l'abbé Doudou ne demanda point alors que quelqu'un lui tînt compagnie; le vin qu'il avoit bu en plus grande quantité qu'à l'ordinaire, l'empêchoit de songer à avoir peur. Quant à Sansugue, aussitôt qu'il fut entré chez lui, il prit un habit de masque & alla courir le bal avec d'autres jeunes gens qui l'attendoient dans une maison voisine.

A peine M. Oufle se fut-il retiré, qu'il lui prit une de ces inquiétudes, qui ne permettent pas que l'on reste long-tems en une place, sans qu'on puisse dire pourquoi on se met en mouvement. Après s'être promené pendant quelque tems dans sa chambre, il en sort, & cela seulement pour en sortir; il monte un escalier, & passant devant l'appartement de Sansugue qu'il trouve ouvert, il y entre, ou poussé par curiosité, pour savoir s'il y étoit, ou pour y jaser avec lui. Quoi qu'il en soit, y étant entré, & n'y trouvant personne, mais seulement les habits de masque que son fils avoit négligé ou oublié de serrer, il en remarqua un destiné à se déguiser en ours, qu'il considéra plus attentivement que les autres. Cet habit étoit fait de peaux d'ours avec leur poil; elles étoient cousues de manière qu'elles donnoient, depuis la tête jusqu'aux pieds, la ressemblance de cet animal, à celui qui en étoit couvert. Après l'avoir tourné & retourné quelque tems, il lui vint dans l'esprit de s'en servir pour faire une plaisanterie à sa femme. Cette plaisanterie étoit de vêtir cet habit, & ensuite de lui aller faire peur. Ce qu'il trouvoit d'autant mieux imaginé, que madame Oufle lui faisoit des guerres continuelles sur sa crédulité, par rapport aux apparitions, spectres, fantômes, enchantemens, & autres semblables visions. Il ne doutoit point, que quand elle auroit été ainsi effrayée, il ne lui fût facile dans la suite de la réduire à la raison sur cette matière. La bonne humeur dans laquelle il étoit, lui fit prendre ce parti avec empressement.

Il emporta donc cet habit dans sa chambre, le vêtit, & puis alla très-doucement vers l'appartement de sa femme. Comme il étoit prêt de commencer la scène, il entendit du bruit, & s'aperçut que la femme de chambre de madame Oufle étoit encore avec elle. Ce contre-tems le chagrina; cependant il ne quitta point son dessein; il retourna sur ses pas, & rentra chez lui, pour y attendre que cette fille fût partie; & pour se désennuyer, après s'être assis devant le feu, il prit sur une table le premier livre qui se trouva sous sa main, c'étoit la démonomanie de Bodin; il l'ouvre, & tombe par hasard sur un endroit

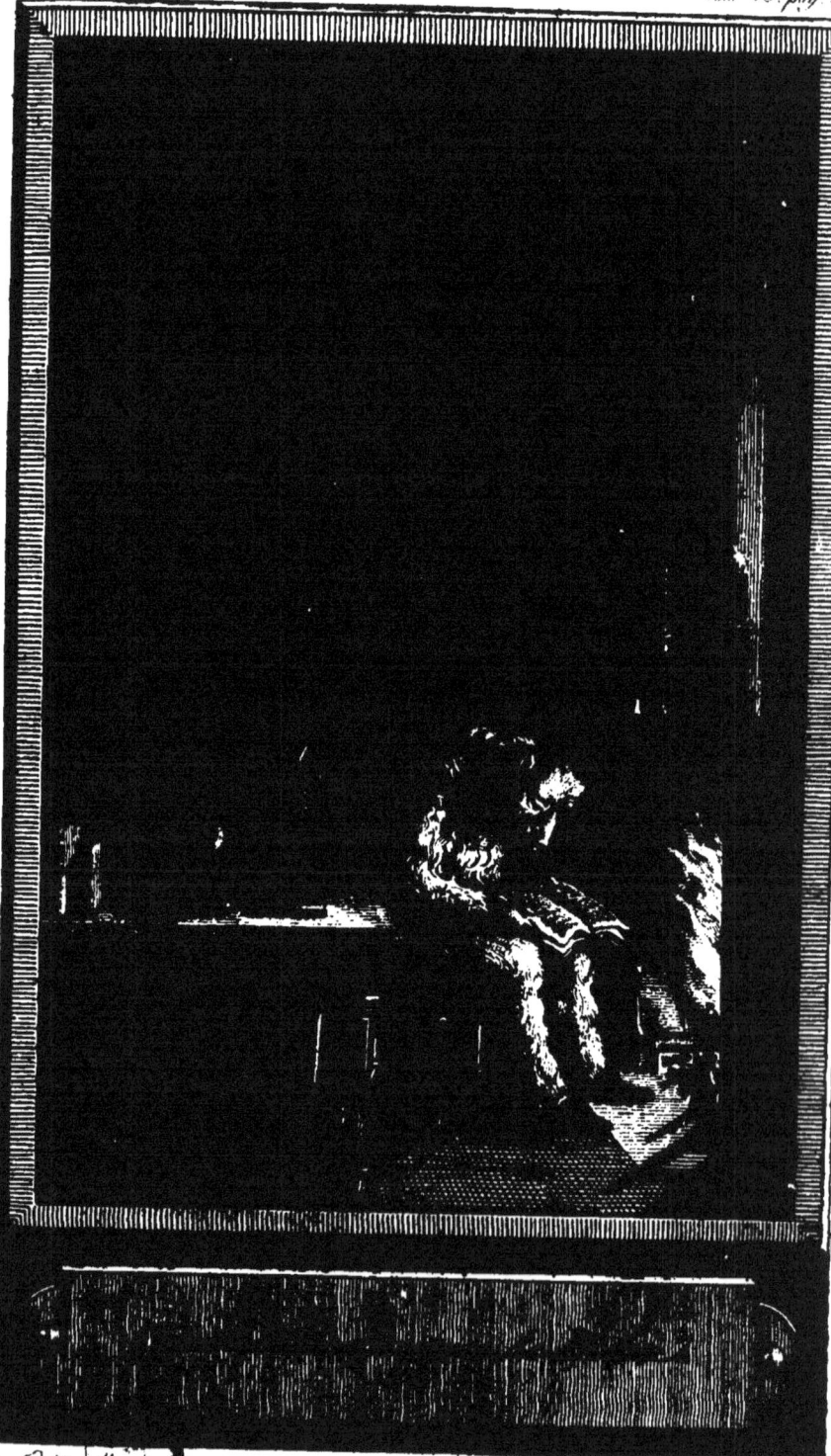

qui traitoit des loups-garoux. Il paſſa environ une demi-heure dans cette lecture, & dans celle de quelques autres ſujets auſſi viſionnaires. Enfin, le vin, le feu, & la ſituation tranquille où il étoit, l'aſſoupirent & le plongèrent inſenſiblement dans un ſommeil ſi profond, qu'il ne ſongea plus à ce qu'il avoit fait, ni à ce qu'il avoit réſolu de faire.

Madame Oufle, qui n'avoit aucun ſoupçon, ne manqua pas de ſe coucher, & dormit de ſon côté auſſi tranquillement que ſon mari ; mais ſon ſommeil dura plus long-tems, & n'eut pas une ſuite auſſi bizarre que celui de M. Oufle.

La femme de chambre dont on vient de parler, avoit ſa chambre au-deſſus de l'appartement de M. Oufle; & ſoit qu'elle s'embarraſſât peu de troubler le ſommeil de ſon maître, ſoit que ce fût l'effet du haſard, un vaſe qu'elle tenoit à la main, & dont il ſeroit ici inutile de dire le nom, tomba par terre, & fit un ſi grand bruit, que M. Oufle en fut réveillé en ſurſaut. Il ſe lève tout troublé de deſſus ſa chaiſe ; & comme il ſe trouvoit vis-à-vis la cheminée, ſur laquelle il y avoit une glace, il ſe vit avec l'habit d'ours, dont il étoit revêtu. Alors le vin & le feu qui lui avoient échauffé la tête, ſon ſommeil interrompu ſi ſubitement, l'habit qu'il ſe voyoit ſur le corps, tout cela joint à la lecture qu'il venoit de faire, lui caufa un tel bouleverfement dans la cervelle, qu'il fe crut véritablement, non pas un ours, mais un loup-garou. Ce bouleverfement étoit fi fort, qu'il lui avoit fait perdre entièrement la mémoire de l'endroit où il avoit trouvé l'habit, & de l'ufage qu'il avoit projeté d'en faire; il ne lui refta que l'idée de fa prétendue tranfmutation en loup, avec le deffein d'aller courir les rues, d'y hurler de fon mieux, d'y mordre & de mettre en pratique tout ce qu'il avoit oui dire que les loups-garoux avoient accoutumé de faire. Il part donc fans différer, fort dans la rue, & commence à hurler d'une manière effroyable.

Il eft bon de faire remarquer que c'étoit un homme grand, gros, robufte, & dont la voix étoit naturellement haute, ferme & tonnante. On ne doit pas douter, que la pouffant pendant la nuit, auffi loin qu'elle pouvoit aller, avec les tons effroyables qui accompagnent d'ordinaire les hurlemens, on ne doit pas douter, dis-je, que quand il hurloit il n'effrayât tous ceux qui l'entendoient. En effet, il en fit la première expérience fur les muficiens d'une férénade qui fe trouvèrent dans la première rue qu'il parcourut. Cette férénade étoit donnée à une jeune lingère très jolie, par un jeune homme qui en étoit amoureux. Ce jeune homme étoit garçon de boutique d'un des plus fameux marchands de la ville, mais garçon dif-
tingué

tingué dans fa profeſſion, c'eſt-à-dire, un de ces beaux-fils qui fe font beaucoup valoir, & que les marchands ne gardent que pour plaire aux femmes & les attirer dans leurs boutiques.

Pendant la ſymphonie, il étoit enveloppé dans un manteau, faiſant le pied de grue, & fort attentif à regarder ſi ſa belle paroîtroit à la fenêtre. Les muſiciens jouoient avec grand bruit la deſcente de Mars, lorſqu'ils entendirent un des hurlemens de M. Oufle. La terreur que leur inſpira cette horrible ſymphonie, à laquelle ils ne s'attendoient pas, glaça leur ſang de telle ſorte, que demeurant immobiles, ils firent tous en même tems une pauſe, qui n'étoit pas aſſurément dans leurs tablatures; cependant le loup-garou imaginaire ſe mit à hurler encore plus fort; & s'étant approché d'eux, ils le prirent tous pour ce qu'il penſoit être lui-même. Quel contre-tems pour l'amoureux, quand il vit les muſiciens s'enfuir de toutes leurs forces, & qu'il jugea à propos de les ſuivre, pour ſa propre ſûreté!

M. Oufle, après avoir mis en fuite tant de gens qui faiſoient un ſi grand bruit, ſe confirma dans l'opinion qu'il étoit véritablement un loup-garou. Je n'ai point appris ce que ſont devenus les muſiciens & celui qui les avoit mis en œuvre. Il eſt à croire que chacun ſe retira chez ſoi, & que tous firent de beaux contes du prétendu loup-garou.

CHAPITRE IV.

Suite des aventures de M. Oufle, loup-garou.

Nous avons laissé notre nouveau Lycaon courant les rues, après avoir donné une terrible chasse à la musique nocturne qui s'étoit trouvée dans son chemin. Passons à ses autres aventures.

Par-tout il y a des petits-maîtres qui font profession d'extravagances, qui auroient honte de paroître sages, & qui prétendent tirer de la gloire de ce qui ne devroit leur donner que de la confusion. Heureusement pour les visions de M. Oufle, il s'en trouva de cet impertinent caractère dans les rues, la nuit qu'il couroit en loup-garou. Quatre jeunes gens, qui depuis peu de tems étoient délivrés de la vie gênante des colléges, sortant du cabaret, où ils avoient vidé plus de bouteilles de vin que leurs petites têtes n'étoient capables d'en porter, s'amusoient à arracher des cordes de sonnettes, à ôter des marteaux de portes, ou s'ils n'en pouvoient venir à bout, à sonner, à heurter de toutes leurs forces, à déranger des bornes, à briser des siéges de pierre, & des boutiques, à faire des espèces de barricades des grosses chaînes qui se trouvent aux coins des rues, à brouiller des serrures, & à faire d'autres polissonneries de cette nature.

Le soir donc que notre loup-garou, conduit par sa folle imagination, faisoit des siennes, ces guerriers nocturnes faisoient aussi des leurs, en travaillant sur les marteaux des portes, sur les cordes des sonnettes, sur les bornes des maisons, sur les boutiques, les bancs & les chaînes des rues. Ils avoient déjà fait beaucoup d'ouvrage, & comme ils se rendoient compte les uns aux autres de leurs faits & gestes, & qu'ils en montroient les marques & les preuves, M. Oufle, que son chemin conduisoit naturellement vers eux, se mit à hurler horriblement. Nos héros de bouteille, commencèrent à rentrer en eux-mêmes, & à faire des réflexions, ce qui leur arrivoit très-rarement. Le loup-garou cependant renouvela ses hurlemens avec plus de force & de vigueur. Toute cette jeunesse, qui étoit peu de tems auparavant si turbulente, devint tout d'un coup tranquille & pacifique. Ils se regardoient les uns les autres sans rien dire. Pendant leur silence, les hurlemens continuèrent, celui qui les faisoit parut, & nos quatre braves, devenus plus sages, ou pour mieux dire, plus timides, songent à reculer à mesure que la bête s'approche d'eux; & enfin, comme ils voyoient qu'elle continuoit de venir à grands pas de leur côté, & qu'ainsi ils étoient en danger d'en devenir la proie ; car la peur la leur fit paroître avoir des dents d'une longueur effroyable, & une gueule si grande & si ouverte, qu'elle ne cherchoit qu'à avoir de quoi dévorer ; ils prirent le parti de la fuite, bien résolus de courir si fort, qu'elle ne pourroit pas les atteindre. La frayeur qui les avoit saisis, n'étoit pas moindre que celle qu'ils ressentoient il n'y avoit pas longtems, quand ils voyoient dans les colléges, à leurs trousses, leurs maîtres armés de certains instrumens qui aident beaucoup à rendre sage malgré qu'on en ait. Ils ne laissèrent pas de faire le lendemain des récits admirables du long & furieux combat qu'ils avoient généreusement soutenu contre le loup-garou (car il en fut beaucoup parlé pendant quelques jours); un des plus fanfarons avoit rompu le lendemain au matin dans sa chambre son épée en deux, pour la montrer, & raconter ensuite aux grisettes de son quartier, qu'il entretenoit souvent de ses vaillantises, avec quelle audace il s'étoit défendu contre les assauts terribles de cette effroyable bête. Mais laissons-leur le plaisir de crier victoire après avoir fui de leur mieux ; & revenons à M. Oufle.

Notre visionnaire s'étant embarrassé les pieds dans les cordes que ces petits fanfarons avoient abandonnées & jetées par terre, il tomba de sa hauteur, c'est-à-dire, très-rudement ; ce qui le fit hurler encore plus fort qu'il n'avoit fait. Il fut bienheureux de ce que personne ne passa alors; car on auroit eu bon marché de lui. Après être resté quelque tems couché, parce que sa chûte l'avoit un peu étourdi, il se releva, marcha d'abord à quatre pattes, & s'arrêta près d'une porte, où il resta hurlant de toute sa force, à différentes reprises; l'histoire dit que c'étoit devant la maison d'une jeune veuve qui attendoit son amant; que celui-ci n'osa entrer à la vue de notre loup-garou, & qu'ainsi n'ayant pas été exact au rendez-vous, elle lui en fit tant de reproches, qu'ils se brouillèrent, sans aucun espoir de raccommodement; mais peut-être commençoient-ils à être las l'un de l'autre; quoi qu'il en soit, on laisse la liberté d'en croire ce qu'on voudra, car ceci ne fait rien à notre sujet. J'aurois trop d'affaires, si je voulois rapporter tous les raisonnemens auxquels M. Oufle a donné occasion, non seulement pendant cette nuit, mais encore à propos d'autres visions & d'autres extravagances, dont on lira le détail dans la suite de cet ouvrage. Je ne serai pourtant pas assez sévère à cet égard, pour passer sous silence ce que je jugerai pouvoir divertir le lecteur.

Nous avons laissé M. Oufle à la porte de la veuve, bien moins intimidée de ses cris, que réjouie d'être débarrassée d'un amant qui commençoit à l'importuner. Parlons à préfent des autres terreurs qu'il caufa, & de ce qu'elles produifirent.

Après avoir parcouru quelques rues, il s'arrêta devant une maifon où plufieurs perfonnes jouoient un très-gros jeu. Je ne fai par quelle fantaifie il s'obftina à hurler plus fort & plus fouvent qu'il n'avoit encore fait. Un coup n'attendoit prefque pas l'autre, tant fes hurlemens étoient promptement répétés. Les joueurs l'entendirent; ceux qui perdoient, parurent n'y faire pas grande attention, ils étoient plus occupés des pertes qu'ils venoient de faire, que des bruits effroyables qu'ils entendoient. Ceux qui gagnoient parurent plus inquiets que les autres, particulièrement une dame qui gagnoit une fomme exceffive, & qui laiffa tomber les cartes de fes mains, tant le loup-garou fit d'impreffion fur fon efprit. Elle marqua enfuite être dans l'impoffibilité de continuer le jeu. Les perdans, qui croyoient qu'elle les jouoit par une crainte affectée, pour avoir un prétexte de ne leur point donner de revanche, après lui avoir parlé affez raifonnablement, pour l'encourager & la délivrer de fa peur, voyant enfin qu'ils ne pouvoient rien gagner à cet égard fur elle, s'emportèrent & pouffèrent leur fureur fi loin, que le tumulte & le trouble fe mirent bientôt dans la compagnie.

Les hurlemens cependant continuoient toujours, & la dame continuoit de marquer sa frayeur, & en même tems, l'impossibilité où elle prétendoit être d'accorder ce qu'on exigeoit de sa complaisance. Un des joueurs qui perdoit le plus, pour lui ôter tout prétexte, sort l'épée à la main, afin de chasser le loup-garou; mais dès qu'il le vit, la frayeur le saisit, il rentre, ferme la porte avec tous les verrous qu'il y put trouver, souhaitant même, pour sa sûreté, qu'il y en eût encore davantage; il se tint quelque tems sur l'escalier pour rappeler ses esprits, & dissimuler son effroi. Heureusement pour lui, M. Oufle prit parti ailleurs. Notre brave ne l'entendant plus, monte audacieusement dans la chambre du jeu, y fait un grand détail d'un combat imaginaire, & fort à propos inventé, montre même du sang qui sortoit d'une blessure qu'il s'étoit faite à la main, en fermant la porte avec trop de précipitation; assure enfin qu'il avoit donné tant de peur à cette horrible bête, qu'elle avoit été forcée de prendre la fuite & de se retirer; & ainsi, il prouva à la dame alarmée, qu'elle devoit se rassurer & continuer de jouer, sans rien craindre. On le crut sur sa parole, mais on ne lui accorda pas ce qu'il souhaitoit. Il eut beau dire, cette femme ne se rendit point; le jeu fut remis à un autre jour. La dame cependant, en emportant l'argent qu'elle avoit gagné (car sa peur & ses vapeurs ne l'empêchèrent pas de se ressouvenir qu'elle avoit fait un gros gain, & qu'il étoit à propos de l'emporter,) demanda, afin de soutenir jusqu'au bout la comédie qu'elle avoit jouée, une escorte pour la conduire chez elle. Comme elle étoit jolie, de jeunes gens de l'assemblée se présentèrent pour lui rendre ce service. Les vapeurs la prirent encore dans le carrosse, par la crainte de trouver ce formidable loup-garou en chemin. Ceux qui la conduisoient firent de leur mieux pour la soulager; & enfin ils la remirent saine & sauve dans sa maison. Pendant tout ce manège, M. Oufle alloit toujours son train, sans s'informer, comme on doit croire, de ce qui se passoit à son sujet. On va rapporter le reste des aventures de ses courses, comme loup-garou, dans le cinquième chapitre.

CHAPITRE V.

Fin des aventures de M. Oufle, loup-garou.

COMME on craint d'ennuyer les lecteurs, en traitant trop long-tems d'une même matière, & qu'on a un très-grand nombre d'autres choses à rapporter, on ne donnera point une description exacte de toutes les frayeurs qu'il fit cette nuit en qualité de loup-garou; & ainsi on passe sous silence des bourgeois qui venoient de souper en ville; un homme d'affaires, qui après avoir laissé sa femme dormant tranquillement dans son lit, alloit trouver *incognito* une maîtresse qui lui coutoit elle seule autant que tout son ménage ensemble; un vieux seigneur qui étoit dans un fiacre, & qui s'étoit dépouillé de tout l'appareil de sa grandeur, afin de voir sans embarras une petite grisette; trois, soi-disant abbés, qui chantoient mélodieusement certaines paroles qu'ils n'avoient pas assurément apprises sur le lutrin; quelques amans qui reconduisoient leurs maîtresses, en marchant le plus lentement qu'ils pouvoient, afin de ne pas se séparer trop tôt; un chimiste qui venoit de souffler chez un grand, & qui emportoit de chez celui-ci plus d'argent qu'il n'y en auroit pu jamais produire ; enfin tous gens à qui notre loup-garou donna si vigoureusement la chasse, qu'il les obligea de retourner bien vîte sur leurs pas, & d'alonger beaucoup leur chemin, en prenant des rues détournées, afin de ne plus courir risque de le rencontrer. On passera, dis-je, sous silence toutes ces petites aventures, pour s'arrêter seulement à deux de plus grande importance, que voici :

Un homme de considération courant la poste dans une chaise, & étant escorté de deux cavaliers qui couroient avec lui, trouva dans son passage ce malheureux loup-garou. Les chevaux reculent si promptement, & se cabrent de telle sorte, qu'ils renversent les cavaliers par terre. L'homme de la chaise voyant ce spectacle, & en même tems cette prétendue effroyable bête, sort avec précipitation, le loup se jette tantôt sur l'un, tantôt sur l'autre, puis sur les chevaux, sans leur faire pourtant d'autre mal que de la peur. Après les avoir houspillés à son aise ; car ils étoient si effrayés, que pas un n'eut le courage de se défendre, il se met à hurler, comme s'il eût voulu par-là chanter la victoire qu'il venoit de remporter. Les chevaux cependant prennent le mors aux dents, & s'enfuient avec tant de légèreté, même ceux qui traînoient la chaise, qu'on auroit cru qu'ils sortoient de l'écurie, & qu'il y avoit plus d'un mois qu'ils n'avoient marché. Les hommes, de leur côté, ne furent pas moins diligens à courir, & M. Oufle à les suivre. Enfin ils se jetèrent tous dans une allée qu'ils trouvèrent ouverte, & fermèrent la porte sur eux. Le loup, qui n'avoit pu entrer avec eux dans cette allée, hurle plusieurs fois de toutes ses forces ; une infinité de têtes en bonnet & en cornettes de nuit, paroissent aux fenêtres, pour voir ce qui causoit un si grand fracas, mais toutes ces têtes se retirèrent bien vîte ; & malheureusement une se trouva prise sous un chassis qui tomba, parce que celui qui l'avoit levé ne s'étoit pas donné le tems de l'arrêter. Cette pauvre tête crioit épouvantablement, le loup-garou répondoit à cette voix plaintive, par des hurlemens, ce qui faisoit la plus horrible musique du monde ; on n'avoit jamais entendu un pareil duo. Personne n'osoit ouvrir sa fenêtre, & regarder dans la rue, parce qu'entendant les cris de ce voisin affligé, on croyoit que c'étoit la bête qui le tenoit à la gorge. Heureusement un domestique étant entré dans la chambre, voit son maître dans cette douloureuse situation, lève promptement le chassis, & le délivre du supplice que lui avoit causé sa curiosité funeste.

M. Oufle, après avoir donné une si furieuse alarme dans ce quartier, en alla chercher un autre, pour y promener ses visions.

Trois filoux attaquoient un passant, & lui demandoient la bourse. Le compliment étoit fort désagréable; mais il ne pouvoit pas se dispenser d'y répondre; car c'étoit un bon marchand de toile qui ne portoit, pour toutes armes offensives & défensives, qu'un couteau de table, & des ciseaux pour ses toiles; & n'avoit nullement les inclinations martiales. Les filoux lui tenoient le pistolet sur la gorge, pour lui faire rendre ce qu'ils ne lui avoient assurément pas prêté. Notre loup-garou qui alloit vers eux, sans autre intention que celle de continuer ses courses, se mit à hurler. Les filoux n'attendirent pas qu'il hurlât une seconde fois, ou qu'il s'approchât d'eux, pour quitter prise, & le passant s'enfuit d'un autre côté, ayant du moins autant de peur du loup, que des gens qui étoient si bien disposés à exercer sur lui leur savoir faire. Pendant que le marchand & les filoux couroient, & que le loup hurloit, un carrosse venoit vers celui-ci. Ce carrosse portoit trois hommes masqués qui revenoient de tous les bals dont on leur avoit donné avis. Le cocher, fiacre des plus fiacres, & les chevaux, haridelles des plus haridelles, à qui pourtant on donnoit de la vigueur à coups de fouets, sans discontinuation, s'arrêtèrent de concert, autant par lassitude que par crainte. Les masques s'emportent contre le cocher & les chevaux, pour les faire avancer, & les chevaux & le cocher demeuroient aussi tranquilles, que s'ils eussent eu le dessein de coucher dans cet endroit. Les masques recommençoient leurs juremens & leurs menaces, les chevaux n'en font pas un seul pas davantage. Mais le cocher plus sensible, & d'ailleurs de mauvaise humeur, dit brusquement aux masques de chasser le diable qui étoit devant lui, s'ils vouloient qu'il allât plus loin. Un des masques avance la tête hors de la portière, pour reconnoître ce prétendu diable, il voit notre loup-garou ; il s'effraie d'abord, ensuite s'étant donné le tems de considérer cette bête, il ouvre la portière, la va trouver, se jette sur elle, mais avec des ménagemens qui marquoient qu'il avoit peur de la blesser ; il appelle les autres masques à son secours, les assurant qu'ils n'avoient aucun sujet de craindre, les prie cependant avec instance, & pour cause, de ne lui faire aucun mal. Tous se saisissent de M. Oufle, & l'emportent avec eux dans le carrosse. Comme ce pauvre coureur étoit épuisé par les agitations qu'il s'étoit données pendant cette nuit, on fit de lui ce qu'on voulut. Aussi avoit-il raison de se rendre, puisque c'étoit son fils Sansugue, qui ne doutant point que ce ne fût son père, parce qu'il reconnut son habit, lui procura un repos dont il avoit grand besoin. Il instruisit les deux masques de tout ce mystère ; ils plaignirent le père & le fils,

& contribuèrent de tous leurs soins, pour remettre ce pauvre visionnaire chez lui. Aussitôt qu'il y fut arrivé, on le déshabilla; on le mit au lit, où il dormit plus de douze heures fort tranquillement; & à son reveil, il parut homme & nullement loup-garou. Personne de chez lui ne sut rien de tout ce qui s'étoit passé. Sansugue avoit pris toutes les mesures nécessaires pour que ce ridicule égarement ne devînt point public.

Que de bruits se répandirent pendant plusieurs jours au sujet de notre loup-garou! que de contes on en fit! car, comme il avoit parcouru pendant cette nuit presque toute la ville, il avoit été entendu d'une infinité de gens dont la plupart furent plus que jamais persuadés qu'il y avoit véritablement des loups-garoux qui faisoient des désordres épouvantables. On ne peut croire combien on fit de fausses histoires à cette occasion. Ceux qui n'avoient pas osé ouvrir leurs fenêtres, étoient des premiers à assurer qu'ils l'avoient vu traînant des chaînes d'une grosseur & d'une longueur prodigieuses, & si grand que sa tête atteignoit presque jusqu'aux premiers étages. Il y en avoit d'autres qui assuroient qu'on lui avoit coupé une patte en se défendant contre ses violences, & que comme c'étoit un homme sorcier changé en loup, on l'avoit le lendemain trouvé sans main dans son lit, & qu'on lui alloit faire incessamment son procès. Comme cette histoire de la patte coupée d'un loup-garou, est répétée depuis plusieurs siècles, & qu'on prétend qu'elle est arrivée dans je ne sais combien de pays différens, il ne faut pas s'étonner si on la renouvelle avec tant de facilité. L'extravagante crédulité du peuple alla si loin, qu'un gueux estropié d'une main qu'on lui avoit autrefois coupée pour un accident qui ne sentoit rien moins que le sortilège, demandant l'aumône dans les rues & montrant son poignet sans main, pour émouvoir à pitié & pour exciter à le secourir dans sa misère, on imagina que c'étoit le loup-garou dont on avoit tant parlé; de sorte qu'on l'auroit mis en pièces, si, remarquant la fureur dont on commençoit à s'enflammer contre lui, il n'avoit promptement disparu. Dans un endroit de la ville on disoit que notre loup-garou avoit dévoré la tête d'une fille de dix-huit ans qui étoit prête à se marier, & que son futur époux qui se trouva alors avec elle, après avoir donné plusieurs coups d'épée au loup, étoit tombé mort de douleur sur la place, à la vue de l'effroyable spectacle du corps de sa maîtresse, tombé sans tête & nageant dans son sang. Dans un autre quartier, on s'assembloit par pelotons, & là on faisoit de pitoyables lamentations sur un ecclésiastique qui, étant en chemin pour aller assister un mourant, avoit été obligé de s'en retourner chez lui, parce que ce forcier de loup l'avoit pourfuivi à outrance, de forte que le malade étoit mort, fans qu'il eût été poffible de lui donner les fecours dont il avoit befoin. Selon quelques-uns, un courrier avoit été arraché de deffus fon cheval, & fa valife, avec toutes fes lettres, avoient été déchirées par cette furieufe bête. Il y en avoit encore qui affuroient (& cela, parce qu'ils l'avoient oui dire par des gens, felon eux, très-dignes de foi) que ce loup-garou étoit entré dans un bal, qu'il y avoit danfé, & qu'enfuite il s'étoit jeté fur plufieurs femmes dont il avoit déchiré le vifage. Quelques-uns nièrent qu'on eût bleffé le loup-garou, prétendant que ces fortes de forciers font invulnérables. On vouloit encore qu'il eût couru plufieurs nuits de fuite; enfin chaque quartier, ou plutôt chaque rue avoit fon hiftoire particulière à laquelle on ajoutoit foi, fans autre fondement que parce qu'on la difoit. En fait d'erreurs populaires, on court le rifque de paffer pour n'avoir point de religon, fi, quand on les entend débiter, l'on témoigne quelque incrédulité. Le peuple fe conftitue de lui-même miniftre là-deffus d'une efpèce d'inquifition; il ne pardonne point fi l'on ne croit pas comme lui. Et certes l'on feroit fort à plaindre s'il avoit autant de puiffance pour punir qu'il a de facilité pour croire. Mais retournons à M. Oufle qui va jouer

d'autres

d'autres scènes qui ne feront pas moins extravagantes que celles qu'on vient de voir.

CHAPITRE VI.

M. Oufle inquiet sur la conduite de sa femme, met en usage quelques superstitieuses pratiques pour connoître si elle lui est fidelle.

JE ne sai par quelle bisarrerie M. Oufle se mit dans l'esprit que sa femme ne lui étoit pas aussi fidelle que son devoir l'exigeoit. Il devoit pourtant être fort tranquille là-dessus, parce qu'outre qu'elle avoit de la sagesse & de la vertu, elle étoit d'un extérieur qui la mettoit à l'abri de pareils dangers. Les hommes la voyoient sans conséquence. Quoi qu'il en soit, M. Oufle étoit devenu jaloux de madame Oufle, tant il est vrai que quand on a de la jalousie, ce n'est pas toujours que l'on ait sujet d'en avoir. Je me persuade que je donnerois une véritable raison de celle de M. Oufle, si je disois qu'il croyoit que sa femme ne l'aimoit pas, & que par conséquent elle en aimoit un autre (car peu de femmes sont sans amour) parce que, comme elle ne pouvoit souffrir ses fantaisies superstitieuses, elle lui en faisoit une guerre si continuelle, que toute sa

D

conduite à son égard ressembloit beaucoup à la haine. Il se mit donc dans l'esprit qu'elle avoit quelque attachement ailleurs ; mais l'objet de cet attachement lui étoit entièrement inconnu, & c'est ce qui faisoit son grand embarras. Il vouloit, à quelque prix que ce fût le deviner, & pour en venir à bout, il rappela dans sa mémoire & alla chercher dans ses livres toutes les instructions qu'on ose donner pour découvrir les secrets les plus cachés des autres & leurs intrigues les plus adroitement ménagées, bien résolu de les mettre exactement en pratique pour arriver à ses fins.

Il fit chercher une grenouille dont il prit la tête, & un pigeon dont il prit le cœur, & après avoir fait sècher l'un & l'autre & réduire en poudre, il mit de cette poudre sur l'estomac de sa femme pendant qu'elle dormoit, & passa toute la nuit lui-même sans dormir, parce qu'il prétendoit, sur la foi de ses livres superstitieux, qu'elle ne manqueroit pas de dire, en dormant tout ce qu'elle avoit fait étant éveillée (1). Hélas ! la

---

(1) Pour faire dire à une fille ou à une femme tout ce qu'elle a fait, qu'on prenne le cœur d'un pigeon avec la tête d'une grenouille, & après les avoir fait sécher, si on les réduit en poudre sur l'estomac de celle qui dort, on lui fera tout avouer ce qu'elle a dans l'ame ; & quand elle

bonne madame Oufle dormit si bien cette nuit, qu'elle n'avoit peut-être jamais eu un sommeil si profond. Il sembloit que cette poudre étoit bien plus propre à procurer un bon sommeil, qu'à toute autre chose. Elle ronfla, il est vrai, mais elle ne parla point. Notre homme fut fort mortifié le lendemain matin, voyant que son projet avoit si mal réussi. Il n'en accusa pourtant pas ses livres; il s'en prit à lui-même.

La nuit suivante il fit une seconde épreuve avec la langue d'une grenouille qu'il eut soin de placer le plus exactement qu'il put sur le cœur de sa femme (1). Cependant la langue de cette grenouille ne fit point du tout remuer celle de cette obstinée dormeuse; & M. Oufle se leva le matin aussi peu instruit qu'il l'étoit le soir

---

aura tout dit, il lui faut ôter, de peur qu'elle ne s'éveille. Les admirables secrets d'Albert le Grand, l. 2, p. 145.

Quandò vis ut narret tibi mulier vel puella tua omnia quæ fecit, accipe cor Columbæ & caput Ranæ, & exsicca utraque & tere & pulverisa supra pectus dormientis, & narrabit omnia quæ fecit. Trinum Magicum, p. 203.

(1) *Ut mulier confiteatur quæ fecerit, ranam aqualem comprehende vivam, & tolle ejus linguam, & remitte illam in aquam, & pone illam linguam super partem cordis feminæ dormientis, quæ cum interrogetur, vera dicet. Trinum Magicum, p. 209.*

quand il se coucha. Quelle mortification pour un homme comme lui qui regardoit la langue d'une grenouille comme un moyen immanquable de lui faire acquérir des connoissances qui lui étoient si importantes! Ah! certes, disoit-il en lui-même, c'est ma faute si je n'obtiens pas ce que je souhaite; je n'ai pas placé, comme je le devois, cet instrument de la satisfaction de ma curiosité; la peur que j'ai eue d'éveiller ma femme, m'a empêché de le mettre juste dans le lieu où il devoit être.

Pour continuer son manège, il fit une autre tentative, fondée encore sur ce qu'il avoit appris par ses lectures; car il étoit inépuisable sur cette matière. Il fit secrètement chercher un crapaud, il lui arracha le cœur, & après avoir bien épié le tems auquel dormoit profondément cette innocente victime de la superstition, il lui mit ce vilain cœur sur la mamelle gauche (1), & prêta toute l'attention possible pour entendre ce que sa femme diroit. Elle ne dit encore rien, & comme il avoit passé deux nuits sans dormir,

---

(1) Mettre le cœur d'un crapaud sur la mamelle gauche d'une femme pendant qu'elle dort, afin de lui faire dire tout ce qu'elle a de secret. Mizauld. Centurie 2, n. 61 cité par M. Thiers dans son Traité des Superstitions, t. I, p. 389.

il s'endormit enfin lui-même ; & le matin étant éveillé, il se persuada que, s'il n'avoit rien appris de ce qu'il souhaitoit tant de savoir, c'est qu'il avoit cessé d'être assez attentif pour écouter ce que, selon lui, on n'auroit pas manqué de lui dire. Quelle satisfaction pour un superstitieux, d'avoir un si plausible prétexte pour justifier sa superstition ! On doit bien s'imaginer qu'il prit des précautions pour ne se laisser plus accabler par le sommeil, dans une occasion qui demandoit tant de vigilance En effet, pour ne plus courir le même risque, il dormit une partie du jour, & ensuite il fit cette nouvelle expérience.

C'est encore pendant le sommeil de sa femme, qu'il tâcha de connoître ses secrets. Il lui mit un diamant sur la tête (1) & s'attendit ensuite à l'alternative qu'on trouvera dans la note ci-dessous. La dormeuse, quelques heures après, étant apparemment lasse d'être sur un côté, changea de

---

(1) Il y en a qui disent que si on met un diamant sur la tête d'une femme qui dort, on connoît si elle est fidelle ou infidelle à son mari, parce que si elle est infidelle, elle s'éveille en sursaut ; au contraire, si elle est chaste, elle embrassera son mari avec affection. Les admirables secrets d'Albert le Grand, l. 2, p. 145 & 146. *Trinum Magicum*, p. 203.

situation sans s'éveiller, & tourna le derrière à son curieux. Ce changement de situation le mit dans une cruelle perplexité. Il concluoit quelquefois que c'étoit une preuve qu'elle avoit du mépris pour lui, & qu'elle ne l'aimoit point. Pourtant, quand il considéroit bien ce que ses livres assuroient qu'elle devoit faire pour marquer son infidélité, il trouvoit ses conclusions injustes, puisqu'elle ne s'étoit point éveillée en sursaut. La première chose qu'il fit le matin, aussitôt qu'il eut quitté le lit, ce fut d'aller consulter ses livres, pour voir s'il étoit dit en effet qu'elle devoit s'éveiller en sursaut pour qu'il eût sujet de l'accuser d'infidélité; il y apprit qu'il n'avoit point du tout été trompé par sa mémoire. Après cet éclaircissement il jugea à propos de pousser ses épreuves aussi loin que ses lectures lui avoient donné d'instructions pour le faire.

Il passa quelques jours à chercher trois sortes de pierres auxquels les superstitieux attribuent la vertu de faire connoître ce qu'il souhaitoit tant d'apprendre. La première est appelée galériate (1),

---

(1) Avicenne dit que si l'on pile la pierre *galériate* qui se trouve en Lybie & en Bretagne, qu'on la lave ou qu'on la fasse laver à une femme, si elle n'est pas chaste, elle pissera aussitôt, & non au contraire. Les admirables secrets d'Albert le Grand, l. 2, p. 103.

la seconde quirim (1), & la troisième bératide (2). Il ne les trouva point, quelques recherches qu'il en fît, & quelques sommes qu'il promît pour les avoir. Il fut certes bien heureux de
ne pas trouver en son chemin quelque fripon disposé à profiter de sa sottise, car il étoit fort facile
de lui vendre bien cher d'autres pierres de vil
prix, sous le nom de celles qu'il demandoit,
puisque n'en ayant jamais vu, il n'eût pu connoître si on l'eût trompé. Il s'informa encore s'il
n'étoit pas possible d'avoir de l'eau d'une certaine
fontaine d'Ethiopie (3), à laquelle on attribue
la même propriété. A peine daigna-t-on l'écouter ; s'il n'avoit pas eu d'autres ressources, il auroit été inconsolable de ne pouvoir obtenir de
cette eau merveilleuse, ni de ces admirables pierres; mais sa mémoire vint à son secours. Il se

---

(1) La pierre *quirim* fait dire à un homme tout ce qu'il a
dans l'esprit, si on la met sur sa tête pendant qu'il dort.
On trouve cette pierre dans le nid des huppes, & on l'appelle ordinairement la pierre des traîtres, *id.* p. 10.

(2) Si on veut savoir la pensée & les desseins des autres,
on prendra la pierre *bératide* qui est de couleur noire, & on
la mettra dans la bouche, *id.* p. 100.

(3) Il y avoit en Ethiopie une fontaine dont les eaux
avoient la propriété de faire dire tout ce qu'on savoit quand
on en avoit bu. *Diod. Sicil.*

rappela que le cœur d'un merle (1), ou le cœur & le pied droit d'un chat-huant (2), produiroient le même effet que ces pierres ou l'eau de cette fontaine. Son valet Mornand, qui faisoit profession de siffler des linottes & d'apprendre à parler à des merles & à des sansonnets, avoit un merle parfaitement instruit, mais haï de la plupart des voisins, parce qu'il n'y avoit point de sommeil, quelque profond qu'il fût, qui pût tenir contre le bruit qu'il faisoit. C'étoit le plus étonnant gosier de merle qu'on eût jamais entendu. La superstition de M. Oufle vengea tous ces mécontens. Il alla donc dans la chambre de Mornand, pendant que celui-ci étoit allé en ville; il prend cette pauvre bête, lui tord impitoyablement le cou, l'emporte & lui ôte le cœur. Il avoit fait chercher la veille un chat-huant dont il prit aussi le cœur & le pied droit. On ne parlera

―――――――――――――――――――

(1) Si on met le cœur d'un merle sous la tête d'une personne qui dort, & qu'on l'interroge, elle dira tout haut ce qu'elle aura fait. Les admirables secrets d'Albert le Grand, l. 2, p. 119. *Trinum Magicum*, p. 187.

(2) Si l'on met le cœur & le pied droit d'un chat-huant sur une personne endormie, elle dira aussitôt tout ce qu'elle aura fait, & répondra aux demandes qu'on lui fera. Les admirables secrets d'Albert le Grand, l. 2, p. 110.

point ici de l'affliction de Mornand quand, à son retour, il ne trouva point son cher merle. Il suffit de dire qu'il l'aimoit comme un des plus habiles élèves qu'il eût formés, & qu'il espéroit tirer une bonne somme d'une si belle éducation.

Monsieur Oufle, muni de toutes ces choses, s'alla coucher auprès de sa femme; car pendant ces épreuves il lui tint compagnie toutes les nuits. Il se pressa de faire semblant de dormir aussitôt qu'il fut au lit, afin que ne donnant aucune distraction à sa bonne épouse, elle fît véritablement ce qu'il ne faisoit qu'en apparence. La pauvre femme s'endormit en effet, bien éloignée de soupçonner rien de ce qu'on avoit entrepris de lui faire. Il lui lève d'abord la tête le plus doucement qu'il peut, & met dessous le cœur du merle; puis il lui fait, à voix basse, des interrogations sur ce qu'il souhaitoit savoir. A toutes ces demandes nulle réponse. La moitié de la nuit se passa dans ce ridicule manège, & il le continua pendant l'autre moitié, après avoir mis sur elle le cœur & le pied du chat-huant. Enfin voyant tous ses artifices devenus si inutiles, il quitta prise, bien résolu de ne plus consulter le sommeil, puisqu'il en avoit tiré si peu de satisfaction. On va peut-être croire qu'après avoir connu la vanité & l'imposture de ces superstitieuses pratiques, il n'y ajouta plus de foi, & qu'il y renonça pour toujours; on croira assurément avec raison que cela devoit être ainsi; mais cet homme étoit trop prévenu pour prendre un parti raisonnable. Il s'accusoit toujours lui-même de son peu de succès. Il ne lui venoit point du tout dans l'esprit d'en attribuer la faute à ses livres. Aussi, bien loin de se lasser, il reprit courage & se proposa d'autres opérations. C'est ce qu'on va voir dans le septième chapitre.

CHAPITRE VII.

Suite des pratiques superstitieuses que M. Oufle mit en usage pour connoître si sa femme lui étoit fidelle.

M. Oufle recommença ses superstitieuses pratiques par une invention, qui ayant un air de prodige, étoit extrêmement de son goût; car, comme je l'ai déjà fait remarquer, les choses surprenantes étoient celles qui le charmoient le plus, & qui prévenoient le plus fortement sa crédulité; cette belle invention consistoit à prendre des chardons, pour connoître la personne dont on est le plus aimé. (1) Si un homme veut savoir laquelle de trois femmes a le plus d'amitié pour lui, il n'y a qu'à prendre trois têtes de chardons, en couper les pointes, donner à chacun de ces chardons le nom de chacune de ces trois femmes, en-

---

(1) Pour connoître entre trois ou quatre personnes celle qui nous aime le plus, il faut prendre trois ou quatre têtes de chardons, en couper les pointes, donner à chaque chardon le nom de ces trois ou quatre personnes, & les mettre ensuite sous le chevet de notre lit. Celui des chardons qui marquera la personne qui aura le plus d'amitié pour nous, poussera un nouveau jet & de nouvelles pointes. Traité des superstitions, par M. Thiers, t. 1, p. 210.

suite les mettre sous le chevet de son lit ; les charlatans assurent que celui des chardons qui poussera un nouveau jet & de nouvelles pointes, marquera la femme dont cet homme sera le plus aimé. M. Oufle prit donc trois chardons, mit à chacun un petit papier, sur l'un desquels il avoit écrit le nom de sa femme, & sur les deux autres, les noms de deux femmes, à qui il ne doutoit point qu'il ne fût très-indifférent. Et ainsi il étoit très-disposé à conclure qu'il n'étoit pas aimé de madame Oufle, si l'un des chardons de ces deux femmes venoit à pousser quelques pointes, sans que les autres en poussassent autant. Il se coucha après avoir placé ces trois chardons sous son chevet. Sa femme qui ne s'étoit pas encore couchée, trouvant dans sa chambre, sur sa table, un livre ouvert, s'avisa, je ne sai par quelle curiosité, qui ne lui étoit pas ordinaire, de lire justement dans l'endroit où il étoit ouvert, & là elle trouva l'article des chardons. Cette lecture lui donna d'abord quelque soupçon ; & pour s'éclaircir de ce qu'elle soupçonnoit, elle alla doucement chercher sous le chevet, & y trouva les chardons mystérieux ; elle les considéra attentivement, & y lut les noms dont je viens de parler ; il ne lui en fallut pas davantage pour juger que c'étoit une épreuve que son mari vouloit faire. Les noms de ces deux autres femmes lui inspirèrent à son tour de la jalousie. Elle remit cependant les chardons en la place où elle les avoit trouvés, sans y rien changer ; mais pourtant avec dessein de s'en servir, comme on verra dans la suite, pour jouer quelques tours à cet impertinent curieux. Elle ne dormit pas si tranquillement cette nuit qu'elle avoit fait pendant celles dont on a parlé ci-devant. Le matin M. Oufle songe à ses chardons, les prend, les considère, n'y trouve ni jet nouveau, ni pointes nouvelles. Il ne s'alarma pourtant pas pour cela, parce qu'il s'imagina qu'il falloit plus d'une nuit pour perfectionner une si merveilleuse opération ; & ainsi il prit dessein de continuer cette épreuve la nuit suivante. Madame Oufle qui avoit étudié toute sa conduite pendant la journée, ne douta point qu'il ne recommençât le même manège dans la première nuit ; c'est pourquoi elle fit provision de chardons. La nuit venue, elle se coucha la première, fit semblant de dormir, & vit placer les chardons. M. Oufle dormant, elle se lève, les prend, & met en leur place trois de ceux dont elle avoit fait provision, après y avoir écrit ces trois noms, Michel, Gabriel, Belzébuth. Elle avoit coupé les pointes des deux premiers, & les avoit laissées à celui qu'elle avoit nommé Belzébuth.

Quelle fut la surprise de M. Oufle, quand il trouva le matin ce changement de noms, & qu'il apprit que Belzébuth étoit le meilleur de ses amis !

Quel divertissement en même tems pour madame Oufle, de voir son inquiétude & sa perplexité! Car, comme elle avoit bien prévu qu'il ne manqueroit pas d'être agité & embarrassé, à la vue de cette étrange métamorphose, elle s'appliqua pendant toute la journée à étudier ses mines & ses démarches. Elle s'aperçut qu'il vouloit recommencer cette épreuve, pour savoir à quoi il s'en devoit tenir. Pendant qu'il cherchoit de son côté des chardons, afin de voir si Belzébut s'obstineroit à se dire son ami, elle en préparoit d'autres pour continuer de le jeter dans l'embarras, & en même-tems pour se rendre à elle-même cette superstition favorable, en le convainquant qu'il n'y avoit personne qui l'aimât avec plus d'attachement & de fidélité qu'elle. On comprend bien que pour cela, il falloit faire paroître des chardons, dont l'un portât son nom, & en même tems des pointes; c'est ce qu'elle ne manqua pas de faire. Elle mit en la place de ceux du bon homme, les trois qu'elle avoit préparés, c'est-à-dire, deux qui portoient le nom de ces deux femmes dont on a parlé ci-devant, avec les pointes coupées, & le troisième qui portoit le sien, sans en avoir rien retranché; de sorte que c'étoit une preuve pour ce superstitieux & crédule mari, que sa femme étoit la personne du monde qui l'aimoit le plus. Voilà comment ceux qui donnent dans les superstitions sont presque toujours les dupes de gens habiles & adroits qui connoissent leur foiblesse, pour ne pas dire leur sottise. Heureux quand ils ne sont trompés que comme M. Oufle le fut dans cette occasion.

Le lendemain M. Oufle visite dès le matin ces fameux chardons, & ne se doute point de la supercherie. Autre sujet d'admiration pour lui, quand il vit des pointes à celui qui portoit le nom de sa femme, & que les deux autres n'en avoient point. Il sentit d'abord de la joie, mais cette joie diminua insensiblement, à mesure qu'il fit des réflexions. Ces réflexions consistoient à remarquer que ces trois épreuves disoient des choses différentes. Dans la première, il ne s'étoit fait aucun changement; la seconde lui apprenoit qu'il étoit aimé du diable plus que de qui que ce fût; & par la troisième, il paroissoit que c'étoit sa femme qui l'aimoit le plus. Ces différences lui fournirent matière de plusieurs raisonnemens, qui aboutirent enfin à lui faire conclure qu'il ne devoit pas ajouter plus de foi à la dernière épreuve, qu'aux deux autres, & qu'ainsi une quatrième étoit absolument nécessaire pour décider. Il fit donc cette quatrième épreuve, & madame Oufle la rendit, par son adresse, égale à la troisième, de sorte que son mari fut à-peu-près convaincu de la sagesse de sa conduite. Je dis à-peu-près, parce que ce qui arriva le même jour, fait croire qu'il lui étoit encore resté quelque doute dans l'esprit.

Comme il étoit agité sur ce sujet de pensées différentes, & d'une espèce d'inquiétude qui ne lui permettoit pas de rester longtems dans une même place, il alla se promener l'après-dînée dans un grand jardin qui lui appartenoit, & qui étant environ à un quart de lieue de la ville, l'éloignoit du grand bruit, & lui servoit d'une retraite agréable, quand il vouloit n'être point troublé dans ses rêveries. Ce jardin étoit parfaitement bien entretenu, les fruits, les fleurs, les légumes n'y manquoient point, autant que le tems le permettoit; après avoir visité son potager, il entra dans une espèce de boulingrin, orné de toutes sortes de fleurs. Celles qui attachèrent le plus sa vue, furent plusieurs héliotropes, qu'il considéra fort longtems. Il ne faut pas s'en étonner, car il se ressouvenoit d'avoir lu, que si on cueille une de ces fleurs au mois d'Août, lorsque le soleil est dans le signe du lion, & si après l'avoir enveloppée dans une feuille de laurier avec une dent de loup, on met ce petit paquet dans une église; pendant tout le tems qu'il y sera, les femmes infidelles à leurs maris, n'en pourront sortir (1). On étoit justement dans le tems

---

(1) Si on met dans une église l'héliotrope, après l'avoir marqué

marqué par cette superstition, & le moyen qui se présentoit à M. Oufle, pour le rendre entièrement éclairci sur ce qu'il souhaitoit si fort de savoir, lui paroissoit trop facile pour le négliger. Il avoit dans son jardin beaucoup d'héliotropes & de lauriers; une dent de loup n'étoit pas difficile à trouver; c'est pourquoi il prit à l'instant le parti de mettre en usage cette nouvelle épreuve. Il sort donc sur le champ pour aller chercher une dent de loup; au lieu d'une, il en trouve un très-grand nombre, & de peur d'en manquer, il en achète six. Il retourne dans son jardin, se fournit d'héliotropes & de lauriers. Après être rentré chez lui, il met le tout en lieu de sûreté, & le soir étant venu, il se renferme, prépare secrètement son paquet, bien résolu d'en faire usage le lendemain.

Voici comment il exécuta ce grand projet. Il sut de sa femme à quelle heure elle devoit aller à l'église; il l'a précède de quelques momens, met son héliotrope avec tout son assaisonnement dans un coin, & si bien caché que personne n'en pouvoit rien voir. Lui-même se cache, voit entrer sa

---

cueillie au mois d'Août, pendant que le soleil est dans le signe du Lion, & qu'on l'enveloppe dans une feuille de laurier avec une dent de loup, les femmes qui ne seront pas fidelles à leurs maris n'en pourront sortir si on ne l'ôte. Les admirables secrets d'Albert le Grand, l. 2, p. 93.

femme quelque tems avant midi. Après qu'elle eut satisfait aux devoirs de sa religion pendant environ une demi-heure, elle sort avec plusieurs autres personnes qui avoient assisté comme elle au même mystère; cependant le paquet étoit toujours dans la même place, ce qui donna une joie inconcevable à notre visionnaire; puisqu'ajoutant foi, autant qu'il faisoit, à tous ces superstitieux usages, il avoit lieu de ne plus douter de la fidélité de son épouse. Il faut dire vrai; ce dernier essai le tranquillisa si fort, qu'il abandonna entièrement le dessin de faire aucune autre épreuve. Cependant il voulut se donner le plaisir de voir si de toutes les femmes qui étoient dans l'église, il n'y en auroit point quelqu'une qui n'en pourroit sortir pendant que son paquet resteroit dans le lieu où il l'avoit mis. Heureusement pour leur réputation, selon la prévention superstitieuse de notre homme, elles sortirent toutes l'une après l'autre, excepté une qui resta si longtems, qu'enfin notre curieux s'impatientant prend son paquet, sort & attend à la porte, pour savoir si elle le suivroit; elle sortit en effet presque aussitôt après; mais c'étoit parce qu'elle avoit fini ses pieux exercices, & non pas, comme il croyoit, parce que l'héliotrope n'y étoit plus. Il ne laissa pas toutefois de tenir pour certain que c'étoit l'héliotrope qui l'avoit retenue si longtems dans l'église; & pour voir s'il avoit tout-à-fait raison de le croire ainsi, il la suivit, la vit entrer chez elle, s'informa ensuite de son état, & apprit que c'étoit une fille d'environ vingt ans, qui avoit refusé plusieurs partis considérables qui s'étoient présentés pour l'épouser; qu'elle les avoit tous refusés, parce qu'elle avoit renoncé au monde; qu'elle avoit mené toujours une vie fort régulière, & qu'elle alloit s'enfermer dans un couvent pour le reste de ses jours : & ainsi l'héliotrope n'avoit eu envers elle aucune vertu, puisqu'il ne s'agissoit que de connoître les femmes infidelles à leurs maris. M. Oufle qui n'aimoit point du tout à approfondir les superstitions, quand il paroissoit quelque sujet de révoquer en doute l'exécution de ce qu'elles promettent, ne voulut point faire la discussion de celle-ci. C'est ainsi que les superstitieux ont autant d'aversion pour tout ce qui les peut détromper, qu'ils sont faciles à être trompés.

CHAPITRE VIII.

Du divorce qui se mit entre M. Oufle & sa femme, & des moyens superstitieux dont se servit l'abbé Doudou leur fils, pour tâcher de rétablir la paix entr'eux.

M. Oufle revint si bien des soupçons qu'il avoit eus sur la conduite de sa femme, qu'à voir la complaisance qu'il montroit pour elle, & toutes les amitiés qu'il lui faisoit, on auroit dit qu'il ne s'étoit pas fait la moindre altération dans sa tendresse. Il avoit pourtant agi froidement à son égard, pendant toutes les épreuves dont on a parlé; mais soit qu'il fût véritablement persuadé qu'elle ne le trompoit pas, soit qu'il fût las de se donner tant d'inquiétudes & de troubles, il la traita avec autant d'affection, que s'il n'avoit jamais douté de la sienne. Mais elle n'avoit pas pour lui des sentimens tout-à-fait semblables; deux raisons l'en empêchoient; la première, c'est qu'il avoit eu mauvaise opinion de sa conduite; la seconde, & qui étoit la plus forte, c'est qu'elle le soupçonnoit lui-même de quelque infidélité, à cause de ces deux femmes, dont les chardons avoient fait mention. Ces deux raisons faisoient qu'elle ne répondoit pas à toutes ses caresses; il sembloit qu'elle ne le voyoit qu'avec chagrin, & qu'elle ne le souffroit qu'avec peine. Ses enfans s'en aperçurent. l'abbé Doudou qui, avec sa piété & sa petite science, croyoit avoir droit de faire des remontrances & de donner des conseils, lui en fit des reproches. Elle eut assez de bonté pour l'écouter, quoique ce qu'il disoit n'en valût pas la peine; mais elle se donna de garde d'avouer qu'elle eût tort. Après avoir entendu patiemment le petit sermon de l'abbé, elle parla à son tour, & lui fit un récit exact de tout ce qui s'étoit passé. Celui-ci s'efforça de justifier son père; mais il laissa sa mère aussi peu convaincue que s'il n'avoit pas dit un mot. Elle lui fit grande pitié; car, comme il étoit à-peu-près, aussi superstitieux que son père, il ne pouvoit goûter rien de ce qu'elle disoit, parce qu'elle n'avoit aucun penchant pour les superstitions.

Cependant la mésintelligence s'augmentoit insensiblement de part & d'autre; car le mari se lassant de voir son amitié récompensée d'indifférence, rendit enfin froideur pour froideur, mépris pour mépris. Notre abbé voyant que ses remontrances ne produisoient aucun effet, se persuada pieusement que, puisqu'il s'agissoit de raccommoder un mari avec sa femme, & particulièrement son père avec sa mère, il lui étoit permis d'appeler à son secours l'usage de quelque superstition.

Il cherche donc dans ses livres de quoi suppléer au beau discours qu'il venoit de faire.

L'abbé Doudou, après avoir parcouru quelques livres pour y chercher les moyens de faire cette belle & charitable opération qui lui tenoit si fort au cœur, en trouva quelques-uns qu'il crut parfaitement lui convenir. Ils lui disoient que pour réunir d'affection les personnes mariées, il faut faire porter le cœur d'une caille mâle à l'homme, & celui d'une caille femelle à la femme (1), ou se servir de cheveux, après en avoir fait une offrande d'une manière assez peu conforme au respect que l'on doit à la religion (2), ou porter sur soi la moelle du

---

(1) Pour empêcher les différens & le divorce entre un homme & une femme, il faut prendre deux cœurs de caille, un de mâle & l'autre de femelle, & faire porter celui du mâle à l'homme, & celui de la femelle à la femme. Les admirables secrets d'Albert le Grand, l. 3, p. 170. Mizauld. Cent. 8, n. 18. Traité des superstitions par M. Thiers, t. I, p. 283.

(2) *Dicunt : vis ut maritus tuus diligat te ? Accipe de omnibus crinibus tuis, & offer illos ad altare ter cum cereo ardenti; & tunc, quandò portabis illos super caput tuum, tamdiu exardescet in amorem tui.* Delrio. Disquis. Mag. p. 470.

pied gauche d'un loup (1), ou faire porter un morceau de corne de cerf (2). Il met le même jour en pratique ces folies, s'imaginant qu'on ne pourroit résister à quatre moyens de cette force & unis ensemble, puisqu'il ne doutoit pas qu'un seul pût produire son effet. Il eut pourtant bien soin (& cela par délicatesse de conscience) de s'en servir secrètement, persuadé qu'il étoit que si d'autres en étoient instruits, ils pourroient vouloir l'imiter, sans en faire un usage aussi innocent. C'est l'ordinaire des gens de sa sorte; ils se flattent de rendre légitime ce qui ne seroit que condamnable chez les autres. Il ne se fit cependant pas le moindre changement dans l'esprit de M. & de madame Oufle. L'abbé Doudou en étoit émerveillé. « Il faut, disoit-il en lui-même, que cette discorde soit bien tenace, puisqu'elle ne se peut détruire par des moyens si bien autorisés, c'est-à-dire,

_____

(1) Il est écrit dans le livre de Cléopatre, qu'une femme qui n'est pas contente de son mari comme elle le souhaiteroit, n'a qu'à prendre la moelle du pied gauche d'un loup & la porter sur elle, alors elle en sera satisfaite, & la seule qu'il aimera. Secrets admirables d'Albert le Grand, l. 2, p. 143.

(2) Faire porter sur soi, à son mari, un morceau de corne de cerf, afin qu'il soit toujours en bonne intelligence avec sa femme. Mizaud. Cent. 2, n. 73. M. Thiers, t. I, p. 382.

rapportés dans des livres qu'il regardoit comme des oracles. On voyoit donc tous les jours que cet homme & cette femme devenoient de plus en plus infupportables l'un à l'autre ».

Noncrède qui fouffroit avec peine cette difcorde, & qui craignoit qu'elle ne fe terminât par une rupture ouverte, les entretint en particulier, apprit d'eux leurs raifons; & comme il connut que pour fe raccommoder, il étoit néceffaire qu'ils s'expliquaffent enfemble, ce qu'ils n'avoient point encore fait, il obtint d'eux qu'ils s'expliqueroient en fa préfence. Ces explications étoient fi importantes, qu'auffitôt qu'elles eurent été faites, & que cet homme fage les eut accompagnées de fes judicieufes remontrances, la réunion fe rétablit tellement qu'il n'y eut dans la fuite entr'eux aucune apparence de difcorde. C'eft ainfi qu'on appaiferoit bien des troubles domeftiques, fi ceux qui font profeffion de reconcilier, avoient affez de lumières pour connoître ce qu'il faut faire, & affez de prudence pour le faire à propos.

CHAPITRE IX.

Comment M. Oufle devint amoureux, & ce qu'il fit pour se faire aimer.

M. Oufle, à ses superstitions près, avoit passé assez tranquillement sa vie. On ne dit point qu'il eût jamais été agité d'aucune de ces passions tumultueuses qui gâtent le cœur, & qui dérangent l'esprit. Comme il se contentoit de son état & de sa fortune, il ne regardoit l'ambition que comme une frénésie, propre uniquement à troubler le repos. Il n'avoit aucun de ces empressemens avides pour acquérir toujours plus de richesses qu'on n'en possède; il ne prenoit de plaisirs qu'autant que le demandoit la nécessité & que la régularité le permettoit. Pour l'amour, il ne le connoissoit, & n'en avoit ressenti les traits que par rapport à madame Oufle; il l'aima longtems avant que de l'épouser, & après l'avoir épousée, il n'aima qu'elle, jusqu'au moment fatal dont je me propose de parler.

Un misérable livre, faussement attribué à un auteur illustre, & rempli des mensonges les plus hardis, les plus dangereux, ose assurer que les enfans qui naîtront le quinzième jour de la lune, aimeront les femmes (1). M. Oufle avoit lu plusieurs fois cet article, sans y faire beaucoup d'attention. Un jour qu'il s'étoit amusé à rechercher le moment de sa naissance, il trouva en chemin faisant, qu'il étoit né le quinzième de la lune, & quelque tems après, le malheureux article dont je viens de parler, lui tomba par hasard sous les yeux, & lui changea l'esprit & le cœur de la manière qu'on va lire :

Il crut dans ce moment sentir pour les femmes un penchant violent auquel il ne pouvoit résister. La persuasion seule où il étoit que ces impertinens livres ne disent jamais rien qui ne soit véritable, avoit produit ce penchant par la force de son imagination; il auroit continué de n'aimer que madame Oufle, si son livre avoit dit que les enfans nés le quinzième de la lune, n'aimeroient qu'une seule femme.

Il se mit donc dans l'esprit que les astres lui avoient donné un très-grand penchant pour les femmes; & ce fut cette maudite prévention qui le porta à faire un attachement auquel il n'auroit jamais pensé, s'il n'avoit pas été si superstitieux. Il fut pendant plusieurs jours amoureux, sans sa-

---

(1) Les enfans qui naîtront le quinzième jour de la lune, aimeront les femmes. Les admirables secrets d'Albert le Grand, l. 4, p. 272.

voir de qui ; cela n'eſt pas ſurprenant ; puiſqu'il n'étoit amoureux, que parce qu'il vouloit abſolument l'être ; & il ne le vouloit être, que parce que les aſtres, ſelon lui, le vouloient abſolument. En falloit-il davantage pour un homme qui ſe faiſoit un devoir d'être eſclave de la ſuperſtition ?

Une veuve qu'il avoit occaſion de voir ſouvent, parce qu'elle étoit intime amie de Madame Oufle, fut la première femme qu'il réſolut d'aimer. Avant que d'aller plus loin, pour dire quel fut le ſuccès de cet amour, il eſt bon d'avertir que M. Oufle n'aimoit que pour aimer. Il cherchoit ſeulement à ſe prouver à ſoi-même qu'il avoit un grand penchant pour les femmes, & qu'ainſi il ne démentoit point ſon étoile. Ses intentions étoient pures, quoique ſes démarches paruſſent auſſi empreſſées, que celles qui partent de la plus ardente paſſion.

La veuve dont il s'agit, & que j'appellerai Dulcine, étoit jeune, belle, riche & très-ſage. M. Oufle étoit alors dans un âge avancé ; il n'étoit point du tout Adonis. Les richeſſes de la veuve étant aſſez conſidérables, & la mettant par conſéquent dans un état qui rendoit inutiles les libéralités d'un amant, elle étoit hors de danger de ſe laiſſer ſurprendre par eſprit d'intérêt, & de vendre à prix d'argent ſa tendreſſe. Mais ce qui rendoit encore cette conquête extrêmement difficile, c'eſt qu'il étoit marié, & qu'elle avoit une vertu incompatible avec un tel attachement, parce qu'il ne pouvoit être que criminel.

Je ne ferai point ici le détail de tout ce qu'il fit pour instruire Dulcine de son amour, des entretiens qu'il eut avec elle sur cette matière; de quelle manière elle reçut sa déclaration, ses assiduités & ses autres pratiques amoureuses. Il suffit d'apprendre aux lecteurs qu'elle lui fit connoître que, comme il ne devoit aimer que sa femme, elle ne voudroit jamais d'un amour dont il ne pouvoit disposer pour d'autres. On sera bien surpris, si j'assure que M. Oufle ressentit beaucoup de joie, quand il eut lieu de croire qu'il lui seroit presqu'impossible de se faire aimer. Cela est pourtant très-vrai, & voici pourquoi. Il savoit que ses livres superstitieux apprenoient des secrets admirables pour donner de l'amour. Et ainsi il étoit beaucoup plus content de Dulcine, pour les résistances qu'elle lui faisoit, qu'il ne l'auroit été, s'il n'eût trouvé auprès d'elle que des facilités. Il étoit devenu amoureux par superstition; aussi ne souhaitoit-il rien tant que d'employer la superstition pour réussir dans ses amours.

L'hippomanès (1), ce fameux philtre dont les

―――――――――――――――――――

(1) L'hippomanès est, dit-on, un morceau de chair noir & rond, de la grosseur d'une figue sèche que le

anciens & les modernes ont tant parlé, & qui a fait le sujet de tant de dissertations (1), sur la

poulain apporte sur le front en naissant. La mère, ajoute-t-on, l'arrache aussitôt qu'il est né pour le manger; & si elle ne le trouve pas, elle a une si grande aversion pour son poulain, qu'elle ne le peut souffrir. L'hippomanès a passé pour le plus fameux de tous les philtres, quand étant mis en poudre, il est pris avec le sang de celui qui veut se faire aimer. Diu. Cur. t. VI, p. 22.

On prétend que si l'on fait sécher l'hippomanès dans un pot de terre neuf vernissé, dans un four, quand le pain en est tiré, & que si, en le portant sur soi, on le fait seulement toucher à la personne dont on voudra être aimé, on réussira. Le solide Trésor du petit Albert, p. 6.

L'hippomanès est un venin qui coule de la partie naturelle de la cavalle, tandis qu'elle est en chaleur. Dict. de Trev.

Hic demum hippomanes vero quod nomine dicunt
Pastores, lentum destillat ab inguine virus.

Virgil. Georg. l. 3.

Hippomanes cupidæ stillat ab inguine equæ.

Tibulle, l. 2, Eleg. 4.

(1) Il est parlé de l'hippomanès dans un petit *in-folio* imprimé à Londres en 1671, & traduit en françois sur l'anglois, avec ce titre : *Méthode nouvelle & invention extraordinaire de dresser les chevaux & les travailler selon la nature, qui est perfectionnée par la subtilité d'un art qui n'a jamais été trouvé que par le très-noble, haut & très-puissant prince Guillaume de Cavendisch, duc, marquis, &c.* L'auteur de ce livre assure qu'il n'a jamais rien vu de tel au front d'aucun poulain, que cette méprise vient d'une coiffe

merveilleuse propriété qu'on lui attribue, fut le premier instrument dont il résolut de se servir pour vaincre l'insensibilité de Dulcine, se promettant qu'elle sentiroit dans la suite pour lui autant de penchant, qu'elle lui avoit jusqu'alors témoigné d'indifférence. Il le mit donc en usage selon les règles que lui prescrivoient ses lectures; il en fit deux différentes épreuves; & Dulcine continua d'être aussi froide pour lui que s'il n'y avoit jamais eu d'hippomanès au monde. Il arriva cependant, qu'après ces épreuves, M Oufle se persuada qu'elle l'aimoit véritablement. Cette persuasion lui vint de ce que, comme elle avoit remarqué qu'elle n'auroit pas lieu de craindre d'un amoureux de son âge aucun emportement déraisonnable, elle prit le parti de s'en divertir. C'est pourquoi elle le recevoit avec plus d'enjouement qu'elle n'avoit fait;

---

qu'il appelle *la secondine*, dans laquelle le poulain est enveloppé, & dont tous les cordons se rencontrent au bout, qui ressemblent à un petit nœud & pendent sur la tête du poulain, & qu'aussitôt que le poulain est sorti, ce nœud & la coiffe, qui est la même chose, tombent ensemble. Et ainsi non-seulement l'hippomanès n'a point les vertus que l'antiquité crédule lui a attribuées; mais même il n'est pas vrai que le poulain porte sur son front cette croissance de chair, comme on l'entendoit alors.

Voyez la dissertation sur l'hippomanès à la fin du dernier volume du Dictionnaire critique.

elle rioit & badinoit agréablement de ſes amou-
reuſes proteſtations, elle le railloit ſur ſes regards
tendres, ſes timidités reſpectueuſes, ſes beaux ſen-
timens, ſur ſes petits ſoins, ſes aſſiduités, ſes com-
plaiſances, enfin ſur tous ces affectueux manèges
de ceux qui aiment, & dont il tâchoit de s'acquitter le mieux qu'il pouvoit. Le bon M. Oufle auroit bien connu qu'elle ſe moquoit de lui, s'il ne
s'étoit pas mis dans l'eſprit, que l'hippomanès faiſoit ſon effet.

Il eſt vrai, diſoit-il en lui-même, que Dulcine
ne me dit pas qu'elle m'aime; mais il eſt conſtant
que le plaiſir qu'elle prend à me voir, & à m'entendre, marque qu'elle ſent plus de tendreſſe pour
moi, qu'elle n'oſe m'en faire ouvertement paroître. Sa vertu l'empêche de ſe déclarer. Qu'ai-je
à ſouhaiter davantage que de connoître que je ſuis
aimé de ce que j'aime? Avant l'hippomanès, à
peine me pouvoit-elle ſouffrir; depuis que j'ai appelé à mon ſecours ce merveilleux & charmant ſecret, bien loin de lui être inſupportable, je la fais
preſque toujours rire, tant mes diſcours & mes
actions lui ſont agréables. Encore une fois, que
puis-je ſouhaiter de plus? C'eſt ainſi qu'il ſe flattoit
d'être arrivé à ſes fins.

Il s'en ſeroit tenu à ces réflexions ſi conſolantes pour
lui, s'il n'avoit pas été tenté par quelques lectures
qu'il fit dans la ſuite, de mettre en uſage d'autres

pratiques superstitieuses qui lui parurent également faciles & efficaces, tant il est vrai que la superstition le suivoit par-tout, & qu'il ne la perdoit point de vue.

La première de ces pratiques consiste à se servir du poil du bout de la queue d'un loup (1); la seconde, à attacher à son cou certains mots barbares (2), auxquels on ne comprend rien, & auxquels ceux qui les ont imaginés, n'ont rien compris eux-mêmes; la troisième, dans la partie droite d'une grenouille rongée par les fourmis (3); la quatrième, à se frotter les mains de jus de Verveine, & puis toucher la personne dont on desire se faire aimer (4); la cinquième, à porter devant

---

(1) Pline donne au poil du bout de la queue du loup, une vertu pour se faire aimer. Diu. Cur. 6, 23.

(2) Attacher à son cou ces mots & ces croix, † *authos*, † *à aortoo*, † *noxio*, † *bay*, † *gloy*, † *aperit*, † . . . . , pour se faire aimer de tout le monde. M. Thiers, t. I, p. 410.

(3) On dit que des os d'une grenouille verte, rongée par des fourmis, les parties gauches font haïr, & les parties droites font aimer. Diu. Cur. 6, 23.

(4) Si l'on veut se faire aimer d'un homme ou d'une femme, on se frottera les mains avec du jus de verveine, & ensuite on touchera la personne dont on veut être aimé. Les admirables secrets d'Albert le Grand, l. 3, p. 166.

l'estomach,

l'eſtomac, la tête d'un milan (1); la ſixième, dans une pommade compoſée de la moelle du pied gauche d'un loup, d'ambre gris & de poudre de Cypre (2).

M. Oufle étant muni de ces beaux ſecrets, alla chez Dulcine avec une ſi grande confiance, qu'il s'imaginoit qu'auſſitôt qu'il ſeroit entré, elle lui viendroit ſauter au col. Ce n'eſt pas pourtant qu'il demandât des careſſes; ou s'il en demandoit, ce n'étoit que parce qu'il les regardoit comme des preuves d'amour; & non pas qu'il les ſouhaitât dans un eſprit de volupté. Elle le reçut à l'ordinaire; c'eſt-à-dire, comme un homme qui venoit lui donner une eſpèce de comédie, & la divertir. Après s'être entretenu quelque tems avec elle, il tira négligemment & comme par haſard, une petite boîte d'argent où étoit cette merveilleuſe pommade; comme l'odeur en étoit fort agréable, Dulcine marqua qu'elle lui faiſoit plaiſir. Il n'en reſſentit pas moins de voir qu'elle goûtoit délicieuſement

---

(1) Si l'on porte devant l'eſtomac la tête d'un milan, elle fait aimer de tout le monde, & ſurtout des femmes, id. l. 2, p. 116.

(2) Pour ſe faire aimer conſtamment, prendre la moelle du pied gauche d'un loup, en faire une eſpèce de pommade avec de l'ambre gris & de la poudre de Cypre, porter ſur ſoi cette pommade & la faire flairer de tems en tems à la perſonne. Le ſolide Tréſor du petit Albert, p. 12.

F

ce philtre qu'il lui avoit préparé. Il voulut qu'elle gardât la boîte; & elle la reçut fans façon & fans conféquence, parce que le préfent étoit d'une fi petite valeur, qu'il n'étoit pas capable de bleffer fa délicateffe.

On juge bien que M. Oufle étant affuré qu'elle fentiroit fouvent cette pommade, & s'y confiant autant qu'il faifoit, il conclut qu'il n'avoit plus rien à pratiquer pour gagner le cœur de fa maîtreffe.

Il continua longtems à la voir fur le même pied & avec la même fatisfaction. Ne demandant que d'être aimé, & croyant l'être, il ne cherchoit rien de plus. Heureufement pour lui, il ne fut point troublé par fa femme dans ce commerce que fon imagination lui rendoit fi doux. Elle étoit inftruite par Dulcine de tout ce qui fe paffoit entr'eux, & comme elle craignoit que de l'humeur qu'il commençoit à être, il ne s'adreffât à d'autres femmes qui profiteroient de fa foibleffe, elle contribua de fon côté, autant qu'elle le put à l'amufer auprès de cette veuve, fur la fageffe de laquelle elle fe repofoit. Sa précaution lui fut pourtant inutile; car M. Oufle voulant aimer plus de deux femmes, pour mieux fe convaincre de fon prétendu penchant, prit dans la fuite parti ailleurs, & il porta fes vues fur une perfonne dont le caractère étoit bien différent de celui de Dulcine; c'eft ce qu'on va voir dans le chapitre fuivant.

CHAPITRE X.

D'une nouvelle maîtresse que fit M. Oufle; des superstitions dont il se servit pour en être aimé, & quel en fut le succès.

Il y avoit dans le voisinage de M. Oufle une jeune fille des plus coquettes, & très-jolie que je nommerai Dorise. Sa famille étoit des plus communes; cependant elle imitoit par ses manières les filles de qualité; elle avoit auprès d'elle une tante postiche qui la suivoit par-tout, & qui ne paroissoit sage & sévère, qu'afin que sa prétendue nièce le parût aussi; & ainsi, quoique Dorise fût entièrement maîtresse de sa conduite, elle ne laissoit pourtant pas de montrer une grande dépendance des volontés de sa tante prétendue. Cette tante, vieille routière dans ce métier, l'avoit souvent avertie que les hommes ne donnent qu'autant que durent leurs desirs, & qu'ils se retirent presque toujours aussitôt qu'ils n'ont plus rien à desirer; Dorise avoit si bien profité de ces avis, qu'elle étoit devenue assez riche pour paroître dans le monde avec quelqu'éclat, & pour vivre chez elle avec beaucoup de somptuosité. Entre les hommes qui la fréquentoient, il y en avoit plusieurs qui s'en faisoient honneur, parce qu'on prétendoit que personne ne savoit mieux qu'elle donner des leçons de politesse, d'agrément & de savoir vivre.

M. Oufle entreprit de faire cette conquête. Il fut d'abord reçu comme l'est ordinairement un homme riche. La tante & la nièce mirent en usage les minauderies les plus adroites, pour tirer de sa bourse le plus qu'il leur fut possible. Il donna en effet souvent, & on eut la bonté de recevoir. C'est l'ordinaire des coquettes de profession. Elles croyent faire une grande grace de prendre; & les hommes sont assez sots pour marquer leur en avoir de grandes obligations. Notre visionnaire fut de ce nombre pendant plusieurs mois; il commença enfin à se lasser, voyant qu'on ne lui donnoit point d'autre preuve d'amour, que de lui permettre de faire des présens, ou d'en demander, quand il n'en faisoit point. Il disoit souvent à Dorise qu'il l'aimoit, & qu'il se croiroit le plus heureux des hommes, si elle le payoit de quelque retour; & Dorise affectoit de n'oser se déclarer là-dessus, ce qui désespéroit ce pauvre homme. Il redoubla les présens, pour prouver encore plus efficacement qu'on n'avoit aucun lieu de douter de la sincérité de ses amoureuses protestations; & c'étoit justement-là le moyen de ne rien décider avec lui, puisqu'il paroissoit, par cette conduite, que c'étoit l'incertitude qui l'engageoit à continuer & à augmenter ses libéralités.

Notre amoureux continua encore, pendant quelques mois, ses visites & ses libéralités. Il s'obstina même à prodiguer, & par un raffinement favorable pour ses visions, il se réjouit dans la suite de voir l'inutilité de ses présens, se promettant plus de succès des superstitions dont il prit dessein de se servir pour gagner le cœur de Dorise, & lui faire avouer qu'elle l'aimoit. Entre plusieurs secrets que ses livres lui enseignoient, il choisit ceux-ci. Il alla chez la coquette, portant sur lui une figure de Jupiter qui avoit la forme d'homme, surmontée d'une tête de bélier (1); mais ce n'étoit pas le moyen de plaire, que de se contenter de porter quelque chose sur soi, sans rien apporter chez elle; c'est pourquoi il en sortit comme il y étoit entré. Il ne réussit pas mieux avec des petits d'hirondelles, préparés selon la manière qu'il avoit lue (2). Il eut enfin un succès malheureux pour la belle, par une composition faite de son sang, & d'autres drogues (3) qu'il lui

---

(1) *Jovis figura, quæ fit in formâ hominis cum arietis capite, gestantem facit amabilem, citòque impetrantem quicquid voluerit. Trinum Magicum*, p. 289.

(2) Vier prétend que les petites hirondelles, dont le bec sera ouvert, & qui auront été trouvées mortes de faim en un pot mis exprès dans la terre, feront aimer, & que celles dont le bec sera fermé, feront haïr.

(3) Tirer de son sang, un Vendredi du printems, le faire sécher au four dans un petit pot vernissé, après que le

fit prendre, sans qu'elle s'en aperçut (1); car, le même jour elle tomba malade, & fut réduite à une telle extrémité, qu'on crut, pendant quelque jours, qu'elle n'en reviendroit pas. Il n'est pas certain que ce fut ce philtre qui lui causa cet accident, quoiqu'on puisse le soupçonner avec quelque fondement (2).

M. Oufle ne savoit plus que penser de tout ceci. Il vit plusieurs fois Dorise pendant sa maladie; toute la déclaration qu'elle lui fit, ce fut de se plaindre beaucoup des maux qu'elle souffroit, & de lui exprimer la crainte qu'elle avoit de mourir. Il eut la

---

pain est tiré, avec les deux testicules d'un lièvre & le foie d'une colombe, réduire le tout en poudre fine & en faire avaler environ une demi-dragme à la personne dont on veut se faire aimer. Le solide Trésor du petit Albert, p. 7.

(1) Van-Helmont fait un raisonnement pour montrer comment les philtres opèrent; ce raisonnement n'est qu'un vrai galimathias. Les philtres sont aussi de pures chimères; & pour les faits qu'on allègue pour preuves, ou ils sont faux, ou ils dépendent d'autres causes. Dict. Trév.

(2) Lucile, femme de Lucrèce, desireuse de se faire aimer de son mari, lui donna un philtre amoureux qui le rendit si furieux, qu'il se tua de sa propre main. Joseph, l. 11, antiq. Jud.; c'est pourquoi Ovide a dit :

Philtra nocent animis, vimque furoris habent.

Le breuvage que Cesonia donna à Caligula, pour se faire aimer, lui fit perdre l'esprit. Suet. in Calig.

sottise de s'imaginer qu'elle ne craignoit la mort, que parce qu'elle la sépareroit de lui. Cette réflexion le contentoit extrêmement. Cependant la maladie fit place à la santé; Dorise reprit son embonpoint, & elle se rétablit si bien, que l'on recommença aussitôt à voir chez elle toute cette jeunesse brillante dont la principale occupation est de courir les belles qui font le plus de bruit, & dont on parle le plus.

M. Oufle n'avoit encore rien qui l'assurât qu'il étoit plus aimé que les autres. Franchement il avoit beaucoup de sujet d'en douter; car, à ses richesses près, on ne voyoit rien en lui qui méritât la préférence. C'est pourtant beaucoup pour un homme qui aime, que de passer pour être riche. Avec ce mérite, on fait de grands progrès auprès des coquettes. Il faut aussi dire que ces progrès ne regardent point leur cœur; elles ne donnent souvent aux riches que des minauderies étudiées, & réservent toute leur tendresse à quelqu'amant qui leur convenant mieux, profite avec elles des libéralités des autres.

Enfin M. Oufle résolut absolument de se faire aimer, & d'employer, pour y réussir, le sortilège & l'enchantement. Il falloit que sa passion fût bien violente alors, puisqu'il poussoit jusques-là la superstition. Il fit faire une espèce de bague magique avec toute la cérémonie & toutes les circonstances superstitieuses (1) que l'on verra dans la note ci-dessous; après avoir pris toutes les précautions qu'il crut nécessaires pour l'efficacité de ce merveilleux ouvrage, avant que de la donner à Dorise, il la porta un matin chez un joaillier, pour aggrandir un peu l'anneau, parce qu'il avoit remarqué qu'il seroit trop petit pour le doigt auquel il étoit destiné. Cette bague n'étoit pas riche; car on ne l'avoit ornée que d'un diamant fort médiocre; ce qu'on y trouvoit de plus considérable, c'est que la façon en étoit extraordinaire, & en même tems finie & très-bien exécutée. Le jour même qu'il l'avoit portée chez le joaillier, pour qu'il y donnât la

---

(1) Pour se faire aimer, avoir une bague d'or, garnie d'un petit diamant, qui n'ait point été portée, l'envelopper dans un petit morceau d'étoffe de soie, la porter neuf jours, & neuf nuits entre sa chemise & sa chair, à l'opposite de son cœur; le neuvième jour, avant le soleil levé, y graver en-dedans, avec un poinçon neuf, ce mot *scheva*; puis avoir trois cheveux de la personne dont on veut être aimé, les accoupler avec trois des siens propres, en disant: *ô corps, puisses-tu m'aimer, & que ton dessein réussisse aussi ardemment que le mien par la vertu efficace de scheva.* Nouer ces cheveux en lacs d'amour, en sorte que la bague soit à peu-près enlacée dans le milieu du lacs, & l'ayant enveloppée dans l'étoffe de soie, la porter derechef sur le cœur six jours, & le septième dégager la bague du lacs d'amour, la donner à la personne, & faire le tout avant le soleil levé & à jeun. Le solide Trésor du petit Albert, p. 8.

dernière main, Dorife y alla auffi, pour y changer une petite agrafe de diamans qu'elle portoit, en une autre plus à la mode. Elle y vit par hafard la bague magique en queftion, fans pourtant que ni elle, ni le joaillier foupçonnaffent qu'elle eût la moindre tare de magie. Elle la trouva fort jolie & fort fingulière. Le joaillier qui babilloit volontiers lui dit que c'étoit un homme riche qui l'avoit fait faire, qu'il devoit la reprendre le même jour; qu'il paroiffoit en faire grande eftime, qu'il avoit marchandé une croix de diamans d'affez grand prix, & qu'il lui trouvoit une grande envie de l'acheter. Dorife ne pouffa pas plus loin fa curiofité; Elle fit fon marché & s'en retourna.

Le lendemain M. Oufle alla quérir la bague, en fit préfent à la belle, & en conçut les efpérances les plus fortes. Dorife la reconnut pour la même qu'elle avoit vue la veille, & fe reffouvenant auffi de la croix de diamans que la même perfonne avoit marchandée, elle préfuma qu'elle pourroit fuivre la bague, fi elle favoit bien prendre fes mefures. Elle fit alors à M. Oufle plus d'amitié que jamais, dans l'efpérance d'avoir la croix de diamans. Mais le bon M. Oufle, bien éloigné de deviner la veritable caufe, croyoit fermement que c'étoit le charme de la bague qui opéroit. Elle alla fous quelque prétexte le jour d'après chez le joaillier, & demanda à voir cette croix fi defirée; elle la vit, en fut chamée, & compta bien de la porter dans peu. M. Oufle effaça pendant plusieurs jours tous les autres soupirans. S'il s'en trouvoit quelques-uns avec lui, il étoit le seul à qui l'on faisoit des minauderies gracieuses; les autres étoient tout-à-fait négligés; à peine paroissoit-on songer à eux. La porte lui étoit toujours ouverte, & souvent afin de le posséder seul, elle étoit fermée pour qui que ce fût. Cependant la croix ne venoit point, quoique la tante dît quelquefois que celle que sa nièce portoit, étoit trop mince, & qu'elle feroit beaucoup mieux de n'en point porter du tout, que d'en montrer une si petite. M. Oufle n'y faisoit aucune attention ; il étoit persuadé de l'effet prétendu de son philtre; cela lui suffisoit; c'est pourquoi il ne jugea pas à propos d'aller plus loin. Voilà comment le hasard & l'ignorance des vraies causes, font souvent regarder comme prodigieux des effets qui sont très-naturels.

Enfin, comme M. Oufle avoit obtenu ce qu'il souhaitoit, il songea à faire retraite. Ses visites devinrent moins fréquentes; il ne faisoit plus de présens. Quand il ne venoit pas, on lui écrivoit pour lui faire d'obligeans reproches, & lui, pour ne pas déclarer ouvertement son intention, donnoit de méchantes raisons, qu'on recevoit pour telles qu'elles étoient véritablement : car les filles comme Dorise ont tant d'expérience qu'elles connoissent les intentions, de quelque déguisement qu'on se serve pour les cacher. Elle continua, pendant quelque tems, ses affectueuses persécutions. Elle lui envoya même un bouquet fort galant le jour de sa fête; il lui rendit visite le même jour, pour l'en remercier. Et comme prévoyant qu'il la pourroit venir voir, elle avoit mis en usage tout ce qui pouvoit relever, augmenter & faire valoir ses charmes, il sortit plus passionné & plus épris qu'il n'avoit encore été.

Quand il fut de retour dans sa maison, il lui vint une fantaisie qui lui embarrassa bien l'esprit. Il s'alla imaginer que c'étoit ce bouquet qui le rendoit de nouveau si passionné pour cette fille, & qu'elle l'avoit composé par quelqu'artifice magique; mais il étoit trop habile en cette matière, pour ne pas trouver bientôt un remède contre ce prétendu ensorcellement. Il se servit, pour cela, d'une chemise de cette fille, qu'il obtint par adresse de la femme qui la servoit. On verra dans la note ci-dessous le ridicule usage qu'il en fit (1).

Il rendit depuis quelques visites qu'on reçut très-froidement, parce qu'on désespéroit de faire venir

───────────

(1) Si une femme a donné quelque chose à un homme pour s'en faire aimer, il prendra sa chemise & pissera par la tetière & par la manche droite; aussitôt il sera délivré de ses maléfices. Les admirables secrets d'Albert le Grand, l. 2, p. 147.

cette croix de diamans qui avoit tenu si longtems au cœur; & ainsi la rupture se fit insensiblement, & chacun prit parti ailleurs. Je ne parlerai point de quelques autres amours de M. Oufle; parce qu'ils furent très-peu importans, & que les superstitions n'y eurent point d'autre part que celle qui l'excitoit à aimer les femmes, afin de satisfaire au pronostic de sa naissance.

CHAPITRE XI.

Où l'on montre, par un très-grand détail, combien M. Oufle étoit difposé à croire tout ce qu'on lui difoit ou tout ce qu'il lifoit des fantômes, fpectres, revenans & autres apparitions.

On va apprendre dans ce chapitre combien il eſt vrai qu'un eſprit foible eſt très-difpofé à faire un mauvais uſage de tout ce qu'il lit dans les livres qui traitent de choſes ſurprenantes, prodigieuſes & extraordinaires, & avec quelle facilité il croit toutes les hiſtoires qu'on lui en fait.

M. Oufle, toujours efclave de ſa prévention qui l'aſſuroit que tout ce que l'on avoit écrit de plus incroyable, étoit cependant digne de croyance, avoit dans ſa bibliothéque un très-grand nombre de livres qui traitoient d'une infinité d'hiſtoires ſur les forciers, les magiciens, les devins & les revenans. C'eſt particulierement de ces derniers, je veux dire des revenans, ſpectres & fantômes que je me propoſe de parler à préſent.

Il s'étoit mis dans l'eſprit que ſon horoſcope vouloit qu'il fût un des gens à qui les fantômes apparoiſſent le plus volontiers, & plus ordinairement qu'aux autres, parce qu'il étoit né en premier aspect de la planète de Saturne (1). Rempli de cette ridicule idée, il s'imaginoit voir presque toujours quelque fantôme bizarre. Un bruit dont il ne savoit point la cause, & qu'il entendoit la nuit, étoit pour lui une marque que quelque revenant rôdoit dans sa maison. Une ombre causée par l'interposition d'une chaise ou de quelqu'autre meuble, lui donnoit occasion de faire l'histoire de l'apparition d'un spectre. Il se persuadoit même, que, lorsqu'ayant les yeux fermés, je ne sais quelles figures se présentoient à sa fantaisie (ce qui arrive presqu'à tout le monde); c'étoient autant d'idées fantastiques qui le suivoient par-tout, parce que son horoscope vouloit qu'il ne fût point sans quelque vision.

Un jour qu'il entretenoit fort sérieusement son frère Noncrède de toutes ces prétendues apparitions, celui-ci qui étoit bien éloigné d'ajouter foi à de telles fadaises, lui rit au nez, & lui dit sans détour que tout ce qu'il croyoit voir n'avoit point d'autre réalité que celle que son imagination produisoit. Il est difficile d'exprimer la fureur dans laquelle entra alors M. Oufle, voyant qu'on traitoit

---

(1) Les astrologues disent que ceux dont l'horoscope regarde directement en premier aspect la planète de Saturne, voyent plus de spectres que les autres qui sont sous une autre planète. Des Spectres, par le Loyer, p. 459-460.

d'imaginaires, des choses qu'il croyoit aussi réelles que sa propre existence. Ce que Noncrède venoit de lui dire, joint avec quelques raisons qu'il apporta pour le détromper, lui échauffa tellement la tête, que, rappelant tout-d'un coup dans sa mémoire tout ce qu'il avoit lu sur ce sujet, il fit une tirade de discours aussi longue & aussi ridicule que celles que les docteurs de comédie débitent quelquefois sur le théâtre, sans vouloir donner à ceux à qui ils parlent le loisir de répondre. On ne sera pas, je crois, fâché de trouver ici cet extravagant discours. Je le vais rapporter tel qu'il fut dit; car le matois Mornand qui y étoit présent, eut soin de l'écrire dans le tems que son maître le prononçoit.

Tirade de M. Oufle sur les apparitions.

En me riant au nez, comme vous le faites, M. mon frère, de ce que je vous dis souvent qu'il m'apparoît des spectres, vous me faites pleurer de pitié pour vous; parce qu'en vous montrant incrédule sur cette matiere, vous vous imaginez que c'est un moyen de persuader que vous êtes un esprit supérieur. Et moi je vous soutiens que vous êtes un esprit si petit, que sa sphère n'a pu s'étendre assez loin, pour acquérir, comme moi, toutes les connoissances dont je suis parfaitement instruit à cet égard. Que de savans qui nous apprennent la possibilité de toutes ces apparitions dont vous vous moquez ! Que d'historiens qui nous en rapportent des faits incontestables, puisque leurs ouvrages sont approuvés & imprimés avec privilège ! Comment les fantômes ne seroient-ils pas aussi communs qu'on le dit, puisque les astres en produisent une infinité qu'ils envoient tous les jours, mêlés avec ces influences si célèbres chez les astrologues & si communes parmi nous (1) ? Un des plus illustres philosophes de l'antiquité, ne nous assure-t-il pas que les ames de ceux qui ont vécu dans le déréglement, deviennent des spectres après leur mort ; parce que l'attachement qu'elles ont eu pour leur corps, pendant qu'elles y étoient unies, les a rendu si matérielles, qu'après en être séparées, elles deviennent elles-mêmes comme des corps, & sont visibles à ceux qui se trouvent en leur passage, lorsqu'elles sont errantes & vagabondes sur la terre (2) ? Un autre philosophe ne dit-il pas encore qu'il s'engendre des fantômes

---

(1) Pomponace prétend que les astres produisent des spectres.

(2) Platon croit que les ames de ceux qui avoient mal vécu, devenoient des spectres après leur mort & se rendoient visibles, comme ayant contracté cette qualité avec leurs corps, avec lequel s'étant trop attachées, elles en rapportoient quelque chose de corporel. *Socrat. in Phæd. apud Platonem.*

des dépouilles & des écailles des choses naturelles (1)? Etes-vous si ignorant dans l'histoire, que vous ne sachiez pas que la raison pour laquelle les anciens étoient si exacts à brûler les corps des morts, & à recueillir leurs cendres, c'est parce que, sans cette précaution, les ames qui avoient animé ces corps, auroient erré continuellement, sans pouvoir prendre aucun repos (2)? Et dites-moi, je vous prie, pendant que ces ames étoient ainsi errantes, n'est-il pas croyable, qu'afin de se désennuyer, elles s'amusoient à se montrer aux vivans, ou pour leur faire peur, ou pour les divertir? Nous-mêmes tous les jours, ne prenons-nous pas plaisir, quand nous ne savons que faire, à inspirer quelque frayeur non-seulement à ceux que nous croyons fort faciles à en prendre, mais encore à ces esprits forts, à ces

---

(1) Lucrèce dit, l. 4, que des dépouilles & écailles des choses naturelles, s'engendrent des Simulacres.

(2) L'erreur des Grecs qu'ils ont communiquée aux Romains, & ceux-ci à nos anciens Gaulois, étoit que les ames, dont les corps n'étoient pas solemnellement enterrés par le ministère des prêtres de la religion, erroient hors des enfers sans trouver de repos, jusqu'à ce qu'on eût brûlé leurs corps & recueilli leurs cendres. Homère fait apparoître Patrocle tué par Hector, à son ami Achille, pour lui demander la sépulture. Dissertation sur ce qu'on doit penser de l'apparition des esprits, à l'occasion de l'aventure qui est arrivée à saint Maur, p. 20-21.

G

Noncrèdes qui veulent persuader que rien ne les peut épouvanter? Je sais encore (mais pour vous, vous ne vous mettez pas en peine de savoir toutes ces choses; c'est pourquoi vous raisonnez si mal); je sais encore, dis-je, que les Juifs croyent que les ames errent pendant un an autour des corps (1). C'est ce qui me donne lieu de croire que ce qu'on dit des morts qui apparoissent dans les cimetières, est très-vrai; quelque chose qu'en disent les prétendus esprits forts comme vous. Croyez, M. le bel esprit, M. l'incrédule de profession, croyez, dis-je, que ces fameux philosophes appelés Pythagoriciens, qui avoient assurément plus d'habileté que vous n'en aurez de votre vie, ne me démentiroient pas, comme vous faites, puisque leur opinion sur la transmigration des ames (2) autorise la mienne, & en

---

(1) A cause que les Juifs font errer les ames pendant un an autour des corps dont elles sont séparées; ils croyent les apparitions. Le monde enchanté, t. I, 1, 251.

(2) M. Dacier, qui a fait la vie de Pythagore, prétend qu'il ne faut pas entendre l'opinion de ce philosophe & de ses sectateurs, comme plusieurs l'ont entendue jusqu'à présent. Il prend la chose moralement. Ce qu'il dit là-dessus est très-bien imaginé. On y renvoye le lecteur curieux; le sujet mérite bien qu'il se donne cette peine.

Les Manichéens croyoient aussi la métempsicose, tellement que les ames, selon eux, passent dans des corps de pareille espèce que ceux qu'elles ont le plus aimés pendant

même tems celle de tant de grands hommes qui ont pensé, discuté, examiné & prouvé la même chose avant moi. Car ces ames, en chemin faisant pour aller dans d'autres corps, ne pouvoient-elles pas apparoître à ceux qui se trouvoient sur leur route? Qu'est-ce que les anciens entendoient par manes, lares, larves & lémures, sinon des fantômes qui apparoissent (1)? Nous avons une infinité

---

leur vie ou qu'elles ont le plus maltraités. Celle qui a tué un rat ou une mouche, sera contrainte, par punition, d'entrer dans le corps d'un rat ou d'une mouche. L'état où l'on sera mis après la mort, sera pareillement opposé à l'état où l'on est pendant la vie. Celui qui est riche, sera pauvre, & celui qui est pauvre, deviendra riche. Le Monde enchanté, 1, 262.

(1) Porphyrio, scholiaste d'Horace, avec Isidore, fait les lémures, ombres des hommes morts de mort violente & avant leur âge. Le Loyer, p. 205.

Les ames des trépassés s'appellent manes, parce qu'elles demeurent après les corps; elles restoient dans la maison pour la garde des successeurs du défunt, & c'étoient les bonnes, les lares, les dieux domestiques. Les méchantes étoient appelées larves, fantômes nocturnes, & spectres ou lémures, qu'on croit venir de Rémures, & Rémures, de Rémus, frère de Romulus, qui s'imagina, par frayeur, voir l'ombre de son frère devant lui, après qu'il l'eut tué. Le Monde enchanté, 1, 24.

Apulée, dans son livre du Dieu de Socrate, expliquant le mot de manes, dit que l'ame de l'homme, détachée des

d'auteurs qui soi[r]t de ce sentiment, & il subsistera, malgré tous les Noncrèdes du monde. Ah! que vous allez encore être bien étonné de ce que je vais vous dire, beau rieur! car, comme je suis persuadé que vous avez jugé indigne de vous, d'approfondir comme moi cette matière, je ne doute pas que ce que je vais vous apprendre ne soit tout-à-fait nouveau pour vous. Je vous dis donc qu'il arrive quelquefois qu'il y a des ames qui, comme des taupes, roulent je ne sais combien de centaines de lieues sous terre, pour aller se joindre à un corps qui est enterré à l'autre extrémité du monde (1);

---

liens du corps & délivrée de ses fonctions, devient une espèce de démon ou de génie que les anciens appeloient lémures. De ces lémures, ceux qui étoient bienfaisans à leurs familles & qui entretenoient leurs anciennes maisons dans la tranquillité, étoient appelés lares familiers, lares domestiques; mais ceux qui, pour les crimes qu'ils avoient commis pendant leur vie, étoient condamnés à errer continuellement sans trouver aucun lieu de repos, & qui épouvantoient les bons & faisoient du mal aux méchans, étoient vulgairement appelés larves, c'est-à-dire masques, qui étoit un nom que l'on donnoit à tout ce qui épouvantoit les petits enfans.

(1) Il y en a qui disent qu'une ame se roule de lieu en lieu, des centaines de lieues par-dessous la terre, & s'unit avec un corps qui est enterré à l'autre bout du monde. Le Monde enchanté, 2, 77.

mais ne peut-il pas arriver que quelque vigneron ou quelque laboureur ouvre la terre justement dans le lieu où passe cette ame, & qu'elle sorte par cette ouverture, & lui apparoisse ? Et, s'il est vrai encore, comme on le dit, & par conséquent comme je le crois, que l'ame ressemble à une boule de verre, qui a des yeux de tous côtés (1); cette ame roulante, voyant si clair, puisqu'elle a tant d'yeux, ne peut-elle pas faire un choix de ceux qui sont les plus susceptibles de crainte & d'effroi, pour les epouvanter ? Oserez-vous, après cela, M. mon frère, me railler sur ma prétendue crédulité ? Certes, vous ne vous moqueriez pas tant de ce que je crois, si vous saviez tout ce que je sais. Vous ne vous moqueriez pas tant, dis-je, si vous aviez, comme moi, assez lu pour savoir qu'il y a des gens qui quittent leur ame quand ils le veulent (2), puisque vous concluriez de-là que ces ames étant ainsi sorties de leur corps, ont tout le loisir d'apparoître par-tout où elles veulent se porter; vous allez encore être bien étonné

───────────────

(1) Un savant a prétendu que la figure de l'ame est semblable à un vase sphérique de verre, & qui a des yeux de tous côtés. Delrio. Disquis. Mag. p. 229.

(2) Pline, l. 7, c. 52, & Plutarque, dans la vie de Romulus, disent qu'un certain Aristée quittoit & reprenoit son ame quand il vouloit, & que quand elle sortoit de son corps, les assistans la voyoient sous la figure d'un cerf.

quand je vous prouverai que vous-même produifez tous les jours une infinité de fpectres & de fantômes, un nombre prodigieux d'ames. Comptez, demain matin, quand vous ferez éveillé, jufqu'au foir, quand vous vous endormirez, combien vous aurez de battemens de cœur; & je vous foutiens enfuite qu'autant que vous aurez eu de ces battemens, autant vous aurez produit d'ames (1), qui iront de tous côtés fe montrer peut-être à des gens auffi incrédules que vous, & qui cependant ne laifferont pas de s'en effrayer. N'eft-il pas vrai que je vous fais grande pitié, quand je vous annonce de pareilles chofes? Cependant des peuples entiers le penfent comme je le dis, & on l'a même imprimé. Jugez donc de-là que l'air doit être rempli de fpectres, puifqu'en un feul jour il fe fait en nous une infinité de battemens de cœur. Tous ces gens qui meurent avant leur jufte âge (2), excepté

_____

(1) Chez les Caraïbes, chacun croit avoir autant d'ames que de battemens de cœur; que la principale eft le cœur même; que les autres ames errent en différens endroits, felon la qualité & le naturel de ceux qui les avoient; que le cœur va vers leur dieu. Montanus. Le Monde enchanté. 1, 117.

(2) Les payens croyoient que les ames de ceux qui étoient morts avant leur jufte âge, qu'ils mettoient à l'extrémité de la croiffance, erroient vagabondes jufqu'à ce que le tems fût venu auquel elles devoient être naturellement.

ceux qui font naufrage fur les mers (1), font autant de matières de spectres & de fantômes. Les anciens l'ont pensé ainsi; ils étoient plus habiles que moi; & ainsi, je m'imagine sans rien risquer, que je puis bien penser comme eux. Pour vous assommer de preuves, je vais encore vous dire que des savans ont soutenu que toutes les ames qui ont été & qui seront, furent créées en même tems (2).

---

séparées de leur corps. Dissertation sur l'aventure arrivée à saint Maur, p. 22.

(1) Les anciens croyoient qu'il n'y avoit que les ames de ceux qui avoient été noyés, qui ne pouvoient revenir après leur mort; l'on en trouve une plaisante raison dans Servius, interprète de Virgile, que c'étoit parce qu'ils tenoient que l'ame n'étoit autre chose qu'un feu. *id.*

(2) Origène croit que les ames des hommes existent toutes ensemble, avant que de venir animer les corps. Le Monde enchanté, 1, 217.

Hoornbeech dit dans son livre contre les Juifs, p. 319, que leur sentiment est que les ames ont été toutes créées ensemble, avec la lumière, le jour de la création; & non-seulement qu'elles ont été créés ensemble, mais par paire, d'une ame d'homme & d'une ame de femme; de sorte qu'on peut bien comprendre par-là, qu'il faut que les mariages soient heureux & accompagnés de douceur & de paix, lorsqu'on se marie avec sa propre ame, ou avec celle qui a été créée avec elle; mais qu'ils sont malheureux & ne se font que pour la punition des hommes, lorsqu'on s'allie à un corps dont l'ame n'a pas été créée avec l'ame de celui qui le

La conséquence n'est-elle pas facile à tirer de cette opinion, que celles qui ne doivent animer leur corps, que plusieurs siècles après leur création, ont eu tant de tems inutile, que, pour s'occuper à quelque chose, elles ont pu venir ici faire tous ces tintamarres, dont on parle si souvent.

Quoique M. Oufle fût tout essoufflé, tant il parloit avec véhémence, & avec vitesse, il ne laissa pas de continuer. Pour moi, je juge à propos de me donner le tems de respirer moi-même, pour donner le même loisir au lecteur; & ainsi le reste de sa tirade sera pour le chapitre suivant.

---

prend en mariage. On a à lutter contre ce malheur jusqu'à ce qu'on en soit délivré & qu'on puisse être uni par un second mariage à l'ame dont on a été fait le pair dans la création, pour mener une vie plus heureuse. *id.* 165.

CHAPITRE XII.

Suite du discours ou de la tirade de M. Oufle sur les apparitions.

M. Oufle continua ainsi sa tirade, & toujours avec la même impétuosité.

Donnerez-vous aussi, M. mon frère, un démenti à tant de religieux qui assurent avoir vu souvent dans leur église des fantômes assis dans les chaises de ceux qui devoient mourir bientôt après (1)? A d'autres qui vous protesteront encore que quelquefois des moines de leur couvent, qui étoient morts, sont apparus (2) dans leur réfectoire, pour leur apprendre l'état de damnation où ils étoient, & les exciter, par cette apparition, à être plus exacts observateurs de leurs règles, qu'ils n'avoient été eux-

---

(1) Il arrive souvent aux couvens que l'on voit, dans les églises, des fantômes sans tête, vêtus en moines & nonnains, assis dans les chaises des vrais moines & nonnains qui doivent bientôt mourir. Médit. histor. de Camerarius, t. I, l. 4, c. 13.

(2) On lit dans les chroniques de saint Dominique, que le réfectoire fut trouvé, par les religieux, tout plein de moines décédés qui se disoient damnés; ce que Dieu leur faisoit dire pour exciter les religieux vivans à mener une meilleure vie. De Lancre, p. 371.

mêmes ? Je ne vous crois pas assez mauvais, pour accuser de mensonge de si honnêtes gens. Des religieux voudroient-ils faire de fausses histoires ? Si nous les en croyions capables, où en serions-nous ? Si vous voulez d'autres histoires, d'autres faits, pour vous réduire à embrasser mon opinion; il s'en présente au moment que je vous parle, un si grand nombre à ma mémoire, que je ne sais lef-lesquels choisir.

Un empereur, quelque jour avant d'être massacré, voit dans un étang une figure qui tenant une épée à la main, lui fait des menaces qui le font fremir d'horreur (1).

Un grand capitaine, après avoir tué une jeune fille, la vit continuellement à ses côtés, elle ne l'abandonnoit point (2).

Un prince est averti de sa mort prochaine, dans un bal, par un spectre qui eut l'impudence d'y venir danser publiquement (3).

———

(1) Jules Capitolin dit que l'empereur Pertinax vit, trois ou quatre jours avant qu'il fût massacré par les soldats de sa garde, je ne sai quelle figure dans un étang, qui le menaçoit l'épée au poing. Le Loyer, p. 268, Gaffarel, p. 120.

(2) Pausanias, chef des Lacédémoniens, après avoir tué, à Bisance, une fille nommée Cléonice, ne cessa depuis d'être effrayé, & de penser qu'il voyoit toujours cette fille. Le Loyer, p. 115.

(3) Hector Boëce écrit, *in Annal. Scot.*, qu'Alexandre III,

Un marquis apparoît (1) après sa mort à son ami, pour lui apprendre, selon la convention qui

---

roi d'Ecosse, lorsqu'il se maria en troisièmes noces avec la fille d'un comte de Dreux, & célébrant la nuit la solemnité des noces, le bal étant fini, on vit entrer dans la salle une effigie de mort toute décharnée, qui sautoit & gambadoit.

(1) Le marquis de Rambouillet, frère aîné de madame la duchesse de Montausier, & le marquis de Précy, aîné de la maison de Nantouillet, tous deux âgés de vingt-cinq à trente ans, étoient intimes amis & alloient à la guerre comme y vont en France toutes les personnes de qualité. Un jour qu'ils s'entretenoient des affaires de l'autre monde, après plusieurs discours qui témoignoient assez qu'ils n'étoient pas trop persuadés de tout ce qui s'en dit, ils se promirent, l'un à l'autre, que le premier qui mourroit, en viendroit apporter des nouvelles à son compagnon. Au bout de trois mois, le marquis de Rambouillet partit pour la Flandre, où la guerre étoit pour lors, & Précy arrêté par une grosse fièvre, demeura à Paris. Six semaines après, Précy entendit, sur les six heures du matin, tirer les rideaux de son lit, & se tournant pour voir qui c'étoit, il aperçut le marquis de Rambouillet en buffle & en bottes. Il sortit de son lit en voulant sauter à son cou, pour lui témoigner la joie qu'il avoit de son retour; mais Rambouillet reculant quelque pas en arrière, lui dit que ces caresses n'étoient plus de saison, qu'il ne venoit que pour s'acquitter de la parole qu'il lui avoit donnée; qu'il avoit été tué la veille en telle occasion, que tout ce que l'on disoit de l'autre monde étoit très-certain, qu'il devoit songer à vivre d'une autre

avoit été faite entr'eux, que tout ce qu'on difoit de l'autre monde étoit très-véritable. Je vous

---

manière, & qu'il n'avoit point de tems à perdre, parce qu'il feroit tué dans la première occafion où il fe trouveroit. On ne peut exprimer la furprife où fut le marquis de Précy à ce difcours: ne pouvant croire ce qu'il entendoit, il fit de nouveaux efforts pour embraffer fon ami qu'il croyoit le vouloir abufer; mais il n'embraffa que du vent; & Rambouillet voyant qu'il étoit incrédule, lui montra l'endroit où il avoit reçu le coup, qui étoit dans les reins, d'où le fang paroiffoit encore couler. Après cela le fantôme difparut, & laiffa Précy dans une frayeur plus aifée à comprendre qu'à décrire. Il appela en même-tems fon valet-de-chambre, & réveilla toute la maifon par fes cris. Plufieurs perfonnes accoururent, à qui il conta ce qu'il venoit de voir: tout le monde attribua cette vifion à l'ardeur de fa fièvre, qui pouvoit altérer fon imagination, & le pria de fe recoucher, lui remontrant qu'il falloit qu'il eût rêvé ce qu'il difoit. Le marquis, au défefpoir de voir qu'on le prenoit pour vifionnaire, raconta toutes les circonftances que je viens de dire: mais il eut beau protefter qu'il avoit vu & entendu fon ami en veillant, on demeura toujours dans la même penfée jufqu'à ce que la pofte de Flandre, par laquelle on apprit la mort du marquis de Rambouillet, fut arrivée. Cette première circonftance s'étant trouvée véritable & de la manière que l'avoit dit Précy, ceux à qui il avoit conté l'aventure, commencèrent à croire qu'il en pouvoit bien être quelque chofe, parce que Rambouillet ayant été tué précifément la veille du jour qu'il l'avoit dit,

citerois, si je le voulois, plusieurs apparitions de gens venus exprès pour assurer la même chose.

L'ombre de Sévère se montre à Caracalla, & le menace de le tuer (1). Cardan, qui a fait

---

il étoit impossible qu'il l'eût appris naturellement. Dans la suite Précy ayant voulu aller, pendant les guerres civiles, au combat de saint Antoine, il y fut tué.

En supposant la vérité de toutes les circonstances de ce fait : voici ce que je dirai pour en détruire les conséquences qu'on en veut tirer. Il n'est pas difficile de comprendre que l'imagination du marquis de Précy, échauffée par la fièvre & troublée par le souvenir de la promesse que le marquis de Rambouillet & lui s'étoient faite, lui ait représenté le fantôme de son ami qu'il savoit être aux coups, & à tout moment en danger de perdre la vie. Les circonstances de la blessure du marquis de Rambouillet, & la prédiction de la mort de Précy, qui se trouva accomplie, ont quelque chose de plus grave ; cependant ceux qui ont éprouvé quelle est la force des pressentimens, dont les effets sont tous les jours si ordinaires, n'auront pas de peine à concevoir que le marquis de Précy, dont l'esprit agité par l'ardeur de son mal, suivoit son ami dans tous les hasards de la guerre, & s'attendoit toujours à se voir annoncer par son fantôme ce qui lui devoit arriver à lui-même, ait prévu que le marquis de Rambouillet avoit été tué d'un coup de mousquet dans les reins, & que l'ardeur qu'il se sentoit lui-même de se battre, le feroit périr dans la première occasion. Dissert. sur l'avent. arrivée à saint Maur, p. 33. &c.

(1) L'histoire rapporte qu'à la sortie d'Antioche, l'ombre

tant d'ouvrages d'une très-profonde érudition, dit (& le croit comme il le dit) que son père eut des apparitions étranges, & si sensibles qu'il en rapportoit toutes les circonstances, comme s'il avoit vu des hommes ordinaires (1).

Tout le monde sait ce que c'est que le grand veneur de la forêt de Fontainebleau, bien des gens assurent l'avoir vu & un grand roi en est un témoin (2), si irréprochable, que je ne puis pas

---

de l'empereur Sévère apparut à Caracalla, & lui dit pendant son sommeil, avec une voix de menace : « Comme tu as » tué ton frère, aussi te tuerai-je ». Coeffeteau.

(1) Cardan dit que le 13 ou 14 Août 1491, sept démons apparurent à son père, vêtus de soie avec des capes à la grecque, chausses rouges, chemises, pourpoints en cramoisi, qui se disoient hommes aërés, assurans qu'ils naissoient & mouroient, qu'ils vivoient jusqu'à trois cens ans, & qu'ils s'approchoient beaucoup plus de la nature des dieux que les hommes terrestres ; mais néanmoins, qu'entr'eux & les dieux, il y avoit une différence infinie. De Lancre, p. 414.

(2) On lit dans l'histoire de Mathieu, l. 1, 5, narrat. 1599, que le grand roi Henri IV, chassant dans la forêt de Fontainebleau, entendit environ comme à demi-lieue loin, des jappemens de chiens, le cri & le cor des chasseurs ; mais en un moment ce bruit s'approcha à vingt pas de ses oreilles. Il commanda à M. le comte de Soissons de voir ce que c'étoit, le comte s'avance, un grand homme noir se présente dans l'épaisseur des broussailles, lui crie, « m'en- » tendez-vous »? & disparoît. Les paysans & bergers des

me mettre dans l'esprit qu'il y ait aucun Noncrede qui ose le recuser.

On a vu un magicien, qui pour se venger de quelques gens qui l'avoient insulté, faisoit paroître dans le bain où ils étoient des spectres (1) noirs, qui les chassoient à coups de pieds au derrière, & ne leur donnoient point de repos qu'ils n'en fussent sortis.

L'empereur Basile, souhaitant passionnément voir encore une fois son fils qui étoit mort, un fameux magicien, lui fit obtenir par ses enchantemens ce qu'il demandoit avec tant d'ardeur (2).

Un père revient de l'autre monde (3), pour

---

environs, disent que c'est un esprit où démon, qu'ils appellent le grand Veneur qui chasse par cette forêt. *Id.* p. 318.

(1) Un magicien nommé Michel Sicidites, pour se venger de quelques gens qui l'insultoient dans un bain, se retira dans une chambre prochaine pour reprendre ses habits ; à peine fut-il sorti, que tous ceux qui étoient dans le bain en sortirent avec précipitation, parce que du fond de la cuve du bain, ils avoient vu sortir des hommes noirs qui les chassoient à coups de pieds par les fesses. *Le Loyer*, p. 130.

(1) Michel Glycas dit, 4 part. annal., que Basile, empereur de Constantinople, ayant perdu son fils Constantin, qu'il aimoit uniquement, voulut le voir, à quelque prix que ce fût, après sa mort ; qu'il s'adressa à un moine hérétique appelé Santabarene, qui, après quelques conjurations, lui montra un spectre semblable à son fils. *Id.* 469.

(1) En Etolie il y avoit un citoyen vénérable, nommé

garantir son fils de la mort qu'on vouloit lui donner, & enfin voyant qu'il ne pouvoit le sauver,

---

Polycrite, qui, pour sa suffisance, avoit été, du consentement du peuple, élu étolarque, c'est-à-dire maire, chef & gouverneur d'Etolie. A cause de sa probité, sa dignité lui fut protogée jusqu'à trois ans, pendant lesquels il épousa une dame de Locres. Après avoir couché trois nuits seulement avec elle, il mourut à la quatrième, & la laissa enceinte d'un hermaphrodite, dont elle accoucha neuf mois après. Les prêtres des dieux, les augures ayant été consultés sur ce prodige, ils conjecturèrent que les Etoliens & ceux de Locres auroient guerre ensemble, à cause que ce monstre avoit les deux natures. Et on conclut enfin qu'il falloit mener la mère & l'enfant hors les limites d'Etolie, & les brûler tous deux. Comme on étoit prêt à faire cette exécution, le spectre de Polycrite apparoît & se met auprès de son enfant. Il étoit vêtu d'un habit noir de deuil; tout le peuple étant effrayé & voulant s'enfuir, il les rappela, leur dit de ne rien craindre, & ensuite d'une voix grêle & basse, fit un beau discours, par lequel il leur montra que s'ils brûloient sa femme & son fils, ils tomberoient dans des calamités extrêmes (on peut voir ce discours dans l'endroit cité ci-après). Voyant enfin qu'après ces remontrances il ne pouvoit les dissuader de faire ce qu'ils avoient entrepris, il prend son enfant, le met en pièces & le dévore. Le peuple fit des huées contre lui, & lui jeta une infinité de pierres pour le chasser. Mais, sans se soucier de toutes ces insultes, il continua de manger son fils, dont il laissa seulement la tête, puis disparut. Après cet effroyable prodige, on prend dessein d'envoyer consulter l'oracle d'Apollon à Delphes;

il

il le déchire lui-même & le met en pièces. Cette histoire vous feroit horreur, si je vous la racontois dans toute son étendue ; c'est une des plus tragiques que l'antiquité nous ait laissées.

Une fille morte, revient, habite avec un homme, & ensuite disparoît, & le tout avec des circonstances que je ne vous rapporterai pas ici. Pour peu que vous soyez curieux de les savoir, je vous indiquerai l'endroit (1) où vous pourrez les trou-

---

mais la tête de l'enfant s'étant mise à parler, elle leur prédit en vers toutes les calamités qui leur devoient arriver dans la suite, & la prédiction réussit. Phlegon, le Loyer, p. 249, &c.

(1) Je tiens ce que je vais dire de Phlégon, natif de Tralles, affranchi de l'empereur Adrien, qui ne nous montre point en quel lieu ceci arriva, d'autant que son livre est défectueux. Mais s'il y a lieu de conjecturer par les noms de Machates & de Philinnion, dont l'un est Macédonien & l'autre Thessalien, je penserois volontiers que le fait seroit arrivé en une ville de Thessalie, & même à Hypate, métropolitaine de Thessalie, où, selon Apulée, de jour à autre il arrivoit des prodiges aussi grands que celui de Philinnion. Quoi qu'il en soit, voici l'histoire. Philinnion, fille unique de Démostrate & de Charito, décéda en âge nubile, au grand regret de ses parens, qui, avec le corps mort, firent enterrer les bagues, joyaux & autres atours que leur fille avoit le plus aimés pendant sa vie. Quelque tems après sa mort, un jeune gentilhomme, nommé Machates, vint loger chez son père, qui étoit son ami. Un soir qu'il étoit

H

ver. Un Lacédémonien attaque courageusement un fantôme, & fait des efforts pour le percer de

---

dans sa chambre, Philinnion, dont il ne savoit pas la mort, s'apparoît à lui, lui déclare qu'elle l'aime, le caresse, & enfin l'engage à répondre à sa passion. Machates, pour gages de son amour, donne à Philinnion une coupe d'or, & se laisse tirer un anneau de fer qu'il avoit au doigt; & Philinnion lui fait présent d'un anneau d'or, & de son collet dont elle couvroit son estomac, & ensuite se retire. Le lendemain elle retourne à la même heure. Pendant qu'ils étoient ensemble, Charito envoye une vieille servante dans la chambre de Machates, pour voir ce qu'il y faisoit. Elle les vit tous deux, & toute éperdue, va avertir son maître & sa maîtresse que Philinnion étoit avec Machates. On la traita de visionnaire; mais comme elle s'obstinoit à assurer que ce qu'elle disoit étoit très-vrai, Charito alla trouver son hôte, & lui parla de ce que lui avoit appris la vieille. Il avoua qu'elle n'avoit fait aucun mensonge à cet égard, raconta toutes les circonstances de ce qui étoit arrivé, & montra le collet & l'anneau d'or que la mère reconnut pour appartenir à sa fille. Aussitôt la douleur de la perte qu'elle avoit faite de sa fille la saisissant, elle jeta des cris épouvantables, & enfin fit promettre à Machates qu'il l'avertiroit quand elle reviendroit, ce qu'il exécuta. Le père & la mère la virent, & courant à elle pour l'embrasser, elle montrant une contenance morne, & ayant le visage baissé, leur dit, « hélas! mon père, & vous, ma mère, que vous faites de tort
» à ma félicité, ne permettant pas, par votre importune
» venue, que je vive seulement trois jours avec votre
» hôte dans la maison paternelle, prenant quelque plaisir

sa lance (1). Un aspic même, ayant été tué par un paysan, se représentoit à lui, & le suivoit par tout (2). Des spectres qu'on appelle femmes blanches, viennent souvent rendre des services aux hommes pour qui elles ont pris de l'affection (3).

» sans vous molester en rien! vous serez punis de votre trop
» grande curiosité; car je m'en vais au lieu qui m'est or-
» donné, & vous me pleurerez autant que quand je fus
» portée en terre la première fois : mais je puis bien vous as-
» surer d'une chose ; c'est que je ne suis point venue ici sans
» le vouloir des dieux ». Après ces mots elle tomba morte, & son corps fut mis sur le lit, exposé à la vue de tous ceux de la maison. Enfin, on alla ensuite visiter le sépulcre de Philinnicn, où l'on ne trouva point son corps, mais seulement l'anneau de fer & la coupe d'or que Machates lui avoit donnés. Machates, pénétré de honte d'avoir couché avec un spectre, se fit mourir lui-même. Le Loyer, p. 245, &c.

(1) Plutarque raconte qu'un certain Lacédémonien passant près d'un monument, vit un spectre qu'il s'efforça de percer de sa lance, lui disant : *quò fugis, anima bis moritura ?* « Où
» fuis-tu, ame qui dois mourir deux fois »?

(2) Elien parle, l. 11, c. 32, d'un aspic fort long, qui ayant été tué de la bêche d'un vigneron, se représentoit (ou son spectre) à lui en quelque lieu qu'il fût.

(3) Schot a écrit ceci, p. 339. Delrio dit qu'il y a une certaine espèce de spectres qui apparoissent en femmes toutes blanches dans les bois & dans les prairies; quelquefois même il y en a dans les écuries qui tiennent des chandelles de cire allumées, dont ils laissent tomber des gouttes sur le

On a vu une fois dans l'air un autel, & tout autour, des hommes qui paroissoient être comme tout autant de prêtres, prêts à s'acquitter de quelque exercice de religion (1). Rien n'est si ordinaire que de voir des ombres, avec qui on peut manger & s'entretenir (2). Un homme étant mort, va trouver dans une auberge, son ami, se couche avec lui, & le glace, pour ainsi dire, par la froideur de son corps (3). L'amant d'une

---

toupet & crin des chevaux, qu'ils peignent & qu'ils tressent fort proprement. Ces femmes blanches sont aussi nommées Sybilles & fées, & l'on dit qu'il y en a une appelée Haband, qui est comme la reine des autres, & qui leur commande. Le Monde enchanté, 289.

(1) Que le philosophe me rende raison de la place en l'air, au milieu de laquelle, dit Jules obséquent, *de prodigiis*, il y avoit un autel, & tout autour des hommes vêtus d'habits blancs, sous le consulat de Fabius, surnommé le Verruqueux, pour une verrue qu'il avoit aux lèvres. Le Loyer, p. 389.

(2) Sur les confins de la mer glaciale, où se forme une presqu'isle, il y a des peuples nommés Pilapiens, qui boivent, mangent & conversent familièrement avec les ombres. Olaus Magnus, L'incr. sçau. p. 74.

(3) Un Italien ayant fait enterrer un de ses amis qui étoit mort, & comme il revenoit à Rome, la nuit l'ayant surpris, il fut contraint de s'arrêter en une hôtellerie sur le chemin, où il coucha. Etant seul & bien éveillé, il lui fut avis que son ami mort, tout pâle & décharné, lui ap-

religieuse, passant pendant la nuit par l'église d'un couvent, pour l'aller trouver, y voit plusieurs prêtres inconnus qui y faisoient une cérémonie funèbre; il demande pour qui; & il apprend que c'est pour lui-même, il s'en retourne, & à peine

---

paroissoit & s'approchoit de lui, il leve la tête pour le regarder & étant transi de peur, lui demande qui il étoit? Le mort ne répondant rien, se dépouille, se met au lit & commence à s'approcher du vivant, ce lui sembloit. L'autre ne sachant de quel côté se tourner, se met sur le bord, & comme le défunt approchoit toujours, il le repousse. Se voyant ainsi rebuté, il regarde de travers le vivant, se vêtit, se lève du lit, chauffe ses souliers, & sort de la chambre sans plus apparoître. Le vivant a rapporté qu'ayant touché dans le lit un de ses pieds, il le trouva plus froid que glace. Alex. ab Alex., l. 2, Dier. genial. c. 9, Tiraqueau en ses Annot. sur ce chapitre, met toutes ces visions au rang des songes. Hist. admir. 1, 533.

On débite, comme une chose assurée, qu'un fantôme se trouve toujours froid quand on le touche. Cardan & Alexandre d'Alexandrie, sont des témoins qui l'affirment; & Cajetan en donne la raison qu'il a apprise de la propre bouche d'un diable, lequel ayant été interrogé par une sorcière sur ce sujet, lui répondit qu'il falloit que la chose fût ainsi, & qu'il ne pouvoit faire autrement. Le cardinal explique les paroles du diable en ce sens, qu'il ne veut pas communiquer au corps qu'il prend, cette chaleur modérée qui est si agréable, ou que Dieu ne le lui permet pas. Le Monde enchanté, 1, 299.

est-il arrivé chez lui, que deux chiens l'étranglent (1).

C'est une chose prodigieuse, que le nombre de morts qui apparurent à une carmélite, appelée sœur Françoise du S. Sacrement (2). Un homme ayant heurté du pied contre une tête de mort, elle parla & se recommanda à ses prières (3). On voit vers le Caire, dans un certain tems, des corps morts qui sortent de terre insensiblement; des gens assurent même en avoir apporté quel-

---

(1) Un chevalier Espagnol aimoit une religieuse & en étoit aimé. Allant une nuit la voir, il passa par l'église, dont il avoit la clé, il y vit quantité de cierges allumés & force prêtres qui chantoient & faisoient le service pour un trépassé autour d'un tombeau élevé fort haut. Après avoir contemplé ces prêtres, tous à lui inconnus, il s'approche de l'un, & lui demande pour qui on faisoit ce service : c'est, lui répondit-il, pour un chevalier appelé N.... qui étoit son nom à lui-même ; un autre lui fit la même réponse. Il sort de l'église, remonte à cheval & s'en retourne chez lui, où deux chiens l'étranglèrent. Torquemade, Hexameron, troisième journée, Histoire admirable; 1, 548.

(2) Il est parlé dans le livre intitulé La lumière des vivans par l'expérience des morts, d'un très-grand nombre de défunts apparus à la sœur Françoise du très-saint Sacrement, religieuse Carmelite Déchaussée, par le père Albert de saint Jacques, Carme Déchaussé.

(3) Saint Jean Damascène dit, Tract. de defunctis,

ques membres (1). Il y a des peuples qui sont beaucoup tourmentés par les morts, s'ils ne les enterrent point (2). On entendoit pendant la nuit, dans un lieu où s'étoit donné une fameuse bataille, les mêmes bruits que feroient des armées qui combattroient avec fureur. Je ne vous

---

qu'un homme passant par un cimetière, heurta contre la tête d'un mort qui se recommanda à ses prières.

(1) Au Caire, dans un lieu destiné autrefois pour un cimetière, s'assemble ordinairement tous les ans une incroyable multitude de personnes, pour voir les corps morts qui y sont enterrés, comme sortant de leurs fosses & sépulcres. Cela commence le Jeudi (en Mars) & dure jusqu'au Samedi que tout disparoît. Alors on voit des corps enveloppés de leurs draps, à la façon antique; mais on ne les voit ni debout, ni marchant, mais seulement les bras, ou les cuisses, ou autres parties du corps que l'on peut toucher, lesquelles montent de plus en plus, petit à petit. Histoire admirable, 1, 43.

George Cortin, orfévre, demeurant à la Rochelle, l'an 1603, assure avoir tenu une tête entière avec barbe & poil; des têtes qu'on dit qui paroissent vers le Caire, & qu'un nommé Jean Barclé, orfévre d'Anvers, en avoit un pied qui ne se corrompoit point. Il dit aussi qu'il n'a point vu ces membres pousser; mais qu'ils paroissoient dans des trous en terre, dont on les tiroit, qu'ils poussent comme le blé sans qu'on s'en aperçoive. Médit. histor. de Camer. t. I, c. 13.

(2) Les Pilapiens, peuples septentrionaux, enterroient autrefois, en leur foyer, les corps de leurs parens, & à

en dis pas une particularité fort curieuse (1), parce que de l'humeur que je vous connois, je suis assuré que vous ne vous souciez pas de la savoir.

Les Persans ne s'étonnent pas de voir des spectres dans les forêts; parce qu'ils tiennent pour certain que les ames de ceux qui ont vêcu avec sagesse, y font leur séjour (2). Un jeune homme se pendit, parce qu'il ne pouvoit pas épouser une fille qu'il aimoit; un fantôme qui avoit pris sa figure, apparoît à cette fille, pour en jouir (3). Un autre étoit toujours suivi du squelette d'une fille, pour qui il avoit eu une extrême passion (4).

---

faute de ce faire, ils étoient tourmentés d'esprits qui leur apparoissoient. Le Loyer, p. 15.

(1) On lit dans Pausanias (*in Atticis*) que quatre cens ans après la bataille de Marathon, on entendoit dans l'endroit où elle se donna, toutes les nuits, des hennissemens de chevaux & des bruits de gens d'armes qui se combattoient. Et ce qui est admirable, c'est que ceux qui venoient exprès pour entendre ces bruits, n'en entendoient rien; ils n'étoient entendus que par ceux qui par hazard passoient dans ce lieu.

(2) De la Valle rapporte dans son chapitre 17, que les Persans ont beaucoup de respect pour les plus grands arbres & les plus vieux, parce qu'ils se persuadent que les ames des bienheureux y font leur séjour.

(3) Le Monde enchanté, t. IV, p. 376.

(4) M. de Grigny se trouva en la compagnie d'un homme qui étoit toujours suivi du squelette d'une fille qu'il avoit aimée.

Un fantôme prenoit plaisir à ôter les lunettes du nez d'un bon-homme, & les transportoit dans un jardin (1). En Guinée, on ne cherche point

---

(1) Comme ce pauvre M. Santois prioit Dieu dans ses heures Jeudi dernier, & qu'il voulut tourner le feuillet, il sentit je ne sai quoi faire du bruit sous sa main, & fut tout étonné que c'étoit ce feuillet qui s'étoit déchiré de lui-même, mais si proprement, qu'il sembloit que quelqu'un l'eût fait à dessein. D'abord ce bon vieillard eut la pensée que c'étoit lui qui l'avoit déchiré sans y prendre garde. Mais comme il eut tourné le second feuillet, & que la même chose est arrivée, il commença à s'en effrayer, & sonna sa clochette pour appeler ses enfans. Ils accoururent tous, & sur ce qu'il leur conta la chose comme elle étoit, ils tâchèrent de lui persuader qu'il s'étoit trompé, & de l'emmener hors de là. Mais ce bon homme ne pouvant consentir à passer pour visionnaire, leur dit : « hé bien, mes enfans, vous en jugerez en cas que l'esprit soit d'humeur à en déchirer un troisième, car je ne veux pas que vous me croyiez hypocondriaque ». Là-dessus il ouvrit son livre, & voulut tourner encore un feuillet; ce feuillet se déchira comme les autres. Le gendre, quoique convaincu, ne laissa pas de dire toujours que c'étoit son beau-père qui le déchiroit, de peur que le bon homme n'en devînt malade, s'il n'avoit plus de quoi douter, & il lui alléguoit pour ses raisons, que son erreur venoit de ce qu'il n'avoit plus le tact ni la vue assez bonne pour discerner s'il manioit rudement ou non le feuillet. Mais le vieillard s'en dépitant, prit ses lunettes pour l'éprouver encore une fois, & y prendre garde de plus près, & à la vue de tout le monde, ces lunettes sortirent d'elles-mêmes de

parmi les vivans, les voleurs des choses qui ont été dérobées ; parce qu'on n'en accuse point d'autres, que les ames des défunts (1). Un amant étant mort, vint trouver sa maîtresse sous la forme d'une couleuvre ; l'usage qu'elle en faisoit est assez plaisant (2). On lit dans plusieurs auteurs, qu'il y a des montagnes où l'on entend souvent des voix extraordinaires, & où les spectres sont fort fréquens (3). Quelques-uns assurent, qu'un

---

son nez, & comme si elles eussent volé, firent toutes seules une promenade à l'entour de la chambre, puis passèrent par la fenêtre, & s'allèrent arrêter dans un parterre de fleurs à l'entrée du jardin, où on les retrouva avec les trois feuillets. La fausse Clélie, l. 5.

(1) Dans la Guinée, on croit que les ames des trépassés reviennent sur la terre, qu'elles prennent dans les maisons les choses dont elles ont besoin ; de sorte que, quand on a fait quelque perte, on soupçonne aisément qu'elles ont pris ce qui est perdu. Le Monde enchanté, 1, 704.

(2) Un amant promit à sa maîtresse que, s'il mouroit avant elle, il reviendroit la trouver sous la figure d'une couleuvre. Il mourut le premier, & revint, dit-on, en effet sous cette forme. La dame prit cette couleuvre, sans qu'elle lui fît aucun mal ; elle la nourrissoit dans une boîte, & quand elle donnoit à manger à quelques gens, elle faisoit tremper la tête de cette couleuvre dans leur verre. Plusieurs se dégoûtèrent si fort de cette cérémonie, qu'ils fuyoient extrêmement ses festins. Raconté par madame Delub.

(3) Clément Alexandrin écrit, l. 6, *Strom.* qu'en Perse, vers

fantôme nommé Empufe, ne marchoit que sur un pied, pendant que l'autre, qui étoit d'airain,

---

la région des mages, on voyoit trois Montagnes plantées au milieu d'une large campagne & distantes l'une de l'autre. Quand on approchoit de la première, on entendoit comme une voix confuse de plusieurs personnes qui se battoient; en la seconde, on entendoit un plus grand bruit, & en la troisième, les bruits étoient d'allégresse comme beaucoup de personnes qui se réjouissoient. Le même auteur dit avoir appris d'anciens historiens, qu'en la grande Bretagne, qui est l'Angleterre, il y a une caverne au pied d'une montagne, en laquelle, quand le vent s'entonne, on entend, ce semble, un son de cymbales & de cloches, qui carillonnent de mesure.

Cardan rapporte l'apparition des spectres & esprits de la montagne d'Hécla & de l'isle d'Islande, à une cause naturelle, & dit que l'Islande est pleine de bithume; que les habitans vivent de pommes, de racines & de pain fait de farine d'os de poisson, & ne boivent que de l'eau, parce que l'isle est si stérile, qu'elle ne porte ni blé ni vin; que le vivre est cause que leurs esprits grossissent, & que par la densité de l'air & des vapeurs qui s'y concréent par la froidure, plusieurs vaines figures se voyent errantes & vagabondes de-çà & de-là; que la crainte, l'imagination & la débilité du cerveau de ceux du pays, conçoivent tant qu'elles tombent au sens de la vue, & alors les hommes de l'isle pensent voir, toucher & embrasser des spectres & images vaines d'hommes morts qu'ils auront connus pendant leur vie. Le Loyer, p. 30.

se tenoit en l'air (1). Un certain spectre, appelé Gilo, n'avoit jamais d'autre figure, que celle de femme (2).

On sait qu'en plusieurs endroits, il paroît un fantôme quelque jours avant la mort de quelque prince, ou de quelqu'autre personne de distinction (3). Que d'exemples de défunts, revenus

---

(1) Suidas dit qu'il y a un fantôme appelé l'Empuse, envoyé par Proserpine aux personnes misérables, & qu'il marche sur un pied, ayant l'autre d'airain, ou fait en pied d'âne.

(2) Le spectre de femme qui paroissoit de nuit, se nommoit Gilo, selon Nicéphore en son Histoire Ecclésiastique.

(3) Cardan assure que dans la ville de Parme, il y a une noble famille, de laquelle, quand quelqu'un doit mourir, on voit toujours dans la salle de la maison une vieille femme inconnue, assise sous la cheminée. Curios. inouies, par Gaffarel, p. 122.

On dit que toutes les fois qu'il doit mourir quelqu'un de la maison de Brandebourg, un esprit s'apparoît en forme de grande statue de marbre blanc, représentant une femme, & court par tous les appartemens du palais du prince. On dit encore qu'un page voulant un jour arrêter cette statue, & lui ayant déchargé un grand soufflet, elle l'empoigna d'une main & l'écrasa contre terre. La fausse Clélie, l. 5.

Une femme blanche se fait voir en Allemagne & en Bo-

exprès pour montrer le lieu où l'on avoit enterré

hème, quand un prince est près de mourir. Le Monde enchanté, 4, 322.

On prétend que Mélusine apparoît, quand quelqu'un de la maison de Lusignan doit mourir. Il y avoit de trois sortes de nymphes; de l'air, de la terre & des eaux. Sans doute notre Mélusine tant célébrée dans nos romans françois, ne peut être autre qu'une nymphe de mer. Theophraste Paracelse l'a dérivée du grec μελωσινη mélodie, qui est proprement de l'air, dont viennent les sons & les voix. Voilà pourquoi on feint que Mélusine vole par l'air & s'y fait entendre par des cris & des plaintes. Sa fable, ou est un reste du paganisme, où est prise des rêveries des rabins, qui ont leur voix de l'oiseau, qu'ils disent être Elie, laquelle court par l'air & prédit les choses futures. Et pour faire passer la fable de Mélusine pour vraie, son roman l'a fait descendre, par son père, des rois d'Albanie & d'une fée, & la marie avec Raimondin de Troisilh, & de son mariage fonde les maisons de Lusignan, de Luxembourg, de Cypre, de Jérusalem & de Bohème. Quant à ce que le roman l'a fait venir d'Albanie, c'est pour donner plus de couleur à la fable pour la qualité de fée, que Mélusine tenoit du côté de sa mère. Les Albanois sont les Ecossois, nos anciens confédérés, dont vient le nom d'Aubain & étranger en France. Car un tems a été que nous n'avions autres étrangers habitant parmi nous, que les Ecossois, lesquels acquéroient des biens, & mourans sans hoirs procréés de leur chair, le fisc vendiquoit leurs biens, & cela étoit appelé Aubainage. Et au reste, les Ecossois, Albains ou Aubains ou Albavvus, comme encore on les appelle en quelques lieux d'Ecosse, ont été diffamés

leurs corps (1). Enfin les Juifs & les Cabalistes ont tiré des conjectures & des présages de tout ce qu'on appelle revenans & fantômes (2).

jusqu'à présent d'avoir eu des nymphes ou fées visibles appelées *belles gens, elfes ou fairs foles*, qui aiment les hommes & cherchent de converser avec eux, comme démons *Succubes*. Le Loyer, p. 200.

(1) Le philosophe Athénodore vit, en veillant, un fantôme haut, noir & enchaîné dans une maison d'Athènes, qui lui montra un endroit de cette maison où étoient cinq corps morts enchaînés. Cette maison étoit inhabitée à cause des tintamarres qu'y faisoit ce fantôme. Plin. 2 épît. Bodin, p. 153; Camerarius dit, t. I, l. 1, c. 15, qu'il n'y avoit qu'un corps mort.

Une femme ayant tué son mari, & l'ayant enterré, le spectre du défunt apparoît à son frère, & le mène au lieu où son corps étoit, puis disparoît. Cette histoire est plus au long chez le Loyer, p. 346. Voyez aussi l'histoire de deux étudians qui allèrent habiter dans une maison qu'un spectre avoit rendu déserte. Torquemade, troisième journée de son Hexameron. Histoire admirable, t. I, p. 543.

(2) Manassé Ben-Israël dit, selon les Cabalistes, que si les esprits apparoissent à un homme seul, ils ne présagent rien de bon; si à deux personnes ensemble, rien de mauvais, mais qu'ils ne sont jamais apparus à trois personnes ensemble. Le Monde enchanté, 1, 175.

Buxtorf dit dans son *Lexicon Talmudicum*, que chez les Juifs, un voile mis sur le visage, empêche que le fantôme ne reconnoisse celui qui a peur; mais que si Dieu juge qu'il l'ait ainsi mérité par ses péchés, il lui fait tomber le masque, afin que l'ombre le puisse voir & le mordre. *Id.* 178.

Le pauvre M. Oufle étoit alors si essouflé, & avoit la bouche si séche, qu'il n'en put pas dire davantage.

CHAPITRE XIII.
Discours que fit Noncrède sur les apparitions, après celui de M. Oufle.

M. Oufle étoit en quelque manière hors d'état de parler, tant il s'étoit échauffé la gorge par son extrême volubilité, dans la crainte qu'on n'interrompît ce que sa mémoire lui suggéroit, Noncrède se servit de cette occasion pour prendre la parole à son tour, & tâcher de ramener son frère dans son bon sens.

Certes, mon frère, lui dit-il, vous venez de faire une grande dépense d'érudition. Je n'ai jamais douté que vous n'eussiez beaucoup lu; mais je ne croyois pas que la nature vous eût doué d'une mémoire aussi fidelle, que celle que vous venez de faire paroitre. C'est un grand avantage, quand, après avoir fait beaucoup de lectures, on s'en ressouvient aussi heureusement que vous. Mais l'avantage seroit bien plus considérable, si le jugement régloit la mémoire, c'est-à-dire, si en se ressouvenant de tant de choses, on savoit en faire, & si on en faisoit en effet, un judicieux usage. Je savois une grande partie de tout ce que vous venez de me rapporter ; mais je me suis bien donné de garde de m'en entêter comme vous, de telle sorte que je les crusse toutes véritables. Je vois par vos hochemens de tête, que vous n'êtes pas d'humeur à vous rendre, quelque chose qu'on vous dise pour vous détromper. C'est la malheureuse destinée des gens prévenus ; ils ne veulent rien croire de ce qu'on leur dit de contraire à leur prévention ; ils ne daignent pas même écouter ceux qui paroissent s'éloigner de leur sentiment. Vous m'accusez de vouloir faire l'esprit-fort, parce que je ne donne pas aveuglément dans votre opinion. Non, mon frère, je ne me pique point du tout de passer pour esprit-fort ; je voudrois seulement vous convaincre pour une bonne fois, & vous faire reconnoître & avouer, qu'il n'est point d'un homme d'esprit, d'un homme raisonnable, d'être d'une trop facile crédulité. Si vous voulez croire absolument tout ce qu'on dit en faveur des fantômes, des spectres, des esprits qui reviennent, des apparitions étranges, dont on fait tant de contes, parce qu'il est imprimé ; pourquoi ne croyez-vous pas aussi tout ce qu'on a imprimé, pour montrer qu'il ne faut pas ajouter foi à tant d'opinions & d'histoires, sans connoissance de cause,

cause, afin de croire avec raison & autant que la vérité l'exige ? Mais pour vous, vous êtes si éloigné de prendre une si raisonnable précaution, que j'ai remarqué qu'entre les histoires & les opinions dont vous venez de faire le détail, il y en a que les auteurs, de qui vous les avez tirées, ne reconnoissent point pour légitimes, & n'admettent point du tout pour véritables; cependant, vous prenez l'histoire, pour la croire; l'opinion pour la suivre, sans vous soucier du sentiment de l'auteur qui vous la donne; tant il est vrai, que vous ne voulez croire que ce qui s'accommode avec votre prévention. Hé. quoi ! mon frère, n'avez-vous de la raison que pour observer une conduite si déraisonnable ? n'acquérez-vous des connoissances, que pour vous comporter si aveuglément ? Je vous combattrois volontiers sur ce que vous avez dit d'abord, que les astres produisent continuellement des spectres & des fantômes; mais cette opinion est si extravagante, que je la juge tout-à-fait indigne d'aucun discours, pour en montrer le ridicule. De plus, comme il me faudroit faire une grande discussion, pour montrer en quoi consiste la propriété de ces astres auxquels on attribue tant de vertus, tant de puissance, & dont on fait tant de bruit, j'aime mieux prendre le parti de n'en rien dire; car outre que le sujet n'en mérite pas

I

la peine, c'est qu'il me paroît par les mines que vous faites, que vous n'êtes pas d'humeur à vous donner la patience de m'écouter longtems.

Je me réduis feulement à quelques réflexions fur tout ce que vous venez de me dire; à celle-ci premièrement; c'est qu'il ne feroit pas facile de connoître quelle est votre religion; car, si vous croyez tout ce que vous m'avez débité, j'y trouve un si grand mélange de je ne fai combien de fortes de religions, que l'on auroit raifon de vous foupçonner de les embraffer toutes, ou de n'en avoir point du tout.

Par exemple, si vous tenez toutes vos hiftoires pour véritables, vous êtes donc perfuadé que les ames deviennent matérielles, quand elles ont eu beaucoup d'attachement pour leurs corps; vous croyez que les ames paffent d'un corps dans un autre; vous croyez qu'elles roulent fous terre comme des taupes, pour aller s'unir je ne fai où, à des corps qu'elles ont pris en affection. Dans ces extravagantes opinions, il n'eft pas plus fait mention de dieu, que s'il n'y en avoit point; auffi font-elles très-indignes de fa fageffe & de fa grandeur. Il femble, à vous entendre dire, que ces ames difpofent abfolument d'elles-mêmes fans dépendance, comme si elles avoient été le principe de leur création, & qu'elles fuffent les maîtreffes de leur exiftence.

Êtes-vous assez déraisonnable (je n'oserois dire quelque chose de pis) pour vous imaginer que les ames sont de verre, & qu'elles ont autant d'yeux qu'en avoit Argus? Les croyez-vous immortelles, si vous avez cette opinion? J'abrége; car il me faudroit un discours entier pour vous bien montrer, que croire qu'une ame est de verre, la conséquence est infaillible, qu'elle sera donc sujette à la mort.

Lorsque vous vous persuadez encore, comme vous l'avez dit, qu'un homme peut quitter son ame quand il veut; avez-vous bien examiné comment cela se peut faire? Je vous défie de le comprendre. Cela est incompréhensible; aussi cela est-il très-faux. Il n'y a que dieu qui puisse unir l'ame avec le corps; il n'y a que lui qui les puisse séparer, pour ensuite les réunir. Essayez, mon frère, essayez à envoyer votre ame quelque part, de telle sorte que votre corps tombe inanimé par terre; mais à dieu ne plaise, que je vous donne sérieusement un tel conseil; car si vous l'exécutiez, je vous perdrois pour toujours; je perdrois un frère qui m'est très-cher; & c'est parce qu'il m'est très-cher, que je m'afflige tous les jours de le voir se donner en proie à tout ce qui se présente pour le séduire.

De bonne foi, mon frère, croyez-vous la production des ames par les battemens de cœur?

Si cela eſt, dieu n'avoit qu'à créer un petit nombre d'hommes, pour remplir d'ames tout l'univers. Il y a des peuples entiers, dites-vous, qui le croient ainſi. Et à quoi ſerions-nous réduits, ſi nous étions obligés de nous conformer aux opinions extravagantes de je ne ſai combien de nations.

Voyez où votre entêtement vous mène, puiſqu'il vous engage à croire que même les bêtes reviennent de l'autre monde, comme ſi elles avoient une ame ſemblable à celles des hommes ! L'hiſtoire de votre aſpic, que vous avez racontée, eſt une preuve que vous êtes de cet avis. Et ainſi, les chats, les chiens, les rats, les éléphans, les fourmis, pourront revenir pour chagriner les hommes. Oh! certes, ſi cela étoit, j'avoue que nous ne manquerions pas de revenans.

Quelle folle imagination ! quand vous vous appuyez encore pour ſoutenir l'exiſtence de tous les fantômes & de tous les ſpectres, dont on vous fait des hiſtoires ; quand vous vous appuyez, dis-je, ſur ce que vous avez lu, que les ames des bienheureux logent dans les arbres, apparemment vous ne reconnoiſſez point d'autre paradis que les forêts. Y avez-vous bien penſé ? Je ne vous fais pas une grande remontrance à cet égard ; je vous prie ſeulement de vous rappeler vos principes de religion, pour rentrer en raiſon là-dessus. Votre histoire de cet amant qui avoit promis à sa maîtresse de revenir en couleuvre, & qui revint en effet avec cette bizarre forme, si l'on veut vous en croire; cette histoire, me fait la plus grande pitié du monde.

Il est vrai que vous m'avez cité un grand nombre d'histoires approuvées & imprimées avec privilège; mais sauf le respect que je veux bien reconnoître devoir à toutes ces raisons, dont vous prétendez les autoriser, je vous assure qu'entre toutes ces histoires, j'en ai remarqué qui sont si ridicules & si contraires au bon sens, que, quand même, pour les faire valoir, on m'apporteroit des preuves qui me paroîtroient invincibles, je ne laisserois pas d'en douter; je croirois, ou qu'on s'est laissé tromper, ou qu'on me veut tromper moi-même.

Votre conte des lunettes transportées par un revenant dans un jardin, est excellent pour me faire rire; mais, n'en déplaise au livre d'où vous l'avez tiré, je n'y ajouterai pas plus de foi que le chevalier qui joue de fort agréables rôles dans ce roman. Comment me pourrois-je persuader que des ames qui sont en paradis, ou en enfer, ou en purgatoire, puissent en sortir exprès, ou par leur propre puissance, ou avec la permission de dieu, pour venir ici faire des espiégleries & polissonneries, à la vérité, très-convenables à des pages, à des laquais, & à des écoliers (1); mais qui ne me paroissent point du tout pouvoir être mises en pratique par des ames, ou qui jouissent dans le ciel, de la suprême félicité, ou qui étant les objets de la juste vengeance de dieu, souffrent dans les prisons (2) où elles sont enfermées, des tourmens inconcevables.

M. Oufle se leva alors, comme s'il étoit sorti d'une extase; & en s'écriant comme s'il eût été fort pénétré de ce qu'il venoit d'entendre, il dit: « Ah! mon frère, vous m'avez charmé par tout » ce que vous venez de me dire, continuez, je vous » prie, & comptez que nous serons contens l'un » de l'autre ». Ensuite il s'enfonça dans un fauteuil, tourna la tête d'un autre côté, & ferma les yeux, comme s'il eût voulu éviter tout objet de distraction, afin d'écouter avec plus d'attention ce qu'on lui alloit dire. Noncrède se persuadant qu'il étoit ébranlé & très-disposé à lui donner une audience favorable, continua de parler, comme on le va voir dans le quatorzième chapitre.

---

(1) Ces messieurs les esprits sont d'ordinaire fort brusques, & l'on diroit qu'ils ne reviennent en ce monde que pour faire des tours de laquais. Ch. D'H***.

(2) *Non est qui agnitus sit reversus ab inferis.* Sag.
Facilis descensus averni,
Sed revocare gradum, superasque erumpere ad auras,
Hoc opus, hic labor est. Virgil. l. 4, Æn.

CHAPITRE XIV.

Suite du discours de Noncrède sur les apparitions.

PENDANT que M. Oufle paroissoit le plus attentif du monde pour entendre tout ce qu'on voudroit lui dire, Noncrède employa tout ce qu'il s'imagina être le plus propre pour remettre son esprit de tant de fadaises qui l'obsédoient, & continua de la sorte :

Je suis ravi, mon cher frère, de vous voir enfin commencer à reconnoître vos erreurs, assez complaisant pour vouloir du moins écouter ceux qui tâchent de vous en retirer, & montrer assez de confiance en moi, pour croire que je vous parle de bonne foi, & que j'en sai assez pour vous faire distinguer le vrai d'avec le faux.

J'ai souvent examiné comment il se peut faire que l'ame d'un homme qui est mort vienne apparoître ici aux vivans. J'avoue de bonne foi, que je n'ai pu encore le comprendre, & vous me feriez un grand plaisir de m'apprendre si vous l'avez mieux compris que moi. Voilà comment je raisonnois : Quand une ame vient se montrer, comme on dit qu'il s'en montre si souvent, comment se montre-t-elle ? Qu'est-ce qui produit cette figure qu'elle se donne ? car il faut absolument qu'il y ait quelque cause qui produise cette merveilleuse opération. Il est constant, selon les histoires qu'on fait, que ces ames qui reviennent frappent les yeux par leur représentation ; les oreilles par les bruits qu'elles font, par les paroles qu'elles prononcent. Dire que c'est l'ame qui se fait entendre & qui est visible par elle-même, c'est une erreur, puisqu'étant un pur esprit, elle ne peut point tomber sous les sens. Il faut donc que ce soit le corps mort qu'elle a animé autrefois, qui apparoisse. Mais cela n'est point vrai ; car, outre que ce qui apparoît, n'est point aussi materiel que ce corps, c'est que ce même corps reste dans le tombeau, & qu'il y a même peut-être plusieurs années qu'il est réduit en pourriture. Si l'on dit que cette ame forme avec de l'air l'apparence de ce corps, d'où vient que lorsqu'elle étoit unie avec lui, elle n'avoit pas la même puissance ? Car, quelques efforts que nous fassions ici, nos ames ne produiront jamais des corps aériens ; du moins je ne crois pas pour moi pouvoir jamais en venir à bout, je doute fort que vos historiens aient plus de puissance que moi à cet égard. Tout cela m'a toujours embarrassé, quand on m'a parlé de fantômes, de spectres & de revenans. Peut-être est-ce la faute de mon ignorance ; mais je n'en suis pas coupable ; ce n'est point une ignorance crasse, puisque je ne refuse point du tout d'être parfaitement instruit pour m'en retirer. Et ainsi, en attendant cette instruction, je crois pouvoir, en sûreté de conscience, ne pas donner aveuglément ma crédulité à tout ce qu'on me dit là-dessus.

J'ai aussi de la peine à croire fermement qu'il y a des ames qui vont continuellement çà & là ; & cela, par punition, à ce qu'on dit, de ce qu'elles n'ont pas payé quelques dettes, ou de ce qu'elles n'ont pas accompli quelques promesses, ou de ce qu'elles ont causé quelque dommage pendant qu'elles animoient les corps qu'elles ont quittés. Car, dis-je quelques fois en moi-même, à quoi peuvent aboutir ces démarches vagabondes ? Ces dettes en sont-elles mieux payées ? Ces promesses en sont-elles mieux accomplies ? Ces torts en sont-ils mieux réparés, pendant qu'elles errent de tous côtés, comme des forcenées qui ne savent où aller ? De plus, d'où viennent-elles ? est-ce du paradis ? Certes, on s'y trouve si bien, qu'on n'est pas d'humeur à en sortir, pour venir ici se tourmenter & inquiéter les autres. Est-ce de l'enfer ? quelques sorties qu'on en fasse, si tant est qu'on ait la liberté d'en faire, elles ne peuvent, selon nos principes, apporter aucun soulagement. Est-ce du purgatoire ? qu'on me montre donc qu'il y a des révélations absolument incontestables, qui apprennent que Dieu a promis de donner, & qu'il a donné en effet cette liberté. Je fais encore cette réflexion ; mais pourquoi ces ames ne seroient-elles ainsi errantes que parce qu'elles ont fait quelque tort à leurs semblables, pendant qu'elles ont commis tant d'autres crimes qui attaquoient directement leur dieu, comme l'orgueil, la présomption, le blasphême, les murmures contre sa providence, &c. ? Voilà, comme vous voyez, des raisonnemens dont on pourroit tirer de grandes conséquences, si l'on vouloit prendre tout le tems nécessaire pour leur donner une juste étendue.

Je ne puis encore me résoudre à recevoir pour véritable ce que disent certaines gens, quand ils prétendent que quelquefois les diables viennent inquiéter les hommes par des apparitions; car il me paroît que cette conduite est très-contraire à leur malignité, puisqu'en donnant ces frayeurs, ils ne peuvent s'attendre à autre chose qu'à exciter ceux qu'ils effrayent, à se repentir de leurs fautes passées, & à prendre résolution de n'en plus commettre de semblables. Il me semble que les diables ne sont pas d'humeur à avoir de si charitables intentions. Cependant il est constant qu'il n'y a point d'athée, point de libertin, quelque déterminé qu'il soit, qui ne se trouvât disposé à changer d'opinion & de vie, s'il étoit le spectateur d'une apparition, dont il n'eût point sujet de douter.

Une autre chose me donne encore de l'embarras;

c'est, supposé qu'il y ait des apparitions, de savoir connoître s'il n'y a point de tromperie dans ce qui apparoît, c'est-à-dire, bien distinguer les bons esprits d'avec les mauvais; discerner si ces apparitions ne viennent point de l'adresse, de l'artifice & de la tromperie des hommes (1). Et ainsi toujours matière de douter; & par conséquent toujours sujet de n'avoir pas une crédulité trop facile.

---

(1) On peut apprendre de saint Athanase quels ont été les sentimens de son siècle touchant les ames séparées des corps par la mort. C'est dans la trente-deuxième de ses questions, si les ames, après leur séparation, ont connoissance de ce qui se passe parmi les hommes, ainsi que les saints anges l'ont? Sur quoi il répond qu'oui; au moins en ce qui regarde les ames des saints, mais non pas en ce qui regarde celles des pécheurs; car les tourmens continuels qu'elles endurent, les tiennent assez occupées, pour ne leur pas laisser le loisir de penser à autre chose. Sa question trente-troisième, est, quelle est l'occupation des ames qui ont délogé du corps? Réponse: l'ame séparée du corps est incapable d'opérer rien de bon ou de mauvais. Néanmoins il dit un peu après, que les ames des saints, animées par le saint Esprit, louent Dieu & le bénissent dans la terre des vivans. Il affirme dans la trente-cinquième question, qu'après la mort, les ames ne reviennent jamais apporter des nouvelles de l'état des trépassés. Ce qui pourroit donner lieu à beaucoup de tromperies, parce que les malins esprits pourroient feindre qu'ils seroient les ames des morts qui reviendroient découvrir quelque chose aux vivans.

Vous voyez que je tranche fort court sur tout ceci, & que pour peu que je voulusse m'étendre, j'aurois un beau champ pour dire bien des choses qui vous aideroient à vous tirer de votre erreur. J'espère que par de sérieuses réflexions que vous ferez vous-même, vous suppléerez à ma briéveté. J'abrège chaque article, afin de vous donner plus de matière pour faire de bons & de judicieux raisonnemens. Par exemple, en voici un sujet.

Combien d'histoires de prétendus revenans, qui n'ont point d'autre réalité que l'adresse d'un homme qui s'en sert pour jouir plus tranquillement de ses amours, ou d'un valet pour boire plus facilement le vin de la cave de son maître (1)! d'un fermier qui se sera mis dans l'esprit de prendre toutes les mesures possibles, pour être lui seul en possession d'habiter une maison qui lui convient,

---

(1) Encore que j'aie dit qu'ès sépulcres & gibets (c'est ainsi que parle le Loyer, p. 173), les mauvais garnemens font leurs sabbats & leurs lutineries, si est-ce que leur audace passe bien plus outre, jusques ès maisons pour buffeter le bon vin & pour jouir de leurs amours : ils ne craindront pas de contrefaire les esprits; aussi le vieux proverbe françois est venu delà, qui dit que :

Où sont fillettes & bon vin,
C'est-là où hante le lutin.

parce qu'il y fait bien ſes affaires (1), & qu'il ſe trouve au contraire peu de gens aſſez adroits pour

---

(1) Ardivilliers eſt une terre aſſez belle en Picardie, une des plus conſidérables provinces de France, aux environs de Breteuil. Il y revenoit un eſprit, & ce maître lutin y faiſoit un bruit effroyable. Toute la nuit c'étoit des flammes qui faiſoient paroître le château tout en feu. C'étoit des hurlemens épouvantables, & cela n'arrivoit qu'en certain tems de l'année, vers la Touſſaint. Perſonne n'oſoit y demeurer, que le fermier avec qui cet eſprit étoit apprivoiſé. Si quelque malheureux paſſant y couchoit une nuit, il étoit étrillé d'importance. Les marques en demeuroient ſur ſa peau plus de ſix mois après. Voilà pour le château. Les payſans d'alentour voyoient bien davantage; car tantôt quelqu'un avoit vu de loin une douzaine d'eſprits en l'air ſur ce château. Ils étoient tous de feu, & ils danſoient un branle à la payſanne. Un autre avoit trouvé dans une prairie je ne ſai combien de préſidens & de conſeillers en robes rouges, mais ſans doute qu'ils étoient encore tous de feu. Là ils étoient aſſis & jugeoient à mort un gentilhomme du pays, qui avoit eu la tête tranchée il y avoit bien cent ans. Un autre avoit rencontré la nuit un gentilhomme, parent du préſident. Il ſe promenoit avec la femme d'un autre gentilhomme des environs; on nommoit la dame. (Vous remarquerez, s'il vous plaît, que ce parent & cette dame ſont encore vivans). On ajoutoit qu'elle s'étoit laiſſé cageoler, & qu'enſuite elle & ſon galant avoient diſparu. Ainſi pluſieurs autres avoient vu, ou tout au moins ouï dire des merveilles du château d'Ardivilliers. Cette farce dura plus de quatre ou cinq ans, & fit grand tort au préſident qui étoit

découvrir ces tromperies, ou assez hardis pour l'entreprendre! une autre raison m'engage encore

contraint de laisser sa terre à son fermier à très-vil prix. Mais, enfin, il résolut de faire cesser la lutinerie, persuadé, par beaucoup de circonstances, qu'il y avoit quelqu'artifice dans tout cela. Il va à sa terre vers la Toussaint, couche dans son château, fait demeurer dans sa chambre deux gentilshommes de ses amis, bien résolus, au premier bruit ou à la première apparition, de tirer sur les esprits avec de bons pistolets. Les esprits qui savent tout, surent apparemment tous ces préparatifs; pas un d'eux ne parut. Ils redoutèrent celui du président qu'ils reconnurent avoir plus de force & de subtilité qu'eux. Ils se contentèrent de traîner des chaînes dans une chambre au-dessus de la sienne, au bruit desquelles la femme & les enfans du fermier vinrent au secours de leur seigneur. Ils se jetèrent à genoux pour l'empêcher de monter dans cette chambre. « Hé! mon-
» seigneur, lui crioient-ils, qu'est-ce que la force humaine
» contre des gens de l'autre monde? M. de Fécaucour,
» avant vous, a voulu tenter la même entreprise, il en est
» revenu avec un bras tout disloqué. M. de Vurselles pen-
» soit aussi faire le brave; il s'est trouvé accablé sous des
» bottes de foin, & le lendemain il en fut bien malade ».
Enfin ils alléguèrent tant de pareils exemples au président, que ses amis ne voulurent pas qu'il s'exposât à ce que l'esprit pourroit faire pour sa défense; ils en prirent seuls la commission. Ils montèrent tous deux à cette grande & vaste chambre où se faisoit le bruit; le pistolet dans une main & la chandelle dans l'autre. Ils ne voyent d'abord qu'une épaisse fumée que quelques flammes redoubloient, en s'élevant par

à me défier des apparitions, c'est que souvent, ou par un défaut de vue, ou par une certaine situation

intervalles. Ils attendent un moment qu'elle s'éclaircisse. L'esprit s'entrevoit confusément au milieu. C'est un pantalon tout noir, qui faisoit des gambades, & qu'un autre mélange de flammes & de fumée dérobe encore une fois à leur vue; il a des cornes & une longue queue; enfin c'est un objet qui donne l'épouvante. L'un des deux gentilshommes sent un peu diminuer son audace à cet aspect. Il y a là quelque chose de surnaturel, dit-il à l'autre, retirons-nous. Mais cet autre plus hardi, ne recule pas. « Non, non, ré-
» pondit-il, cette fumée sent la poudre à canon, & ce n'est
» rien d'extraordinaire. L'esprit même ne fait son métier
» qu'à demi, de n'avoir pas encore soufflé nos chandelles ».
Il avance à ces mots, poursuit le spectre, le choisit pour lui lâcher un coup de pistolet, le tire & ne le manque pas; mais il est tout étonné, qu'au lieu de tomber, ce fantôme se retourne & se fixe devant lui. C'est alors qu'il commence lui-même à avoir un peu de frayeur. Il se rassure, toutefois, persuadé que ce ne pouvoit être un esprit; & voyant que le spectre n'osoit l'attendre & évitoit de se laisser saisir, il se résolut de l'attraper pour voir s'il sera palpable, ou s'il fondra dans ses mains. L'esprit étant trop pressé, sort de la chambre & descend par un petit escalier qui étoit dans une tour. Le gentilhomme descend après lui, ne le perd point de vue, traverse cours & jardins, & fait autant de tours qu'en fait le spectre; tant qu'enfin ce fantôme étant parvenu à une grange qu'il trouva ouverte, se jeta dedans, & s'y voyant enfermé, aima mieux disparoître que de se laisser prendre. Il fondit contre le mur même où le gentilhomme

d'objets, on croit voir ce qui n'est pas. On prétend que de certaines représentations qui se voyent dans l'air & dans les nuées, ne sont que des réverbérations des choses qui sont sur la terre (1). Enfin,

---

pensoit l'arrêter, & le laissa fort confus. L'ayant ainsi vu fondre, il appela du monde, se fit apporter de quoi enfoncer le paly où le spectre sembloit s'être évanoui; il découvrit que c'étoit une trappe qu'on fermoit d'un verrouil après qu'on y étoit passé. Il descendit dedans, trouva le pantalon & de bons matelas qui l'empêchoient de se blesser, & le recevoient doucement quand il s'y jetoit la tête la première. Il l'en fit sortir. Le caractère qui rendoit l'esprit à l'épreuve du pistolet, étoit une peau de buffle ajoutée à tout son corps. Le galant avoua toutes ses souplesses, & en fut quitte pour payer à son maître les redevances de cinq années, sur le pied de ce que la terre étoit affermée avant les apparitions. La fausse Clélie, p. 253.

(1) Aristote dit que ceux qui regardent obliquement & sans s'arrêter les rayons du soleil, croyent voir premièrement les choses qui se présentent à eux, claires & puis rouges, & après violettes, & en suite noires & obscures. Le Loyer, p. 88.

Pomponace écrit que ceux qui ont la vue bien subtile & vive, voyent dans le soleil & dans la lune, les images des choses inférieures.

Cardan dit, l. 2, *contrad. medic.*, qu'en la ville de Milan on crut voir aux nuées un ange, & que comme tout le monde paroissoit fort étonné, un jurisconsulte fit remarquer que ce spectre n'étoit que la représentation qui se faisoit

tout

tout le monde convient que nos sens sont souvent trompeurs; & ainsi, il est de notre prudence de nous en défier. Je n'ai garde de m'imaginer, comme quelques philosophes, que l'air produit par lui-même (1) ces voix étonnantes qui paroissent être prononcées par des fantômes; mais je serois assez disposé à croire que ce qu'on appelle spectre est souvent produit par des apparitions fort naturelles, sans que les ames, ni les esprits y aient aucune part; ce qui me donne cette disposition, c'est l'expé-

---

dans les nuées, d'un ange qui étoit sur le haut du clocher de Saint Gothard.

Quelques-uns ont cru que toutes les figures que nous voyons aux nuées, ne sont rien autre chose que l'image d'ici bas; c'est pourquoi ils assurent que ces armées qu'on a souvent vues en l'air, étoient les représentations des armées qui étoient en quelqu'endroit de la terre. Gaffarel, p. 520.

Si Aristote ne nous eût appris que l'image qui suivoit en l'air inséparablement un certain homme qui ne s'en pouvoit dépêtrer étoit naturelle, n'eût-on pas dit que c'étoit un esprit de ceux qu'on appelle familiers, ou quelque démon qui avoit pris la forme de cet homme? & toutefois c'étoit le seul effet de sa vue foible, laquelle ne pouvant pénétrer le milieu de l'air, ses rayons faisoient une réverbération comme dans un miroir, dans lequel il se voyoit tant qu'il avoit les yeux ouverts. *Id.* p. 377, Delrio, p. 274.

(1) Les Epicuriens disent que c'est le propre de l'air, que les voix; qu'elles s'engendrent de lui, comme de la mer, le flux & le reflux, &c. Le Loyer, p. 19.

K

rience qu'on a faite de certaines choses matérielles, qui, réduites en cendres, ont repris leur première figure, quand ces cendres ont été mises en mouvement; plusieurs curieux assurent qu'ils en ont été témoins, & qu'ils ont fait eux-mêmes cette épreuve (1). Si cela est ainsi, il n'est pas nécessaire

---

(1) M. Duchesne, sieur de la Violette, habile chirurgien, rapporte (*Hermeti. Medicin. cap.* 23) avoir vu un très-habile Polonois, médecin de Cracovie, qui conservoit dans des fioles la cendre de presque toutes les plantes dont on peut avoir connoissance; de sorte que lorsque quelqu'un, par curiosité, vouloit voir, par exemple, une rose dans ces fioles, il prenoit celle dans laquelle la cendre du rosier étoit gardée, & la mettant sur une chandelle allumée après qu'elle avoit un peu senti la chaleur, on commençoit à voir remuer la cendre, puis étant montée & dispersée dans la fiole, on remarquoit comme une petite nue obscure qui, se divisant en plusieurs parties; venoit enfin à représenter une rose si belle, si fraîche & si parfaite, qu'on l'eût jugé être palpable & odorante, comme celle qui vient du rosier.

Secret, dont on comprend que quoique le corps meure,
Les formes sont pourtant aux cendres leur demeure.

D'ici on peut tirer cette conséquence que les ombres des trépassés qu'on voit souvent paroître aux cimetières, sont naturelles, étant la forme des corps enterrés en ces lieux, ou leur figure extérieure, non pas l'ame, ni des fantômes bâtis par les démons, comme plusieurs l'ont cru. ... Ces ombres ou figures des corps étant excitées & élevées, partie par une chaleur interne, ou du corps, ou de la terre, ou bien par

de faire venir les ames de l'autre monde pour produire des apparitions, puisque les spectres peuvent se former aussi naturellement que les exhalaisons, d'où nous viennent tant de météores que nous n'admirons point, parce qu'ils n'ont rien de surnaturel.

Je puis encore vous assurer, mon frère, qu'il y a une infinité d'apparitions qui ne sont que les effets d'une imagination gâtée, ou par les maladies, ou par une conscience criminelle & inquiète, ou par des frayeurs, ou par une mélancolie noire, ou par quelque excès de vin & d'autres débauches, ou par quelque dérangement de cervelle; vous devez en avoir lu plusieurs exemples (1). Il y a

---

quelqu'externe, comme celle du soleil, ou de la foule de ceux qui sont encore envie (comme après une bataille), ou par le bruit & la chaleur du canon qui échauffent l'air. Gaffarel, p. 10-12.

On prétend qu'après avoir mis un moineau en cendres, & en avoir tiré le sel, &c. il s'est mis en mouvement & s'est arrangé de telle sorte, qu'il a représenté le moineau. Messieurs de l'académie royale d'Angleterre, espèrent parvenir à faire cette expérience sur les hommes. Dissertation sur l'aventure arrivée à saint Maur, p. 51.

(1) Aristote parle d'un fou qui demeuroit tout le jour au théâtre où se faisoient les jeux, quoiqu'il n'y eût personne; & là tapoit des mains & rioit, comme si l'on y

plus de gens que vous ne croyez, qui ont ces défauts ; c'est pourquoi les sages, ceux qui ne sont pas d'humeur à se laisser conduire par l'imagina-

---

avoit joué une très-réjouissante comédie. Le Loyer, p. 98.

Phisander, Rhodien, voyant son ombre, pensoit que c'étoit son ame séparée de lui. De Lancre, p. 283.

Suétone dit (*in Othone*, c. 7) que Galba, après sa mort, poursuivoit Othon, son meurtrier, & le tirailloit hors du lit, l'épouvantoit, & lui faisoit mille maux. C'étoit apparemment sa conscience qui le tourmentoit.

On lit ce conte dans Bebelius, l. 3, *facetiarum*. Il y avoit à Basle un chaudronnier qui, pour ses maléfices, fut condamné à être pendu. Ce qui fut exécuté, & ensuite on le mit au gibet patibulaire, qui n'étoit pas éloigné de la ville. Quelques jours après cette exécution, un certain homme qui ne savoit rien de tout ceci, s'étoit hâté de nuit d'aller au marché dans la ville, & se doutant bien que les portes n'ouvriroient de longtems, se reposa sous un arbre près ce gibet. Quelque tems après d'autres hommes, qui alloient aussi au marché, passant leur chemin, & étant auprès du gibet où étoit le pendu, lui demandèrent, par gausserie, s'il vouloit venir avec eux au marché ; l'homme qui étoit sous l'arbre, croyant qu'on parloit à lui, & étant bien aise de trouver compagnie, dit à ces passans, attendez-moi, je m'en vais avec vous. Eux croyant que c'étoit ce pendu qui leur parloit, furent si épouvantés, qu'ils prirent la fuite de toute leur force.

L'épouvante & la frayeur privent un homme de son jugement, lui troublent la cervelle, lui remplissent l'imagi-

tion, sont persuadés qu'il y a bien des apparitions qu'ils ne sont pas obligés de croire.

Il est encore constant que l'éducation contribue

---

nation de toutes sortes d'idées, en telle sorte qu'il pense voir & ouir ce qui n'est pas. *Le Monde enchanté*, 4, 13.

Ceux qui ont trop bu de vin, s'imaginent voir les montagnes marcher, les arbres choquer l'un contre l'autre, le ciel tourner, & qu'il y a, comme dit Juvenal, deux chandelles allumées sur la table, quoiqu'il n'y en ait qu'une.

. . . . . . *Et geminis exurgit mensa Lucernis.*

Dans la ville d'Agrigente en Sicile, on voyoit une maison qu'on nommoit Galère, selon Timée & Athénée, l. 2, *Deipn.*, à cause que de jeunes gens qui étoient ivres, étant dans cette maison & s'imaginant être dans une galère agitée de la tempête, jetèrent les meubles par les fenêtres pour la soulager.

Le baron d'Herbestein, ambassadeur de l'empereur Charles V, vers Basile, grand duc de Moscovie, raconte qu'en la rivière qui passe à Novigrod, on entend par fois une voix qui exite des fureurs épouvantables dans l'esprit des habitans. *Le Loyer*, p. 332.

Du tems de Lysimaque, successeur d'Alexandre, tous les Abdéritains, tant hommes que femmes & petits-enfans tombèrent dans une telle frénésie, qu'ils ne faisoient que chanter des vers tragiques d'Euripide; & cela, à cause de la représentation d'Andromède, qui fut parfaitement exécutée par un fameux comédien appelé Archelaüs, pendant les plus ardentes chaleurs de l'été. *Id.* 93.

Thierry, roi des Goths, s'imagina voir dans la tête d'un poisson, la face horrible de Symmaque, Romain qu'il avoit

beaucoup à faire qu'on s'imagine voir des spectres & des fantômes; les nourrices, les grand'mères, les mies, en parlent si souvent aux enfans (1), pour

---

tué, fronçant les sourcils, mordant ses lèvres de colère, & le regardant de travers. *Id.* p. 116.

On lit dans Paul Jone, en ses épîtres italiennes à Jérôme Angleria, que Pic de la Mirande croyoit que des sorciers étoient entrés dans sa chambre par la fente de la serrure de la porte, pour sucer sous les doigts le sang de sa fille dont elle étoit malade.

On lit en Roderic Sance, *histor. Hispan. part.* 4, que Pierre de Castille, tyran cruel, s'imaginoit que la ceinture que Blanche son épouse lui avoit donnée, étoit changée en serpent.

Thrasylas s'imaginoit que les navires qui abordoient au port de Pyrée, à Athènes lui appartenoient. On le guérit de sa folie, dont il fut fort fâché. Le Loyer. 116.

Galien rapporte, *de symptomatum differentiis*, l'histoire de Theophile, médecin, son contemporain, qui, pendant une fièvre & une maladie, quoiqu'il connût tout le monde, étoit dans un tel délire, qu'il croyoit fermement que des joueurs de flutes & cornets à bouquin, occupoient un endroit de sa chambre auprès de son lit, & qu'ils sonnoient continuellement à ses oreilles, les uns assis, les autres debout. Il crioit sans cesse qu'on les chassât.

(1) Acco & Alphito, femmes monstrueuses, par le moyen desquelles les nourrices empêchoient leurs petits-enfans de crier ou de sortir. Le Loyer, 31.

Les nourrices, pour faire peur à leurs enfans, leur parlent d'Acco, Alphito & Mormo. Je crois que ces noms

les effrayer, afin de les faire taire quand ils crient, ou pour les faire rentrer dans leur devoir, quand ils s'en écartent, que ces premières impressions leur donnent toute la disposition possible, pour en recevoir de pareilles, pour peu qu'il s'en présente dans le cours de leur vie, & quand on connoît qu'un homme est fort crédule à cet égard, il ne manque pas de se trouver dans son chemin des gens qui tâchent de profiter de cette crédulité, ou pour leur intérêt, ou pour leur divertissement. J'en sai plusieurs exemples de notre tems, & même on trouve dans l'antiquité que quelques jeunes gens entreprirent de donner de la frayeur à un fameux philosophe par une fausse apparition ; mais ils n'eurent pas le plaisir qu'ils se promettoient de leur artifice, car il méprisa si fort cette momerie, qu'il ne daigna pas se détourner de sa lecture dans le tems qu'on faisoit des efforts pour le troubler (1).

---

viennent de quelques personnages de tragédies ou comédies, qui étoient horribles à voir. Delrio, 290.

Mormo ou Babou (dont est tiré marmot), étoit un épouvantail d'enfans, dont Théocrite fait mention.

(1) Les jeunes gens d'Abdère sachant que Démocrite s'étoit renfermé dans un sépulcre éloigné de la ville, pour vaquer à la philosophie, s'habillèrent en esprits & démons, avec des robes noires & des masques hideux, ressemblans à des morts, l'environnèrent & dansèrent en rond autour de

Il n'y auroit pas tant d'histoires de spectres, si l'on imitoit sa conduite. Mais comment ne se troubleroit-on pas de choses surprenantes qu'on ne comprend point, puisque l'on est même effrayé par de certains spectres, quoiqu'on sache qu'ils ne sont effroyables qu'en apparence & que la réalité n'y est point? Dion nous en donne une bonne preuve dans le récit qu'il fait d'un festin qu'on peut appeler épouvantable, que Domitien donna (1) aux séna-

---

lui. La constance de ce philosophe fut telle, dit Lucien, qu'il ne détourna point les yeux de son livre.

(1) Dion raconte cette histoire dans la vie de l'empereur Domitien. Après la victoire des Valaches, qui sont les Gethes anciens, Domitien, entre les témoignages de joie pour sa victoire, fit des festins à toutes sortes de gens, tant nobles que roturiers, & surtout aux sénateurs & chevaliers Romains, qu'il régala en cette manière. Il fit dresser tout exprès une maison, peinte de noir dehors & dedans. Le pavé en étoit noir, le toît, la muraille, le plancher, les lambris. Dans la salle du festin il y avoit plusieurs siéges vides. Il les fit tous venir dans ce lieu, sans leur permettre d'être suivis d'aucun de leurs domestiques. Etant entrés, il les fait asseoir & mettre auprès de chacun d'eux une petite colonne carrée & relevée en forme de tombeau, sur laquelle étoit leur nom écrit. Au-dessus de la colonne il y avoit une lampe pendue comme aux sépulcres. Après venoient de jeunes pages tout nus, noircis & barbouillés d'oncre, ressemblans aux mânes & idoles, faisant plusieurs sauts autour des sénateurs & chevaliers, ce qui leur donnoit de grandes

teurs & aux chevaliers Romains. Je ne vous en ferai pas l'histoire, puisque vous pouvez l'apprendre par vous-même, en lisant cet historien, si vous êtes curieux de la savoir.

Noncrède garda alors quelque tems le silence, pour attendre une réponse de son frère. Mais il fut trompé dans son attente, car M. Oufle dormit pendant tout le tems que son frère parla. Il s'éveilla enfin en sursaut, & sur ce que Noncrède lui reprochoit son sommeil, le bon homme lui dit tranquillement, « vous n'avez pas sujet de » vous plaindre, monsieur mon frère, puisque je » vous ai tenu fidèlement parole. Je vous ai » promis que nous serions contens l'un de l'autre;

---

frayeurs. Après avoir sauté, ils demeuroient assis à leurs pieds, pendant qu'on faisoit toutes choses requises aux obsèques des morts. Cela fait, on apportoit dans des plats noirs, des mets & entremets noirs, qu'on présentoit devant les conviés. Tous croyoient qu'on leur alloit couper la gorge. Il y avoit cependant un profond silence, & Domitien, pour les entretenir, ne leur parloit que de meurtres, de carnages & de morts. Le festin fini, il les faisoit conduire chez eux par des gens inconnus, & à peine étoient-ils arrivés qu'on les redemandoit de la part de l'empereur. (Nouvelle frayeur), mais c'étoit pour leur donner une colonne d'argent ou quelque vaisselle du buffet qu'on avoit servi devant eux, & à chacun un de ces pages qui avoit fait le diable, mais bien lavé & bien habillé.

» vous le devez être de moi, puisque je ne vous
» ai pas interrompu un moment; je le suis de
» vous, puisque vous m'avez si profondément &
» si agréablement endormi par votre beau discours,
» que je dormirois encore si vous aviez continué
» de parler ». Le pauvre Noncrède fut d'autant
plus mortifié de cette plaisanterie, que, bien loin
de s'y être attendu, il ne doutoit pas au contraire
que tout ce qu'il venoit de dire n'eût produit sur
l'esprit de son frère un effet tel qu'il le souhaitoit.
Il sortit sur le champ, parce qu'il étoit si outré de
chagrin & de colère, qu'il jugea à propos de ne
pas rester plus longtems, de peur que l'émotion
où il étoit, n'excitât en lui quelque emportement
dont il n'auroit peut-être pas pu être le maître.

CHAPITRE XV.

Où l'on parle des esprits foibles, ignorans, trop crédules, esclaves de la prévention, & où l'on montre combien il est facile de les tromper.

Avant que de passer outre, & de continuer le récit des aventures de M. Oufle, je parlerai succinctement de ceux qui, comme lui, ont l'esprit foible, & crédule.

Un esprit foible est d'ordinaire lent & paresseux, pour peu que l'on entreprenne sur lui, on le fait venir où l'on veut. Il ne sait opposer aucune résistance. C'est pour cela que les premières impressions sont si tenaces, & le domptent de telle sorte, qu'il devient incapable d'en recevoir de secondes, il ne peut rien croire que ce qu'il a cru d'abord. Quand il est une fois vaincu, il ne se relève point, il est vaincu pour toujours; d'où il suit qu'il est très-susceptible d'erreurs, & capable de tromper les autres, si ceux-ci s'en rapportent à son sentiment. Mais s'il y a bien des gens disposés à se laisser tromper, il n'y en a pas moins de disposés à les tromper en effet. Ceux-ci n'ont qu'à vouloir, les moyens ne leur manquent pas; il leur suffira de faire usage avec un peu d'adresse, de certaines choses naturelles, mais dont les propriétés sont inconnues aux simples, ils arriveront facilement à leur but; ils produiront de faux prodiges.

Avec une pierre d'aiman, par exemple, ou avec d'autres pierres, ou avec du sucre, ou du cuivre, ou du vif-argent, ou d'autres choses aussi naturelles, adroitement mises en usage (1);

---

(1) Il y a des suborneurs du peuple qui, abusant de la crédulité & simplicité des bonnes gens, se mettent en grand crédit par des tours de souplesse qui en apparence ont quelque chose de surnaturel. Comme je passois par Lille en Flandre, je fus invité, par un de mes amis, à l'accompagner chez une vieille femme qui passoit pour une grande devineresse & dont je découvris la fourberie. Cette vieille nous conduisit dans un petit cabinet obscur, éclairé seulement d'une lampe, à la lueur de laquelle on voyoit sur une table couverte d'une nappe, une espèce de petite statue ou poupée, assise sur un trépié, ayant le bras gauche étendu, tenant de la même main gauche une petite cordelette de soie fort déliée, au bout de laquelle pendoit une petite mouche de fer bien poli, & au-dessus il y avoit un verre de fougère, en sorte que la mouche pendoit dans le verre environ la hauteur de deux doigts. Et le mystère de la vieille consistoit à commander à la mandragore de frapper la mouche contre le verre, pour rendre témoignage de ce que l'on vouloit savoir. La vieille disoit, par exemple, « je te
» commande mandragore, au nom de celui à qui tu dois
» obéir, que si monsieur un tel doit être heureux dans le
» voyage qu'il va faire, tu fasses frapper la mouche trois

on peut faire des manières de merveilles qui paſ-
ſeront chez les ſimples pour des ſortilèges & des

» fois contre le verre ». Et en diſant ces dernières paroles,
elle approchoit ſa main à une petite diſtance, empoignant
un petit bâton qui ſoutenoit ſa main élevée à peu près à la
hauteur de la mouche ſuſpendue, qui ne manquoit pas de
frapper les trois coups contre le verre, quoique la vieille
ne touchât en aucune façon, ni à la ſtatue, ni à la cordelette, ni à la mouche; ce qui étonnoit ceux qui ne ſavoient
pas la minaudrie dont elle uſoit; & afin de duper les gens
par la diverſité de ſes oracles, elle défendoit à la mandragore de faire frapper la mouche contre le verre, ſi telle ou
telle choſe devoit ou ne devoit pas arriver. Voici en quoi
conſiſtoit tout l'artifice de la vieille. La mouche de fer,
qui étoit ſuſpendue dans le verre au bout de la cordelette de
ſoie, étant fort légère & bien aimantée, quand la vieille
vouloit qu'elle frappât contre le verre, elle mettoit à un de
ſes doigts une bague, dans laquelle étoit enchaſſé un aſſez
gros morceau d'excellent aimant; de manière que la vertu
magnétique de la pierre mettoit en mouvement la mouche
aimantée, & lui faiſoit frapper autant de coups qu'elle
vouloit contre le verre, & lorſqu'elle vouloit que la mouche
ne frappât point, elle ôtoit de ſon doigt la bague ſans
qu'on s'en aperçût. Ceux qui étoient d'intelligence avec
elle, & qui lui attiroient des pratiques, avoient ſoin de
s'informer adroitement des affaires de ceux qu'ils lui ame-
noient; & ainſi on étoit facilement dupé. Le ſolide Tréſor
du petit Albert, p. 75. &c.

Si vous tenez une pierre d'aimant, bien armée, par deſſous une table, vous ferez aller l'aiguille d'une bouſſole,

158 HISTOIRE

enchantemens. Combien de prodiges aux yeux des ignorans, la gibecière d'un joueur de gobe-

---

qui fera deſſous, comme vous voudrez; ce qui fera trouvé fort étrange par pluſieurs. M. l. v. 1, 322.

Un Cupidon de fer, au Temple de Diane à Epheſe, étoit pendu en l'air ſans être appuyé. Le Loyer, 61.

Cardan parle, l. 7, *de ſubtil*, d'une pierre qu'avoit Albert le Grand, marquée naturellement d'un ſerpent; avec cette vertu admirable que ſi elle étoit miſe en un lieu où les autres ſerpens hantoient, elle les attiroit tous.

Si l'on met du ſucre tant ſoit peu, le beurre ne ſe peut coaguler. Bodin, 122.

Un peu de cuivre, jeté dans une fournaiſe de fer, empêche que la mine de fer puiſſe fondre, & la fait tourner entièrement en cendres. *id. ibid.*

Pour faire ſauter un poulet ou quelqu'autre choſe dans un plat, que l'on prenne du vif-argent avec de la poudre calamite, enſuite qu'on le mette dans une fiole de verre bien bouchée, enveloppée dans quelque choſe de chaud ou dans le corps d'un chapon, le vif-argent étant échauffé, il le fera ſauter. Les admirables ſecrets d'Albert le Grand, p. 150.

Si on veut voir ſon nom imprimé ou écrit ſur les noyaux des pêches ou des amandes d'un pêcher ou d'un amandier, prenez un noyau d'une belle pêche, mettez-le en terre dans un tems propre à planter, & le laiſſez pendant ſix ou ſept jours, juſqu'à ce qu'il ſoit à demi-ouvert. Enſuite tirez-le bien doucement, ſans rien gâter, & avec du ſinabre écrivez ſur le noyau ce qu'il vous plaira, & quand il ſera ſec, vous le remettrez en terre, après l'avoir bien fermé & rejoint

lets, n'enferme-t-elle pas ? Brioché n'a-t-il pas été regardé comme un magicien, & sur le point d'être puni comme tel chez un peuple qui ne pouvoit comprendre comment il donnoit le mouvement à ses marionnettes ? Que de capitaines ont animé leurs soldats au combat par des prodiges apparens qu'ils ont adroitement ménagés (1)!

---

avec un filet fort fin & délié, sans lui faire autre chose pour le faire venir en arbre. On verra que le fruit qu'il portera, aura le même nom qu'on aura écrit sur le noyau. On peut faire la même expérience d'une amande. *Id.* 172.

(1) Hector de Boëce raconte dans ses annales d'Ecosse, qu'un roi Ecossois voyant que ses troupes ne vouloient point combattre contre les Pictes, suborna des gens habillés d'écailles reluisantes, ayant en main des bâtons de bois pourri, aussi luisans, qui excitèrent à combattre, comme s'ils avoient été des anges ; ce qui eut le succès qu'il souhaitoit.

Aristomène, capitaine des Messeniens, averti que ceux de Lacédémone, ses ennemis, célébroient la fête de Castor & Pollux hors de la ville de Sparte, prend, avec un des siens, les habits de ces dieux jumaux, montés chacun sur un cheval blanc, ils se présentent aux Lacédémoniens, les excitent à boire, les enivrent ; ensuite il pousse ses troupes & les défait. *Polyene, l. 2, Stratagemat.*

Selon Dion, *l.* 15, *histor.* du tems de la guerre civile de Pompée & de César, un capitaine du parti de Pompée, nommé Octavius, assiégea Salonne en Dalmatie, par mer & par terre. En cette ville étoit Gabinius du parti de César,

On a vu des gens qu'on appelle ventriloques, qui, par je ne fai quel moyen dont ils fe fervoient, pour parler du ventre, jetoient la terreur dans les efprits, comme s'ils avoient entendu une

---

qui s'y étoit enfermé pour y tenir fort. Les habitans ennuyés du fiége, font un complot avec les femmes de la ville, de faire la nuit une fortie fur les ennemis. Les hommes étoient bien armés, & les femmes étoient échevelées, portoient de longues capes noires qui les couvroient depuis la tête jufqu'aux pieds, elles portoient auffi des torches ardentes en la main ; de forte qu'avec cet appareil, elles étoient fi hideufes, qu'elles reffembloient à des furies. Les ennemis croyant que c'étoit des diables, en furent fi épouvantés, qu'ils prirent la fuite & furent défaits.

Le capitaine Périclès, fe défiant de l'iffue d'une bataille, pour raffurer les fiens, fit entrer un homme dans un bois confacré à Pluton. Cet homme, dit Frontin, l. 1, *Stratagemat*, *cap*. 11, étoit haut, chauffé de grands & longs brodequins, ayant la perruque longue, vêtu de pourpre & affis en un char, traîné de quatre chevaux blancs; il appelle Périclès par fon nom, & lui commande de combattre, l'affurant que les dieux donneroient la victoire aux Athéniens. Cette voix fut ouie des ennemis comme venant de Pluton, & ils en eurent telle peur, qu'ils s'enfuirent fans combattre.

Epaminondas, capitaine des Thébains, entre dans le temple de la ville de Thèbes, change le bouclier qui étoit aux pieds de l'idole, & le lui met en main, comme fi Pallas eût voulu combattre, ce qui les enhardit de telle forte, qu'ils vainquirent. Le Loyer, p. 74.

voix

voix (1) qui venoit du ciel ou des enfers, & en obtenoient ensuite ce qu'ils vouloient. D'autres gens ont encore bien fait leurs affaires avec le secours des sarbacanes (2). J'aurois un grand détail à donner, si je voulois rapporter ici toutes les tromperies que l'on a employées pour séduire les simples & les ignorans. Les uns en imposent au public, par des têtes qui paroissent parler & ré-

___

(1) Un marchand de Lion étant un jour à la campagne avec un valet, entendit une voix qui lui ordonnoit, de la part de Dieu, de donner une partie de ses biens aux pauvres & de récompenser son serviteur. C'étoit ce valet qui savoit faire sortir de son ventre une voix qui sembloit venir de fort loin. *Id.* 162. A propos de ventriloques, on a fait cette remarque. Photius, patriarche de Constantinople, écrit de cette manière à Theodatus-Spatharus-Candidatus : « les » chrétiens & théologiens ont appelé le malin esprit, par- » lant dans le ventre d'une personne, *Engastremithe*, ven- » triloque ou parlant du ventre. Il mérite bien d'avoir l'or- » dure pour logis ». Plusieurs Grecs le surnomment *Eute- romante*; les autres *Eugastremante*, devin par les boyaux. Médit. histor. de Camerarius, t. III, l. 2, c. 11.

(2) Un valet, par le moyen d'une sarbacane, engagea une veuve d'Angers à l'épouser, en le lui conseillant de la part de son mari défunt. Le Loyer, p. 164.
Le pape Boniface VIII du nom, fit percer la muraille qui répondoit au lit du pape Célestin, & lui fit dire par une longue sarbacane, de quitter la papauté s'il vouloit être sauvé; ce que fit Célestin.

L

pondre aux queſtions qu'on leur fait (1). Les autres inſtruiſent en cage des oiſeaux, pour enſuite les annoncer par tout comme des hommes divins, après leur avoir donné la liberté (2). Celui-ci,

---

(1) Tromperie faite avec une tête de ſaint Jean. Quelqu'impoſteurs avoient diſpoſé une table carrée, ſoutenue de cinq colonnes, une à chaque coin & une dans le milieu; celle du milieu étoit un gros tuyau de carton épais, peint en bois; la table étoit percée à l'oppoſite de ce tuyau, & un baſſin de cuivre auſſi percé, étoit mis ſur le trou de la table, & dans ce baſſin étoit une tête de ſaint Jean, de gros carton, peinte au naturel, qui étoit creuſe, ayant la bouche ouverte; il y avoit un porte-voix qui paſſoit à travers le plancher de la chambre, qui étoit au-deſſous du cabinet où tout cet attirail étoit dreſſé, & ce porte-voix aboutiſſoit au cou de cette tête, de manière qu'une perſonne parlant par l'organe de ce porte-voix de la chambre d'en bas, ſe faiſoit entendre diſtinctement dans le cabinet par la bouche de la tête de ſaint Jean. Ainſi le prétendu devin affectant de faire quelque cérémonie ſuperſtitieuſe, pour infatuer ceux qui venoient conſulter cette tête, la conjuroit, au nom de ſaint Jean, de répondre ſur ce que l'on vouloit ſavoir, & propoſoit la difficulté, d'une voix aſſez haute, pour être entendu de la chambre de deſſous, par la perſonne qui devoit faire la réponſe par le porte-voix, étant inſtruit à peu-près de ce qu'il devoit dire. Le ſolide Tréſor du petit Albert, 77.

(2) Hannon, Carthaginois, & Pſaphon, nourriſſoient des oiſeaux en cage, auxquels ils apprenoient à dire que Hannon & Pſaphon étoient des dieux, puis leur donnoient la

sous une trompeuse apparence, séduit une fille, & en jouit (1). Celui-là fait disparoître avec la main une bosse artificielle qu'il avoit lui-même

---

liberté. Loyer, p. 175 & 71. Un autre fourbe réussit mal dans un artifice à peu-près semblable. Un imposteur à Rome, voyant un grand peuple assemblé dans le champ de Mars, monta sur un arbre de figuier sauvage & y harangua le peuple, en disant que la fin du monde arriveroit qand il descendroit de l'arbre & qu'il se changeroit en cigogne. Etant descendu & se trouvant au milieu de cette assemblée, il laissa aller une cigogne, mais si mal-adroitement, que sa fourberie étant découverte, on le mena à l'empereur Antonin, philosophe, qui lui pardonna. Jules Capitolin, vie d'Antonin.

(1) L'orateur Eschines, contemporain de Demosthènes, écrit, *epist.* 20, qu'un nommé Cimon, de la ville d'Athènes, ravit une fille de Troyes qui, suivant la coutume du pays, étoit allée, le jour de ses nôces, se baigner dans le fleuve de Scamandre, & lui offrir son pucelage. Cet enlévement se fit en cette manière. Ce Cimon se cacha derrière un buisson, sa tête couronnée de roseaux; & après que la fille, en se baignant, eût prononcé ces mots solemnels, *reçois, Scamandre, mon pucelage*, il sortit du buisson, dit à la fille, qui se nommoit Callirhée, qu'il étoit Scamandre, & en jouit. Dans la suite cette fille, qui l'avoit cru véritablement le dieu du fleuve, le voyant un jour par hasard dans la rue, le montra à sa nourrice, lui disant : voilà Scamandre à qui j'ai donné mon pucelage. La nourrice s'écrie à ces mots contre le fourbe; & celui-ci voyant qu'il ne faisoit pas bon là pour lui, s'embarqua sur le champ & se retira.

préparée (1). Combien n'a-t-on pas vu de machines (2) surprenantes qui paroissoient être des

---

(1) Un magicien rabattoit une bosse, en passant la main dessus. La bosse étoit une vessie enflée. Le Monde enchanté, t. IV, p. 76. Apulée, dans son Ane d'or, dit qu'il crut avoir tué trois hommes; mais que c'étoit trois peaux de boucs que l'enchanteresse Pampila avoit fait paroitre sous la figure de trois hommes.

(2) Hieron bâtit une maisonnette, de laquelle les portes se pouvoient ouvrir en allumant du feu, & se fermer en l'éteignant. Le Loyer, 57.

La statue de Slatababa, ou vieille d'or, érigée ès confins hyperborées en la Tartarie septentrionale, dont parle le baron d'Herbestein, Allemand, *de rebus Moscoviticis*, tient un enfant en son giron, & est d'une grandeur & grosseur énorme; & l'on voit autour d'elle plusieurs trompettes & autres instrumens qui s'entonnent par les vents & font un bruit continuel qu'on entend de fort loin.

On présenta à l'empereur Charles-Quint une Aigle, qui vola quelque tems en l'air. Le Loyer, 58.

La Colombe d'Architas, philosophe pytagoricien, voloit comme si elle eût été vivante. *Id.* 56.

Liutprand dit, l. 6, *rerum in Europ. gestar.*, qu'à Constantinople, joignant le palais impérial, il y avoit un lieu de plaisance, nommé Magnaure, où l'on voyoit une salle belle & magnifique; & ce fut là que l'Empereur Constantin reçut Liutprand, comme ambassadeur, en cette manière. L'empereur étoit assis sur un trône assez spacieux, aux côtés duquel étoient deux lions de bronze doré. Devant le trône il y avoit un arbre aussi de bronze doré, dont les branches

effets de magie à ceux qui n'avoient pas assez d'ha-

étoient couvertes d'oiseaux de même métal. Quand je commençai, dit Liutprand, à m'approcher du trône, les oiseaux de l'arbre chantèrent, les lions rugirent. Ce qui m'étonna le plus, fut que m'étant prosterné à genoux, & m'inclinant fort bas pour faire une profonde révérence à l'empereur, je vis en un moment qu'il n'étoit plus où je l'avois laissé, & que son trône s'étoit élevé jusqu'au plancher de la salle.

Le tombeau de marbre d'Hélène, reine des Adiabenites ou de Botant, qui se voyoit à Jérusalem, ne se pouvoit ouvrir & fermer qu'à certains jours de l'année. Que si en un autre tems, dit Pausanias, *in arcadicis*, on essayoit de l'ouvrir, on eût plutôt tout rompu.

Anthemius, architecte & ingénieur de l'empereur Justinien, dont Agathias fait mention en son histoire, livre 4, ayant perdu un procès contre un de ses voisins, nommé Zénon, pour se venger de lui, disposa un jour, dans quelques endroits de sa maison, plusieurs grandes chaudières pleines d'eau, qu'il boucha fort exactement par dessus, & à des trous, par lesquels l'eau bouillante devoit s'évaporer, il adapta de longs tuyaux de cuir bouilli, larges à l'endroit qu'ils étoient cousus & attachés aux couvercles, & allant petit à petit, en étrecissant par le haut en forme de trompettes. Le plus étroit de ces tuyaux répondoit aux poutres & soliveaux du plancher de la chambre où étoient les chaudières. Il mit le feu dessous, & comme l'eau des chaudières bouilloit à gros bouillons, les vapeurs épaisses & la fumée montant en haut par les tuyaux, & ne pouvant avoir leur issue libre, parce que les tuyaux étoient étroits par le bout, faisoient branler les poutres & soliveaux, non seulement de

bileté pour en découvrir l'artifice ! que de bêtes

la chambre, mais de toute la maison d'Anthemius & de celle de son voisin Zenon, qui pensoit que c'étoit un tremblement de terre, de sorte qu'il l'abandonna, dans la crainte d'y périr.

Un orfévre de Paris fit une galère d'argent qui se mouvoit d'elle-même sur une table, les forçats ramant dedans. Quand elle étoit au bout de la table, elle tournoit court de l'autre côté; ce qu'elle faisoit cinq ou six fois. Le Loyer, p. 58.

Dans le beau lieu de plaisance de Tivoli, auprès de Rome, se voyoient grand nombre d'ouvrages hydrauliques que tout le monde admiroit. On entendoit des orgues qui jouoient d'elles-mêmes; une infinité d'oiseaux artificiels qui chantoient; une chouette qui tantôt se montroit, tantôt détournoit sa tête; quand elle se montroit, les oiseaux se taisoient & disparoissoient, & quand elle ne paroissoit plus, ils recommençoient leurs chants. On y voyoit aussi Hercule, tirant des flèches contre un dragon entortillé autour d'un arbre, & le dragon siffloit. Une figure d'homme sonnoit de la trompette, &c. Id. 59.

Nabis, tyran de Lacedemone, avoit une machine surprenante. Cette machine étoit la figure d'une femme parée de riches habits, qui se mouvoit d'elle-même. Nabis l'avoit fait faire à la ressemblance de sa femme Apéga, selon Polybe. Quand il avoit besoin d'argent, il faisoit venir les plus riches de Sparte dans son palais, & leur apportoit plusieurs raisons pour les engager à lui en donner; s'ils refusoient de lui accorder ce qu'il demandoit, il leur disoit; « apparemment c'est que je vous déduis de si mauvaise grace les nécessités où je suis de votre secours, que

ont passé pour être sorcières, parce qu'elles étoient admirablement bien instruites (1) ! & que

» je ne puis rien gagner sur vous; mais j'espère que vous ne
» refuserez pas de même une belle dame qui vous en
» priera ». Il alloit ensuite à la figure qui étoit assise sur une chaise, l'appelant sa femme, puis la levoit, en la prenant par la main, peu-à-peu il l'approchoit de ceux qu'il avoit fait venir, & les faisoit embrasser par la statue, qui ayant au-dedans de ses mamelles, bras, coudes & mains, des pointes de fer cachées fort artificiellement, lâchoit toutes ces pointes en embrassant ces hommes, & leur faisoit souffrir de si grandes douleurs, qu'ils étoient contraints d'accorder ce que le tyran leur demandoit. *Id.* 58.

La statue de Memnon, qui se voyoit en Egypte, saluoit tous les matins l'aube du jour, par un son, dit Pausanias, *in atticis.* Calistrate ajoute qu'elle résonnoit deux fois le jour; savoir, au soleil levant, d'un son plein d'allégresse, & au soleil couchant, d'un son plaintif. Le roi Cambyse étant en Egypte, commanda que cette statue fût fendue par la moitié; cependant on ne put découvrir l'artifice. Le Loyer dit, p. 57, avoir lu dans quelques vieux commentaires, qu'avant d'être fendue, elle saluoit le soleil, en l'appelant roi soleil; & qu'après qu'elle fut fendue, elle ne le salua plus que par le nom du soleil.

(1) On regardoit comme un sorcier un Eléphant à cause qu'il cherchoit, par ordre de son maître, une chose qu'il faisoit semblant de croire qu'on lui avoit volée, & que parmi une foule de monde, cet animal la trouvoit dans la poche de celui qui l'avoit. Le maître ou quelqu'un des siens, mettoit furtivement cette chose dans la poche d'un autre, puis

par un signe, auquel il avoit accoutumé l'Eléphant, il la lui faisoit découvrir. Le Monde enchanté, 4, 79.

Un imposteur nommé Alexandre, qui vivoit du tems de l'empereur Adrien, se servoit d'un serpent de Macédoine, aisé à apprivoiser, qu'il disoit être le dieu Esculape, & par son moyen il fit parfaitement bien ses affaires; de sorte qu'après sa mort, on lui fit des sacrifices. Le Loyer, 71.

Tite-Live, Valere-Maxime, Plutarque, Appian, Alexandrin, disent que le capitaine Sertorius ne pouvant plus retenir les Portugais dans son obéissance, se servit d'une Biche qu'il disoit lui être venue de Diane, & que cet animal lui révéloit tout.

A une demi-lieue du Caire, dans une grande Bourgade, se trouva un bateleur qui avoit un âne merveilleusement instruit. Il le faisoit danser, & ensuite il lui disoit que le grand soudan vouloit faire un grand bâtiment, & qu'il avoit résolu d'employer tous les ânes du Caire, pour porter la chaux, le mortier & la pierre. A l'heure même, l'âne se laissoit tomber par terre, sur le ventre, roidissoit les jambes & fermoit les yeux, comme s'il eût été mort. Cependant le bateleur se plaignoit de la mort de son âne, & prioit les assistans de lui donner quelqu'argent pour en acheter un autre. Après avoir recueilli quelques pieces de monnoie : « ah! disoit-il, il n'est pas mort, mais il a fait semblant » de l'être, parce qu'il sait que je n'ai pas le moyen de le » nourrir ». Leve-toi, ajoutoit-il. Il n'en faisoit rien, quelques coups qu'on lui donnât; ce que voyant son maître, il parloit ainsi à la compagnie : « je vous donne avis, messieurs, » que le soudan a fait crier à son de trompe, que le peuple » eût à se trouver demain hors la ville du Caire, pour y

souples & agiles, ont eu la même réputation (1)! on a vu un prince qui imaginoit l'apparition d'une déesse, pour avoir un prétexte de demander aux femmes, & d'obtenir leurs bagues & joyaux (2).

» voir les plus belles magnificences du monde. Il veut que
» les plus belles dames & demoiselles montent sur des
» ânes ». A ces paroles l'âne se levoit, dressant la tête &
les oreilles en signe de joie. « Il est bien vrai, disoit encore
» le bateleur, que le capitaine de mon quartier m'a prié de
» lui prêter mon âne pour sa femme, qui est une vieille
» roupieuse, édentée & laide ». L'âne baissoit aussitôt les
oreilles & commençoit à clocher, comme s'il eût été boiteux & estropié; & le maître lui disoit alors, « quoi! tu
» aimes donc les belles & jeunes femmes » ? L'âne inclinant
la tête, sembloit vouloir dire qu'oui. Or sus, poursuivoit
le bateleur; « il y a ici plusieurs belles & jeunes femmes;
» montre-moi celle qui te plairoit le plus ». Lors l'âne se
mêloit parmi le peuple, cherchoit entre les femmes celle qui
étoit la plus belle, la plus apparente & la mieux habillée,
& la touchoit de la tête. Jean Leon, Africain.

(1) Un homme faisoit percer de coups d'épée un panier dans lequel il s'étoit mis, & par son agilité & sa souplesse, évitoit si bien les coups, qu'il en sortoit sans blessures. Le Monde enchanté, 4, 75.

(2) Le vieux Denys, tyran de Sicile, pour tirer de l'ar-gent de ceux de Syracuse, leur fit accroire, dit Aristote, l. 2, œconomicor. que la déesse Cérès lui étoit apparue, & lui avoit ordonné de dire aux femmes Syracusaines, qu'elles apportassent dans son temple tous leurs joyaux & toutes leurs dorures. Elles obéirent, & lui ensuite prit tout, disant que c'étoit la déesse qui le lui prêtoit.

Il résulte de tout ceci, que les gens simples, foibles, ignorans & trop crédules, sont communément dupés par d'autres gens, subtils, artificieux, & hypocrites.

CHAPITRE XVI.

Adresse, intrigues & fourberies de Ruzine & de Mornand, pour se divertir & pour profiter de la facilité de M. Oufle à croire tout ce qu'on lui dit des spectres, fantômes, revenans, & généralement de toutes les sortes d'apparitions.

J'AI dit dans le onzième chapitre, que Mornand étoit témoin de la conversation de M. Oufle & de son frère Noncrède, sur les spectres, les fantômes & autres apparitions; & que ce valet, fourbe & rusé se promettoit de faire usage de ce qu'il venoit d'entendre.

Mornand, donc, qui connoissoit le foible de son maître, imagina plusieurs choses; les unes, pour en tirer quelque profit; les autres, pour s'en faire un divertissement. Il commença par dire à son maître qu'il revenoit des esprits dans sa chambre, qui y faisoient un bruit épouvantable, & beaucoup de ravages. Il lui protesta même qu'il en avoit poursuivi un, l'épée à la main, jusqu'au grenier, & que lorsqu'il étoit prêt à le percer, il étoit sorti par la fenêtre, changé en oiseau. Un autre lui avoit donné deux grands soufflets avec une main si froide, que, pendant plus de trois heures il s'imaginoit avoir une glace sur le visage. Ayant cassé par étourderie, une porcelaine de prix, & dont son maître faisoit cas, il lui fit accroire que c'étoit un de ces malicieux lutins qui avoit causé ce dommage. Et sur ce qu'un jour il ne s'étoit pas acquitté d'une commission dont on l'avoit chargé, parce qu'il s'étoit levé fort tard, il assura qu'il n'avoit point dormi pendant toute la nuit, à cause qu'on lui tiroit continuellement sa couverture, & que cet importun manège ayant duré jusqu'au commencement du jour, il n'avoit commencé à dormir que quand le soleil s'étoit levé. Comme il y avoit longtems qu'il souhaitoit une autre chambre, que celle qu'il habitoit, il appela à son secours des récits de ces prétendus revenans, & obtint ainsi facilement la permission de changer de demeure. Le bon homme ne doutoit d'aucune de ces ridicules & impertinentes histoires; il se figuroit même avoir entendu de certains bruits extraordinaires dans le tems que ce rusé valet assuroit qu'elles étoient arrivées. Celui-ci eut encore l'impudence de lui dire, qu'une nuit ayant été réveillé en sursaut, par un rêve affreux, dans lequel il s'imaginoit que le feu étoit à la maison, & qu'on l'alloit égorger, la peur qui le saisit d'abord, lui causa des battemens de cœur si violens, qu'ils paroissoient en-dehors; que ces battemens durèrent plus d'une demi-heure, qu'alors il vit dans sa chambre un si grand nombre de petites figures différentes & bizarres, qu'il en étoit obsédé de tous côtés; qu'il s'avisa d'ouvrir ses fenêtres pour prendre l'air, qu'à peine furent-elles ouvertes, que toutes ces figures sortirent, paroissant comme autant de petits spectres; qu'il les suivit quelque tems de vue, & qu'enfin elles disparurent. M. Oufle ne perdoit pas un mot de ce récit, il y trouvoit des preuves pour appuyer l'extravagance de ses imaginations. Ne t'étonne point de ce prodige, mon cher Mornand, lui dit-il; ces fantômes n'étoient que des productions de ce grand nombre de battemens de cœur que la peur de ton songe t'avoit causés. Autant de fois que tu respirois, autant d'ames sortoient de tes poumons. Mornand qui le voyoit venu justement où il l'attendoit, lui répondit, qu'il ne doutoit point que cela ne fût; car, ajouta-t-il, je me ressouviens à présent, qu'autant de fois que quelque peur, ou quelque mouvement de joie augmente ces battemens, je vois ou j'entends toujours quelque chose que je n'ai pas accoutumé de voir ni d'entendre. Je sens même quelques petits chatouillemens sur les mains & sur le visage.

Sans doute, que c'est de ces ames dont vous me parlez, que viennent ces bruits & ces mouvemens. Mais, monsieur, ajouta-t-il, avec une simplicité & une crédulité affectées ; comme je fus long-tems sans ouvrir mes fenêtres, apparemment j'aspirai plusieurs de ces ames que j'avois produites. Ce qui me le fait croire, c'est que je ressens en moi de certains trémoussemens, de certains troubles, de certaines agitations, que je ne puis m'empêcher de leur attribuer. Certainement ce sont elles qui m'agitent & qui me troublent ainsi. Il s'agit donc à présent de les faire sortir ; car, l'état où je me trouve, m'inquiète fort, & j'en crains les conséquences. Que me conseillez-vous de faire, monsieur, pour me délivrer de ces importunes hôtesses ? La question étoit très-embarrassante pour M. Oufle ; & assurément je crois, que, pour y bien répondre, de plus habiles que lui n'auroient pas été moins embarrassés. Cependant, comme il ne voulut pas demeurer court sur un sujet qui étoit tant de son goût, il s'avisa de lui conseiller d'aller boire beaucoup de vin, afin de se procurer un long & profond sommeil, & de laisser ses fenêtres ouvertes pendant qu'il dormiroit, l'assurant que c'étoit le meilleur moyen de faire sortir ces ames, & les pousser hors de son corps & de sa chambre. Cet expédient plut beaucoup au rusé personnage, & pour le mettre en pratique, il obtint de son maître trois bouteilles du meilleur vin de sa cave, & il ne fit autre chose pendant toute la journée que boire & dormir. Pendant qu'il étoit plongé dans le sommeil, le bon homme alloit de tems en tems dans sa chambre, pour y voir sortir quelques-unes de ces petites ames. Il prenoit pour ces ames, tous les atomes qui paroissoient aux rayons du soleil, & les chassoit charitablement dehors avec son chapeau.

De tout ce que dit M. Oufle dans la tirade que j'ai rapportée, ce qui fit le plus d'impression sur son valet, c'est quand il entendit qu'en Guinée, on ne cherche point parmi les vivans, les voleurs des choses dérobées, parce qu'on n'en accuse point d'autres que les ames des défunts (1), il jugea alors que son maître tenant pour constant que les ames pouvoient venir ici-bas faire des vols & des brigandages, il lui seroit facile de les rendre responsables des larcins qu'on lui feroit. On va, sans doute croire qu'il prit la résolution de voler son maître. Il est vrai que la sotte opinion de son maître l'induisit en tentation de le voler ; mais il s'agit ici d'un vol d'une autre nature, & qu'il crut moins répréhensible.

Lorsque j'ai parlé de Ruzine, fille cadette de M. Oufle, j'ai fait remarquer, qu'elle s'accommodoit, ainsi que Camelle, sa sœur aînée, au

---

(1) *Voyez* ci-devant pag. 122.

goût de son père & de sa mère; mais que, ce que celle-ci faisoit par simplicité, celle-là le faisoit par artifice; qu'elle jouoit en quelque manière toute sa famille. Et ainsi Ruzine & Mornand étoient, à-peu-près, du même caractère, c'est-à-dire, rusés, adroits & artificieux. Aussi s'accommodoient-ils parfaitement ensemble. Ils se faisoient une confidence réciproque de toutes leurs intrigues; l'un n'entreprenoit rien sans avoir consulté l'autre, & tous deux s'entr'aidoient pour faire réussir leurs desseins. Mornand ne manqua pas d'apprendre à Ruzine le détail de la conversation dont j'ai parlé, & ce qui s'étoit passé entre lui & M. Oufle, au sujet des ames produites par les battemens de cœur. Il n'oublia pas aussi de lui faire faire des réflexions sur la persuasion où étoit le bon homme, que les morts viennent ici dérober les vivans. Ils prirent donc entr'eux la résolution d'en tirer avantage. Ruzine ne se faisoit aucun scrupule de tromper son père, se persuadant que ce qui appartient à l'un, appartient aussi à l'autre; & Mornand ne s'en faisoit aucun d'entrer pour sa part dans la tromperie; il croyoit qu'on n'étoit point voleur d'un père, lorsqu'on étoit complice avec un de ses enfans.

Dans le tems donc qu'ils délibéroient de quelle manière ils pratiqueroient de si belles maximes, M. Oufle reçut un remboursement fort considérable ; entre les espèces qui composoient ce remboursement, il y avoit un sac de mille louis, renfermé dans le tiroir d'un bureau. Ruzine avoit vu recevoir cette somme, & placer ce charmant sac dans le tiroir, & le reste dans un coffre fort. Ce fut contre ce sac qu'ils tendirent leurs batteries ; ils résolurent de mettre en usage les spectres & les fantômes pour l'enlever impunément ; &, pour réussir dans ce projet, sans être soupçonnés, ils concertèrent ensemble de conduire si bien toutes leurs démarches, qu'elles prouvassent invinciblement à M. Oufle, que c'étoit l'ame de quelque défunt qui avoit commis ce larcin.

Mais, avant que d'en venir là, ils jugèrent à propos d'escarmoucher, je veux dire, de préluder par quelques apparitions qui le convainquissent que les spectres lui en vouloient, & qu'ils avoient quelque dessein contre lui. Pour cela, Ruzine prit soin de faire faire une clef semblable à celle du cabinet de son père. Avec ce secours, il leur fut facile de réussir. Entre plusieurs tours qu'ils lui jouèrent, je n'en rapporterai que ceux-ci.

Un soir que M. Oufle lisoit tranquillement dans son cabinet, les verroux de la porte se fermèrent d'eux-mêmes, avec un bruit qui l'effraya si fort, qu'il fut longtems sans oser les aller ouvrir. C'étoit un stratagême de Ruzine qui, par le moyen de sa fausse clef, étoit entrée dans ce cabinet

binet pendant que son père étoit en ville, & avoit passé à chacun de ces verrous un fil, avec lequel étant dehors, elle pouvoit facilement les fermer, puis retirer le même fil, afin que rien ne fît connoître cette tromperie.

M. Oufle fut dans une agitation extrême de cette surprenante aventure; il crut même voir quantité de choses extraordinaires, que pourtant il ne voyoit point du tout.

Le lendemain quand il entra dans ce cabinet, une autre chose l'épouvanta encore plus que les verrous n'avoient fait. Tous ceux de ses livres qui traitent de spectres & de fantômes, étoient par terre, bien rangés & ouverts chacun dans un endroit où l'on rapportoit quelque histoire fameuse de revenant ; les verrous se fermèrent encore d'eux-mêmes , & , il s'attendoit, que toutes les ames de ses parens & de ses amis défunts alloient fondre sur lui ; & le tourmenter à leur aise. Il n'arriva pourtant rien de ce qu'il craignoit; car les artifices de Ruzine & de Mornand ne pouvoient pas aller jusques-là.

Une autre fois en entrant, il vit des chaises marcher, des tableaux se mouvoir, & tout cela par le moyen de quelques fils que Ruzine & Mornand remuoient en-dehors, & retiroient ensuite.

Ils s'avisèrent encore de tracer sur une très-grande feuille de papier des figures magiques, &

des plus bizarres, copiées du livre de la philoso-phie occulte d'Agrippa, de la clavicule de Salomon, & du grimoire, avec la prétendue signature du diable; puis ils placèrent ces figures de telle sorte, que ce fut le premier objet qui se présenta à sa vue aussitôt qu'il fut entré; autre sujet de frayeur. Cependant, bien loin de craindre d'habiter ce cabinet, M. Oufle sentoit au contraire, je ne sai quel plaisir de s'y trouver; il est aisé d'en deviner la raison, c'est que sa prévention y trouvoit son compte.

Ruzine résolut de hasarder un dessein bien plus hardi, afin de disposer ce pauvre homme à n'accuser que les ames, de tout ce qui arriveroit. Elle entreprit de prendre elle-même la figure d'un revenant, & de se cacher en son absence dans un coin de son cabinet. Mornand trouva qu'il y avoit de la témérité dans cette entreprise; mais elle le rassura, en lui disant que le pis qui en pouvoit arriver, c'est que son père la reconnût; que, s'il la reconnoissoit en effet, elle diroit qu'elle n'avoit d'autre dessein, que de le désabuser, afin qu'il ne fût plus exposé à toutes ces frayeurs qui troubloient son repos, & qui pouvoient avoir des suites dangereuses. Cette réflexion fut goûtée de Mornand, c'est pourquoi il contribua de toute son adresse pour faire réussir cette entreprise. Le succès en fut tel, qu'ils pouvoient souhaiter; car

M. Oufle fut faifi d'une telle frayeur quand il vit ce prétendu fpectre, qu'il prit promptement la fuite. L'abbé Doudou même, qui d'une fenêtre, vit paffer le prétendu fantôme, fut fi glacé de crainte, qu'il en tomba évanoui. Il eft bon d'obferver que la première chofe que fit le revenant, avant que de fe tremouffer par des fauts & des gambades, ce fut de prendre, à la vue de M. Oufle, une montre qui étoit fur une table, afin qu'il jugeât que ce fpectre étoit du nombre de ceux qui viennent de l'autre monde exprès pour voler.

Venons au dénouement de toutes ces intrigues. La veille du jour qu'il fe devoit faire, Ruzine trouva moyen de donner, en préfence de fon père, des mouvemens au bureau où étoit ferré le fac de mille louis. Ce fut encore avec de petites cordes adroitement ajuftées, & qu'elle retira enfuite par dehors, que ce bureau fe promena de la forte. Notre vifionnaire le fuivoit en l'admirant, & fembloit être apprivoifé avec les prodiges. Il paroiffoit, par la fermeté avec laquelle il le confidéroit, qu'il y trouvoit du plaifir. Le pauvre homme étoit bien éloigné de s'imaginer qu'on ne promenoit ainfi fon bureau, qu'afin de faire faire dans peu bien du chemin à fon fac de mille louis.

En effet, le jour fuivant, on mit, quelque tems après qu'il fut forti tout en défordre dans fon cabinet; on y répandit quantité de feuilles de papier, remplies de caractères, auxquels il ne comprenoit rien, & auxquels ceux qui les avoient écrits ne comprenoient pas plus que lui ; tous ses livres étoient dispersés en différens endroits ; les chaises étoient renversées les unes sur les autres ; un miroir se trouva cassé en mille pièces ; les fenêtres qu'il avoit laissé fermées, se trouvèrent toutes ouvertes ; les tiroirs du bureau étoient aussi ouverts (car Ruzine en avoit aussi fait faire une fausse clef) & le sac de mille louis avoit disparu, pour faire place à plusieurs charbons. De quelle surprise, de quelle terreur, de quel effroi M. Oufle ne fut-il pas saisi, quand entrant dans son cabinet, il vit ce funeste dérangement, & ses louis d'or changés en charbons ! alors rappelant dans son esprit tout ce qui s'étoit passé depuis quelques jours, il ne douta point que ce ne fût quelque brigande d'ame de défunt, qui eût fait ce vol. Les deux véritables voleurs étoient en sûreté ; bien loin de les soupçonner, il alla aussitôt trouver Mornand, & lui apprit son désastre ; mais dans la narration de tout ce qu'il venoit de voir, il appuya particulièrement sur la preuve que lui fournissoit cette aventure, de l'existence des revenans, & de la réalité des dommages qu'ils causent. Mornand qui étoit préparé à ce récit, fit de son mieux le surpris, l'affligé & le crédule. Ah ! disoit M. Oufle, où est à présent monsieur mon frère ? Que je voudrois qu'il fût ici pour lui donner une preuve bien sensible de ce que je lui ai dit tant de fois, & qu'il n'a jamais voulu croire ! Le valet qui ne jugeoit pas à propos que Noncrède fût instruit de l'enlèvement des mille louis, conseilla à son maître de ne point parler de cette aventure, lui remontrant que, quelque chose qu'il pût dire, on n'y ajouteroit point de foi ; & que de plus, la perte d'une somme aussi considérable affligeroit extrêmement sa famille. M. Oufle se rendit à cette remontrance ; mais cependant il songea à trouver quelques expédiens pour ne courir plus le même danger, & se mettre en garde contre les spectres, les fantômes & les revenans.

CHAPITRE XVII.

Où l'on apprend ce que fit M. Oufle pour se délivrer des prétendus spectres, fantômes & revenans qui le tourmentoient.

Monsieur Oufle, fort sensible à la perte qu'il venoit de faire, n'entendoit point du tout raillerie à cet égard. Ce n'étoit point qu'il fût avare; mais enfin, il étoit constant, selon lui, que les gens de l'autre monde étoient venus lui dérober une somme d'argent considérable; & il lui étoit fort naturel de conclure, qu'il en pourroit venir d'autres qui attaqueroient son coffre fort. Cette réflexion l'engagea à prendre des précautions pour n'être plus attrapé par ces esprits brigands.

Le lendemain du vol de ses mille louis, il se leva de très-grand matin, pour consulter ses livres, afin d'y apprendre ce qu'il devoit faire pour n'être plus tourmenté par les spectres & les fantômes. Il ne fut pas heureux dans ce qu'il lut d'abord; car il trouva ce qu'il ne cherchoit point, je veux dire, l'art de faire paroître des spectres effroyables, par le moyen de la tête d'un homme, changée par la pourriture, en mouches, & ensuite en dragons (1). Il rejeta cette impertinente pratique, non pas qu'il l'a crût impertinente; mais parce que, bien loin de souhaiter de voir des spectres, il ne demandoit, au contraire, que leur fuite de sa maison, & sans aucun retour. Il eut donc recours à des lectures plus analogues à son intention. Il trouva enfin ce qu'il cherchoit; il apprit qu'il n'auroit plus rien à craindre à cet égard, s'il se munissoit de gâteaux pétris avec du miel (2); ou s'il mettoit du pourpier sur son lit (3), s'il portoit un diamant au bras gauche, & de telle

---

(1) Les anciens disent que le derrière de la tête est la première & la principale partie de la tête; qu'il s'en forme des vers peu de tems après la mort d'un homme, qui, après sept jours, se changent en mouches, & après quatorze, deviennent des dragons furieux, dont la morsure fait mourir sur le champ. Si on en prend un, & qu'on le fasse cuire avec de l'huile d'olive, que l'on en fasse une chandelle, dont la mêche sera d'un drap mortuaire & que l'on mettra dans une lampe d'airain, on verra un spectre horrible. Les admirables secrets d'Albert le Grand, l. 2, p. 160.

(2) On donnoit des fouasses pétries avec du miel à ceux qui entroient dans la caverne de Trophonius, afin qu'ils ne reçussent aucune incommodité des fantômes qui leur apparoîtroient. Le Loyer, p. 326.

(3) Balbinus dit, que si l'on met du pourpier sur son lit, on n'aura point de vision pendant la nuit. Les admirables secrets d'Albert le Grand, liv. 2, c. 142.

sorte qu'il touchât la chair (1); ou la pierre chrysolite enchassée dans de l'or (2); ou s'il plaçoit à l'entrée de sa chambre un clou arraché d'une bierre ou de quelque tombeau (3); ou enfin, s'il portoit à sa main de l'ortie avec une autre herbe qu'on appelle mille-feuilles (4).

Comme la perte qu'il venoit de faire lui tenoit fort au cœur, il crut que, pour ne plus s'y exposer, il ne pouvoit prendre trop de précautions; c'est pourquoi pendant toute la journée, il se donna tant de mouvement que le soir il fut muni de toutes ces armes défensives, & ainsi se crut en sûreté contre les attaques des ames les plus hardies & les plus entreprenantes.

---

(1) Le diamant, lié au bras gauche, de sorte qu'il touche la chair, empêche les craintes nocturnes. Cardan, de la subtilité, l. 7.

(2) Pour chasser les fantômes & délivrer de la folie, qu'on prenne la pierre Chrysolite, & après l'avoir mise dans de l'or, qu'on la porte sur soi. Les admirables secrets d'Albert le Grand, l. 2, p. 100.

(3) Selon Pline, l. 34, c. 15, les anciens croyoient qu'un clou arraché d'un sépulcre & mis sur le seuil de la porte de la chambre où l'on couchoit, chassoit les fantômes & visions qui font peur la nuit. Des spectres par le Loyer, p. 326.

(4) *Herbam urticam tenens in manu cum mille-folio, securus est ab omni metu & ab omni fantasmate.* Trinum magicum, p. 169.

Il se coucha ensuite avec confiance dans son cabinet, & se leva le matin très-content, parce que rien n'avoit troublé la tranquillité de son sommeil. Il ne lui en falloit pas davantage pour le convaincre entièrement que toutes ses superstitieuses pratiques produisoient leur effet ; mais s'il n'avoit été troublé par aucun fantôme, c'est que Ruzine & Mornand étoient d'autant plus disposés à le laisser tranquille, qu'ils ne demandoient qu'à jouir tranquillement eux-mêmes de son sac de mille louis qu'ils avoient partagé entr'eux. Ruzine en eut plus de la moitié pour sa part, & Mornand y consentit volontiers pour la sûreté de sa conscience, parce qu'elle étoit la fille de celui qu'il avoit volé ; comme si le surplus de cette moitié eût été une restitution qui le rendoit légitime possesseur de ce qui lui restoit.

CHAPITRE XVIII.

Stratagême dont on se servit pour dissuader M. Oufle de ce qu'il croyoit, sur la puissance que les astrologues attribuent aux astres.

ON ne sera pas étonné d'apprendre que M. Oufle ajoutoit foi à ceux qui faisoient profession de l'astrologie judiciaire; sa confiance étoit telle, que leurs prédictions étoient pour lui, ou des commandemens auxquels il obéissoit sans résistance, ou des défenses qui l'empêchoient absolument d'agir. Il avoit employé des sommes considérables pour faire tirer son horoscope, & celui de sa femme & de ses enfans. Entre tous ces horoscopes, il y en eut deux qui causèrent du trouble & du désordre, c'étoient les horoscopes de Camèle & Ruzine. L'un assuroit que la cadette seroit mariée à un puissant seigneur, & l'autre, que l'aînée seroit religieuse; celle-là cependant paroissoit être & étoit en effet fort éloignée de l'engagement que son étoile lui promettoit; mais celle-ci marquoit sans façon, qu'elle ne seroit pas fâchée d'être mariée, & d'être femme & maîtresse à son tour; sa mère le souhaitoit autant qu'elle, & ne désiroit rien tant que de la voir bien; il se présentoit un parti qui la recherchoit depuis longtems, quoiqu'il lui convînt à tous égards, sans avoir pu être écouté de M. Oufle; mais notre visionnaire étoit effrayé de l'horoscope, il prétendoit que si sa fille s'établissoit malgré les astres, elle seroit, pendant le reste de sa vie, accablée par les plus malignes influences. Madame Oufle, qui ne donnoit pas dans les rêveries de son mari, conféra un jour avec Ruzine & son prétendant sur tout ce qui se passoit à cet égard; ce prétendant que j'appellerai Belor, étoit un homme d'un esprit fort agréable & fort enjoué, & qui s'étoit longtems appliqué à l'étude des sciences utiles & curieuses. Dans sa plus grande jeunesse, il s'étoit fait une sérieuse occupation de l'astrologie judiciaire; il avoit même été la dupe de ceux qui s'en font une profession lucrative; mais dans la suite l'âge avoit mûri son jugement, il avoit reconnu le faux & le ridicule de cette science, tellement qu'il faisoit une guerre continuelle aux astrologues par ses discours & par ses écrits. Entr'autres ouvrages qu'il avoit composés sur cette matière, il y en avoit un qui portoit ce titre: *Réflexions critiques sur la puissance & les effets qu'on attribue aux planètes, aux signes célestes, aux comètes, aux éclipses; sur la témérité ridicule des horoscopes; sur les prédictions hasardées des almanachs; sur les prétendues vertus des talismans, & généralement sur toutes les chimères &*

impertinences de l'astrologie judiciaire. Il s'étoit attaché particulièrement à traiter ces sujets d'une manière forte & convaincante; il parla de cet ouvrage à madame Oufle, & à sa fille. Après qu'il leur eût fait le détail de ce que contenoient ces réflexions, il leur demanda si on ne pourroit pas s'en servir utilement, en les faisant lire au bon homme? Mais madame Oufle, qui connoissoit parfaitement le caractère d'esprit de son mari, jugea que cette lecture ne suffiroit pas, qu'il falloit mieux trouver quelque moyen mystérieux, & mettre en usage le merveilleux, le prodigieux, l'extraordinaire, pour lui faire changer d'opinion. Ce sentiment fut approuvé, & l'on songea à le mettre en exécution. Pour cela on convint, par le conseil de Ruzine, de se servir de Mornand; il fut donc appelé, & entra dans le secret. Voici quel fut le projet; on décida qu'il falloit que Belor substituât à ses réflexions un écrit, qui parût avoir été fait exprès pour M. Oufle & dicté par son génie; que cet écrit contînt des défenses d'ajouter foi à l'astrologie judiciaire, & des menaces de le punir de sa crédulité; qu'ensuite on en feroit un paquet bisarrement construit, avec cette adresse, *à M. Oufle de la part de son génie;* qu'un soir, pendant que M. Oufle seroit dans son cabinet, en conférence avec l'abbé Doudou, Mornand jeteroit par le haut de la cheminée quelque

Histoire de M. Oufle. Tom. 36 pag. 188.

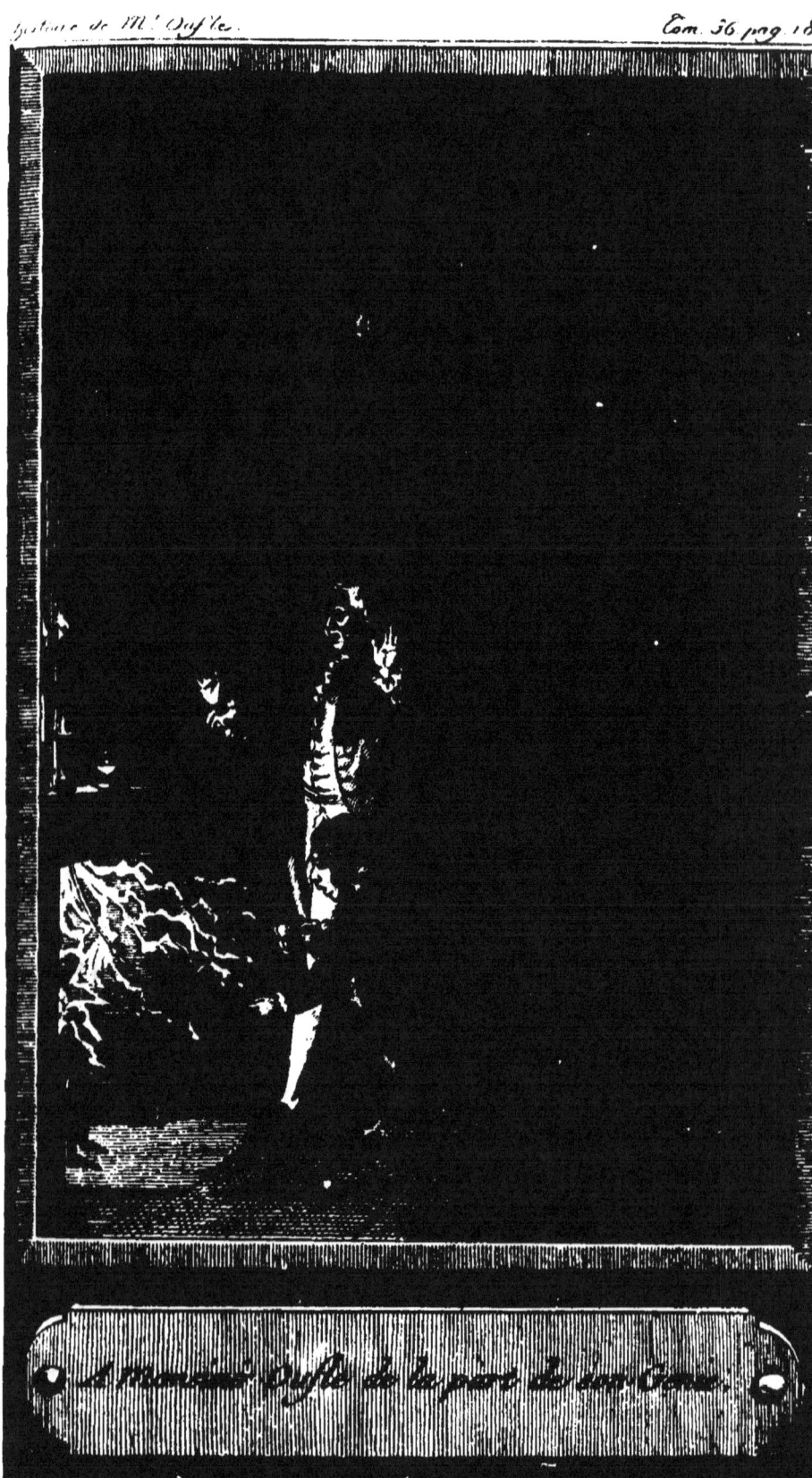

A Monsieur Oufle de la part de Don...

feu artificiel, & enfuite ce paquet, & le tout avec beaucoup de précaution, & le plus adroitement qu'il pourroit. Ces mefures ayant été prifes, furent quelque tems après exécutées fi heureufement, que le bon homme & fon fils donnèrent dans le piège; que quand le paquet tomba, le père & le fils furent également troublés, effrayés & émerveillés. Après s'être remis de ce trouble, ils amafsèrent ce merveilleux paquet; la fufcription qu'ils y lurent les charma, car ils n'ignoroient rien de ce qu'on a dit des génies; ils n'ignoroient pas, dis-je, qu'on a écrit que ce font des ames féparées de leurs corps (1); des ètres entre les dieux & les hommes (2); des créatures qui rempliffent cet efpace infini qui eft entre dieu & nous (3); que chacun a le fien (4);

---

(1) Selon Apulée, l'ame féparée du corps s'appelle génie. Le Monde enchanté, t. I, p. 23.

(2) Ceux-là ont rendu un grand fervice à la philofophie, qui ont établi des créatures mortelles entre les dieux & l'homme, auxquels on peut rapporter tout ce qui furpaffe la foibleffe humaine, & qui n'approchent pas de la grandeur divine. Gabalis, p. 70 & 71.

(3) On eft embarraffé de cet efpace infini qui eft entre Dieu & les hommes, & on le remplit de génies & de démons. Hiftoire des Oracles par M. de Fontenelle, p. 74.

(4) Plutarque dit dans la vie de Marc-Antoine, qu'il y eut un magicien d'Egypte qui avertit Antoine, Triumvir,

que les villes, les provinces & les peuples, &c. en ont de particuliers (1); qu'on les a cru des dieux (2); que pour connoître son génie, il faut

---

que son génie étoit vaincu par celui d'Octavius César, & qu'Antoine, intimidé par cet avertissement, se retira en Egypte vers Cléopatre. Des Spectres, par le Loyer, p. 468.

(1) Les villes & les provinces avoient leurs génies, jusqu'aux rivières & fontaines, le génie & le dieu des foyers, des maisons, dit Arnobe, l. 4, *adverf. gent.*, se nommoit Lateranus. Les dieux Conferentes, comme rapporte Arnobe, l. 5, *adverf. gent.*, étoient paillards & lascifs, apparoissoient en forme de M. V, & se mêloient avec les femmes & les filles comme incubes. Les Romains tiennent qu'il y en eut un qui engrossa, en la maison de Tanaquil, femme de Tarquin, une esclave nommée Ocrisia, & engendra en elle Servius Tullius, qui fut depuis roi des Romains. Des Spectres, par le Loyer, p. 202.

Selon Pausanias, les Eléens virent leur génie sous la figure d'un enfant nu, qui étoit à la tête de l'armée, pour combattre les Arcades, leurs ennemis, lequel, immédiatement après qu'ils eurent remporté la victoire, se changea en serpent, que l'on vit se glisser dans une caverne, où en reconnoissance de ce bienfait signalé, les Eléens lui érigèrent un temple, & le mirent au rang des dieux qu'ils adoroient. L'Incred. Sçav. p. 75.

(2) Les génies étoient estimés dieux, en la tutelle desquels tout homme demeure depuis qu'il est né; c'est la définition que donne Censorin des génies, *de die natali*; c'est pourquoi les prêtres de la Toscane les appeloient consentes ou complices, parce que, dit Arnobe, l. 3, *adverf. gent.*,

naître dans un certain tems (1). Enfin ils savoient parfaitement ce qu'on a dit de celui de Socrate (2),

---

ils naissoient & mourroient avec nous. Des Spectres, par le Loyer, p. 201.

(1) C'est une remarque de quelques personnes assez superstitieuses, dans le jésuite Thyræus *de apparit. Spirit.* c. 14, n. 346, que tous les enfans qui naissent aux jours des quatre-tems, apportent pour l'ordinaire avec eux leurs coiffes ou membranes & peuvent bien plus facilement que les autres venir à la connoissance & familiarité des génies qui sont destinés pour leur conduite; duquel privilège ceux-là se peuvent aussi vanter, suivant Ptolomée, *quadrip.* l. 4, c. 13, *textu* 18, qui ont la lune pour dame de leurs actions, conjointe avec le signe du Sagittaire ou celui des Poissons dans le thême de leur naissance. *Naudé, Apol.* p. 220.

(2) Apulée vouloit que le génie de Socrate fût un dieu; Lactance & Tertullien, que ce fût un diable; Platon disoit qu'il étoit invisible; Apulée, qu'il pouvoit être visible; Plutarque, que c'étoit un éternument à la gauche ou à la droite partie, selon lequel Socrate présageoit un bon ou un mauvais évènement de la chose entreprise; Maxime de Tyr; que ce n'étoit qu'un remords de conscience contre la promptitude & violence de son naturel, qui ne s'entendoit ni ne se voyoit point, par qui Socrate étoit retenu & empêché de faire quelque chose mauvaise; Pomponatius, que c'étoit l'astre qui dominoit en sa nativité; & Montagne, enfin, étoit d'avis que c'étoit une certaine impulsion de volonté qui se présentoit à lui, sans le conseil de son discours. Pour moi, je crois que l'on pourroit dire assez véritablement que ce démon familier de Socrate qui lui étoit *in rebus incertis*

dont l'antiquité a tant fait de bruit, & qu'on s'est avisé encore de renouveler dans notre tems. Ils ouvrirent donc ce paquet, mais avec une espèce de respect, à cause de la manière extraordinaire avec laquelle il leur avoit été rendu, & du prétendu génie qui l'avoit envoyé; ils lurent avec attention ce qu'il contenoit; je parlerai de l'effet de cette lecture après que j'aurai rapporté cet écrit Le voici :

« Oufle, je suis ton génie; ta conduite m'a
» été confiée; j'en dois rendre compte, & ainsi
» je me trouve dans l'obligation de te tirer de
» tes erreurs. Entre ces erreurs, j'en choisis une
» aujourd'hui, je veux dire l'astrologie judiciaire
» que tu prends pour règle de toutes tes démar-
» ches, & de celles des personnes qui compo-
» sent ta famille. Les génies des astrologues ju-
» diciaires me narguent tous les jours, te voyant

---

prospectator, dubiis præmonitor, periculosis viator, n'étoit autre que la bonne règle de sa vie, la sage conduite de ses actions, l'expérience qu'il avoit des choses, & le résultat de toutes ses vertus qui formèrent en lui cette prudence, laquelle peut être, à bon droit, nommée le lustre & l'assaisonnement de toutes les actions, l'œil qui tout voit, tout conduit & ordonne, & pour dire en un mot, l'art de la vie, comme la médecine est l'art de la santé. Naudé, apol. p. 226 & 227.

» entêté

» entêté de tant de fadaises & recevoir sérieuse-
» ment tant de choses ridicules que ceux dont ils
» ont la conduite, te persuadent comme il leur
» plaît. Enfin tes sottises réjaillissent sur moi,
» & donnent lieu de croire que je néglige entière-
» ment de m'acquitter de l'emploi qu'on m'a
» donné à ton égard ; tu as été assez simple pour
» estimer cette prétendue science, & moi je te
» déclare que tu ne dois avoir que du mépris
» pour les instructions qu'elle te donne, & pour
» les promesses qu'elle te fait. Tout ce qu'elle
» enseigne est chimérique & visionnaire; il seroit
» à souhaiter que tu eusses autant de jugement
» que tu as de mémoire; je te parle fort libre-
» ment, comme tu vois; c'est ainsi que doit en
» user un maître envers son disciple; tu serois
» sans doute bien plus raisonnable, si comme
» moi l'on te disoit tes vérités, sans ménager ta
» délicatesse & flatter ta ridicule manie. Souffre
» donc, sans te plaindre, mes remontrances,
» j'en souffre bien plus tous les jours à cause de
» toi, de je ne sai combien de petits génies don-
» nés pour la conduite des faiseurs d'horoscopes
» qui me raillent continuellement sur ce que tu
» penses, sur ce que tu dis & sur ce que tu fais.
» Il faut voir la joie qu'ils ont quand ils appren-
» nent des autres, ou qu'ils connoissent par eux-
» mêmes, que tu as donné dans le panneau d'un

N

» aſtrologue; ils en font en ma préſence des gor-
» ges chaudes qui me déſolent, & enfin je ſuis
» ſi las de ce manège, que je veux abſolument
» y mettre ordre. Ecoute-moi & obſerve ce que je
» vais te dire, ſinon tu t'en repentiras.

» Tiens pour certain qu'il n'y a jamais rien eu
» de plus impertinent, rien de plus chimérique
» que l'aſtrologie judiciaire; rien de plus ignomi-
» nieux à la nature humaine, à la honte de
» laquelle il ſera vrai de dire qu'il y a eu des
» hommes aſſez fourbes pour tromper les autres,
» ſous prétexte de connoître les choſes du ciel,
» de diſpoſer de ſes influences par des figures &
» par des paroles, & des hommes aſſez ſots
» pour donner créance à des promeſſes dont la
» raiſon démontre l'impoſſibilité.

» Qu'un aſtrologue ait prédit quelquefois la
» vérité, c'eſt ou par haſard, ou par des conjec-
» tures indépendantes de ſes règles & fondées
» ſur des connoiſſances qu'il a tirées adroitement
» de la condition, des habitudes, de la conduite
» de ceux qui ont voulu apprendre de lui l'ave-
» nir, ou parce que ceux-ci l'ont aidé eux-mêmes
» par leur ſimplicité & par leur mal-adreſſe.
» Un fameux aſtrologue judiciaire (c'eſt Agrippa)
» qui avoit aſſurément approfondi le ſujet que je
» traite, & qui parut même vouloir lui donner
» tout le crédit que demandoit ſa profeſſion,

» employant toute l'érudition possible pour le
» faire valoir, remarque enfin qu'en Alexandrie
» on levoit une taxe sur les astrologues, qui étoit
» appelée le denier des sots, parce que, dit-il
» franchement, il n'y a que les sots qui aient
» recours aux astrologues. Vois si tu veux conti-
» nuer d'être de ce nombre ? Si cependant tu
» veux persister dans ta sotte confiance, je te
» proteste, foi de génie justement irrité, que je
» te troublerai en tout; j'altèrerai ta santé, sans
» que toutes les influences célestes jointes en-
» semble puissent te guérir; je te brouillerai la
» raison plus que tu ne l'as brouillée; je mettrai
» le désordre dans tes affaires & je t'en susciterai
» d'autres pour te faire perdre entièrement tes
» biens; je remplirai ta maison de spectres & de
» fantômes; je te livrerai en proie aux sorciers &
» aux magiciens faux ou véritables; bien loin de
» m'opposer aux diables, s'il s'en trouve qui
» aient dessein de te tourmenter & de t'accabler
» de persécutions, j'en irai chercher dans les
» enfers pour te les amener, comme autant de
» furies qui ne te laisseront prendre aucun repos.
» Enfin je ferai de ta maison même une espèce
» d'enfer, tant je la remplirai d'horreurs, de
» troubles & de confusion; & cela, parce que le
» soin de ta conduite m'étant confié, je dois
» t'arracher à cette erreur, ou si je ne le puis,

» t'en punir comme tu le mérites ; & parce
» qu'aussi je ne veux plus servir d'objet de risée
» & de moquerie aux génies de tous ces astrolo-
» gues qui te trompent ».

CHAPITRE XIX.

Quel fut le succès de la lecture que fit M. Oufle de l'écrit de son génie.

M. Oufle & l'abbé Doudou furent très-consternés après la lecture de cet écrit ; ce n'est pas qu'ils fussent entièrement persuadés que ce fût une erreur d'ajouter foi à l'astrologie judiciaire ; car ils étoient trop superstitieux pour changer ainsi d'abord tout-à-fait de sentiment ; mais ce qui les embarrassoit, c'étoient les terribles menaces que faisoit le prétendu génie. Ils les relurent plus d'une fois, & enfin ils en furent tellement intimidés, qu'ils prirent le parti de ne plus consulter les astrologues, & de ne se plus régler sur leurs décisions.

M. Oufle fut pendant quelques jours fort triste, fort rêveur & fort taciturne. Il sembloit n'abandonner qu'avec chagrin une opinion qui avoit été tant de son goût, & à laquelle il prenoit le plus grand plaisir. On parla cependant du mariage de Ruzine & de Belor ; il ne le rejeta plus comme il avoit fait jusqu'alors. Enfin de jour en jour on voyoit naître en lui des dispositions pour terminer cette affaire au gré de madame Oufle, de Ruzine & de Belor; & il l'auroit en effet terminée, si le traître Mornand n'eût détruit ces dispositions dans le tems qu'on s'y attendoit le moins, & voici pourquoi.

Belor, qui commençoit à être bien reçu de M. Oufle, alloit souvent chez lui. Il arriva, je ne sai par quelle indiscrétion, que dans quelques-unes de ses visites, il marqua qu'il n'aimoit point du tout Mornand; il lâcha même quelques paroles qui faisoient connoître qu'il ne le souffriroit pas longtems dans la maison, s'il devenoit le mari de Ruzine. Comme les valets savent d'ordinaire tout ce qui se dit & tout ce qui se fait chez leurs maîtres, & que Mornand étoit un des plus attentifs à cet égard, il apprit bientôt quels étoient les sentimens de Belor & l'aversion qu'il avoit pour lui. Il ne différa point de prendre son parti, c'est-à-dire, de mettre en usage tout son savoir-faire, pour empêcher un mariage qu'il prévoyoit lui devoir être fort désavantageux, en le faisant sortir d'une maison où il demeuroit depuis si longtems & dont son établissement dépendoit. Comme il avoit été employé au stratagême dont on s'etoit servi pour faire tenir à M. Oufle l'écrit du génie, qu'il étoit entré dans le secret de cette espèce de conspiration contre son maître, & qu'il savoit que celui-ci n'étoit disposé à consentir à ce mariage, que parce qu'il y avoit été porté par les menaces du génie, il prit la résolution de lui apprendre quel en étoit le véritable auteur. Sa résolution fut exécutée presque aussitôt qu'elle fut prise.

Il seroit difficile de bien comprendre la joie qu'eut le bon homme quand il apprit ce mystère. Cet obligeant avis lui rendoit la liberté de consulter les astrologues & de les croire sans rien craindre. Il ne s'en rapporta pourtant pas si fort à ce que lui disoit Mornand, qu'il ne lui demandât quelque preuve, qui ne lui laissât aucun lieu de douter du tour qu'on lui avoit joué. Mornand lui en promit de si fortes, qu'il ne lui resteroit aucun doute. Pour cela il le fit un jour cacher dans un lieu d'où il entendit une conversation entre madame Oufle, Ruzine & Belor, où l'on s'entretint beaucoup du stratagême. Et ainsi M. Oufle en apprit plus qu'il ne falloit pour être parfaitement convaincu. L'abbé Doudou, à qui il avoit fait part de l'avis de Mornand, ne fut pas moins content que son père de cette découverte; & enfin le tout se termina à donner congé à Belor dans toutes les formes, & à l'assurer qu'on ne consentiroit jamais qu'il épousât Ruzine, quand même il n'y auroit que lui d'épouseur dans le monde.

CHAPITRE XX.

Où l'on rapporte ce que M. Oufle s'étoit imaginé touchant les diables; la puissance qu'il leur attribuoit; la crainte qu'il en avoit, & les raisons qui l'engageoient à avoir cette crainte.

Comme M. Oufle croyoit facilement toutes les histoires de spectres & de fantômes qu'on lui racontoit ou qu'il lisoit, on doit bien juger qu'il étoit très-disposé à ajouter foi à tout ce qu'on dit de satan, des diables, des démons, des mauvais esprits, enfin de tous ces anges orgueilleux & révoltés, auxquels quelques gens attribuent la puissance de disposer de tous les élémens; comme si toute la nature étoit à leur discrétion.

Un jour qu'il discouroit avec son frère Noncrède, de ce prétendu pouvoir des diables, celui-ci rejeta avec toute la fermeté que la raison exigeoit de lui, je ne sai combien de bagatelles & de fadaises que notre visionnaire alléguoit pour le faire tomber dans son sens. La conversation de ce jour fut très-courte. M. Oufle la finit brusquement; mais avant que de se séparer, il lui dit que le sujet qu'ils traitoient étoit d'une assez grande conséquence, pour ne pas négliger d'y donner une attention plus grande qu'une conversation n'en permet, & il promit de lui donner par écrit ce qu'il pensoit des diables, ce qu'on en a pensé avant lui, & ce que Noncrède devoit en penser lui-même; à l'entendre parler, on auroit dit, si on ne l'avoit pas bien connu, qu'il alloit donner des démonstrations invincibles du pouvoir des diables. Il ne faut pourtant s'attendre à rien moins que tout cela. Le pauvre M. Oufle ne poussoit pas si loin ses prétentions; les raisonnemens qu'il lui auroit fallu faire pour y réussir, étoient au-dessus de ses forces & de ses lumières. De plus les superstitieux, sont gens qui ne s'en piquent point : leur parler raison, c'est leur parler une langue qu'ils n'entendent point, & qu'ils n'aiment point du tout à étudier. Leur fort, c'est de croire fortement les opinions les plus extravagantes & les plus bizarres, & de s'y confirmer par les histoires qui leur conviennent. Ils lisent, par exemple, que les diables peuvent faire agir les élémens à leur fantaisie ; & ailleurs, qu'ils ont excité des pluies, des orages, des tempêtes & des tremblemens de terre : donc tout cela est vrai, puisqu'ils l'ont lu. C'est ainsi qu'ils tirent des conséquences : savoir comment cela se peut faire, & s'il s'est exécuté en effet ; c'est ce qu'ils ne daignent pas examiner; à quoi cet examen serviroit-il à des gens qui veulent absolument croire? M. Oufle étoit l'homme du monde le moins disposé à régler sa crédulité sur des raisonnemens. Tout ce qui paroissoit être prodige & merveille, entraînoit sa créance avec une telle rapidité, que la tête lui tournant, il se noyoit, pour ainsi dire, dans le prodigieux & le merveilleux. Le discours qu'on va lire, en est une preuve convaincante; mais il est bon pourtant d'avertir qu'il ne s'en rapporta pas de telle sorte à son habileté qu'il ne cherchât du secours, il alla trouver l'abbé Doudou son fils, qui étoit aussi superstitieux que lui. Il lui exposa son dessein, & lui exagéra le plus pathétiquement qu'il lui fut possible, la nécessité où il étoit de montrer à Noncrède, que les diables sont autant à craindre qu'on le dit, & qu'ils font tous les maux que l'on en raconte. Le fils applaudit au dessein de son père, & ne refusa point le combat. Ils se retirèrent ensemble dans le cabinet de M. Oufle, & travaillèrent de leur mieux sur cette matière. Voici quel en fut le résultat:

Discours sur les diables, composé par M. Oufle & par l'abbé Doudou, son fils, & ensuite envoyé à Noncrède.

JE vous ai promis, Monsieur mon frère, de vous convaincre de la puissance des diables. Je m'acquitte aujourd'hui de ma promesse. Je ne m'en suis pas rapporté à mes propres lumières pour vous en entretenir; je me suis encore servi, afin de m'en mieux acquitter, du secours de l'abbé Doudou, mon fils & votre neveu, habile homme, comme vous savez, puisqu'il a fait toutes ses études avec l'applaudissement de ses maîtres, c'est un homme de bonne foi, qui dit naturellement ce qu'il pense, & qui ne peut penser que fort juste, puisqu'il sait du latin, du grec, de la philosophie, & de la théologie, plus que les gens de son âge n'ont accoutumé d'en savoir. Il parle grec comme Homère, latin comme Ciceron; il ne raisonne jamais que selon les règles les plus exactes du syllogisme, il s'est particulièrement appliqué dans l'étude de théologie, au traité des anges. Jugez, cela étant, si l'on ne doit pas se fier à lui, quand il parle des diables.

Il faut premièrement que vous sachiez qu'il y a des diables & des diablesses, & que les diablesses ont paru dans le monde quelque tems avant les diables, qu'elles conçurent ceux-ci du premier de tous les hommes pendant plusieurs années qu'il ne vouloit pas, soit par chagrin, soit par continence, soit par dégoût, habiter avec sa femme (1). Les rabins l'assurent ainsi, &

---

(1) Rabi Elias dit, dans son *Thisbi*, qu'on trouve dans quelques écrits, que pendant cent trente ans qu'Adam

ils l'assurent d'une manière si positive, que je ne puis me résoudre à leur donner un démenti. Ils me font d'ailleurs trop de plaisir par les choses extraordinaires qu'ils m'apprennent. Je respecte toujours les choses admirables ; c'est le moins que je leur puisse accorder.

Cette puissance qu'on nous assure que les diables ont dans le monde, ne me surprend point, puisque les philosophes soutiennent qu'ils sont composés des quatre élémens (1), & que ce monde en est lui-même composé. Je crois encore qu'ils pénètrent toutes choses, qu'ils peuvent dans un moment passer d'un lieu à un autre, quelque éloigné qu'il soit, puisqu'ils sont si déliés & si subtils (2), que les êtres les plus matériels & les plus durs ne peuvent s'opposer à leur passage, ni les retenir dans leurs courses. Jugez, cela étant, s'il ne leur est pas bien facile d'entrer dans une chambre, quelque bien fermée qu'elle soit.

---

s'abstint du commerce de sa femme, il vint des diablesses vers lui qui en devinrent grosses, & qui accouchèrent de diables, d'esprits, de spectres nocturnes, de fantômes, de lémures & de lamies. Monde Ench. p. 161. Le Loyer, p. 206.

(1) Aristote fait les démons composés des quatre élémens. Le Loyer, 22.

(2) Théodote fait les corps des démons si déliés, si légers & si subtils, qu'en comparaison de nos corps, les démons n'ont qu'une ombre de corps. *Id.* 178.

Je vous ai dit que les diables avoient commencé d'exister presqu'aussitôt que le monde. Je vous dirai bien plus; c'est que quand même il n'y en auroit point eu jusqu'au moment que je vous écris, nous n'en manquerions pas pour cela dans la suite. Voici pourquoi. Des savans, des peuples entiers sont persuadés qu'un nombre prodigieux d'ames deviennent diables après la mort des corps qu'elles ont animés (1); ces ames sont celles des méchans, des enfans morts-nés, des femmes mortes en couche, des hommes morts en duel (2). Si vous pouviez compter combien

---

(1) Les anciens payens croyoient que les ames, après la dissolution du corps, devenoient démons. *Id.* 14.

(2) La plupart des Bramines disent qu'il y a quelques ames qui étant séparées des corps, deviennent des démons à cause de leurs péchés, & que le tems de leur premier châtiment étant fini, elles doivent errer en l'air & y souffrir une faim extrême, leur étant impossible de tirer un seul brin d'herbe de la terre, ni de se soulager d'aucune autre chose, que de ce que les hommes leur donnent par aumône. Le Monde enchanté, 1, 89.

Les Siamois ne reconnoissent point d'autres démons que les ames des méchans qui, sortant de l'enfer, où elles étoient détenues, errent pendant un certain tems dans le monde, & font aux hommes tout le mal qu'elles peuvent. Ils mettent encore au rang de ces esprits malheureux, les enfans morts-nés, les mères qui meurent en couche; ceux qui meurent en duel ou qui sont coupables de quelqu'autre crime de cette nature. *Id.*

il y a d'ames de cette sorte, vous trouveriez qu'il n'y auroit déjà que trop de diables pour nous tourmenter. Quelques gens veulent nous faire croire qu'il y en a de bons (1) & de blancs (2). Quant à moi j'appelle ceux-ci simplement des anges & non pas des diables.

Pour vous montrer encore que rien n'est plus commun que les diables, c'est qu'il est constant (car de grands hommes l'ont écrit) que ces mauvais esprits multiplient entr'eux comme les hommes (3), qu'il y en a tant dans l'air, qu'on peut dire qu'il en est plein (4); & qu'ainsi il arrive sans doute que par la respiration, & pour mieux dire, par l'aspiration, nous en attirons plusieurs, dans notre corps : méchans hôtes que nous avons chez nous, & que nous n'avons pas intérêt de garder ! Comme ils sont extrêmement portés à mal faire, ils ne tiennent pas alors leur malignité

---

(1) Chez les payens il y avoit de bons & de mauvais démons. *Id.* p. 21.

(2) Léon d'Afrique, dit que les sorciers d'Afrique invoquent les blancs démons. Démonomanie de Bodin, p. 116.

(3) Grégoire de Nice tient que les démons multiplient entr'eux comme les hommes. Le comte de Gabalis, p. 108.

(4) Saint Athanase dit dans la vie de saint Antoine, que l'air est tout plein de démons. Mercure, trismegiste a dit la même chose. Delrio. disquis. mag. p. 278.

oisive. Ils travaillent de leur mieux ; mais à quoi ? A nous causer des maladies, à nous donner des songes qui nous troublent & qui nous inquiètent (1) ; à nous inspirer leurs malices, & à nous les faire pratiquer afin de nous rendre auffi criminels qu'ils le font eux-mêmes. Je vous développe là des myftères qui certainement vous étoient inconnus.

Quoiqu'il y ait un si grand nombre de diables, qu'il paroiffe impossible de le fixer, un homme néanmoins eft parvenu à le connoître ; il fait combien il y en a, auffi sûrement que s'il les avoit tous comptés un à un, en les faifant paffer en revue devant lui. Il affure donc qu'il en a trouvé fept millions quatre cent cinq mille neuf cent vingt-fix (2), fauf l'erreur de calcul, ajoute-t-il. Je lui fai bon gré de cette prudente reftriction. Car enfin, on peut raifonnablement croire

---

(1) Pythagore a cru que l'air étoit plein de démons & d'efprits qui envoyent les fonges & les maladies. Le Loyer, p. 184.

(2) Jean Wier, dans fon livre *de Præstigiis*, a mis l'inventaire de la monarchie diabolique, avec les noms & furnoms de foixante-douze princes, & de fept millions quatre cent cinq mille neuf cent vingt-fix diables, fauf l'erreur du calcul, ajoutant leurs qualités & propriétés, & à quoi ils pouvoient fervir pour les invoquer. Bodin, p. 404; de Lancre, p. 27.

qu'il a seulement donné le nombre de ceux qui habitent le pays où il écrivoit. Je vous ai dit qu'ils sont composés des quatre élémens, & que c'est pour cela qu'ils en disposent souvent comme ils veulent. Mais il est vrai aussi que quelquefois ils sont terriblement ballottés par ces mêmes élémens, & que tel diable qui s'attend à demeurer tranquillement sur la terre, est à l'heure qu'il y pense le moins, par elle renvoié si loin, qu'il se trouve tout d'un coup porté dans la région du feu, de là dans l'air, & ensuite sur les eaux (1) : enfin voyant qu'on le rejette de tous côtés, il prend le parti de se mêler dans les tourbillons & de s'insinuer dans les vents, & là il fait des fracas épouvantables pour se venger ; des eaux, par exemple, en y excitant des tempêtes, & leur donnant des agitations effroyables ; de la terre, en déracinant ses arbres, & détruisant autant qu'il le peut, les fruits qu'elle produit, & s'il est vrai, comme d'autres l'ont pensé, que les étoiles n'ont été placées au lieu où elles sont, que pour empê-

---

(1) Empedocle dit que les mauvais démons sont tellement haïs des élémens, que les uns les renvoyent aux autres, & sont poussés tantôt en la région de l'air, tantôt en la mer, tantôt en la terre, tantôt en l'élément du feu, tantôt aux rayons du soleil, & de-là aux tourbillons & aux vents. Le Loyer, p. 184.

cher les diables de monter jusques dans les cieux (1); qui nous empêchera de croire que ces mauvais anges poussés encore par un esprit de vengeance se mêlent dans les influences des astres, afin de les corrompre, & de nous apporter ensuite avec elles tant de maux, dont on ne ressent que trop les effets, mais dont on ne peut pas comprendre la cause ? On se tourmente pour tâcher de la connoître, sans pouvoir en venir à bout. Ah! que l'on s'épargneroit de peines, si l'on fouilloit comme moi dans tant de livres qu'on néglige de lire, ou qu'on lit, sans s'appliquer assez pour pénétrer ce qu'ils ont de plus mystérieux.

Je vous apprendrois volontiers à présent jusqu'où les diables peuvent porter la durée de leur vie (2). Mais j'ai tant d'autres choses à vous dire que je ne m'arrêterai point sur ce sujet.

---

(1) Mahomet feint, en son Alcoran, les étoiles être les sentinelles du ciel & empêcher les diables d'en approcher, & connoître les secrets de Dieu.

(2) Hésiode distingue quatre espèces de natures raisonnables, les dieux, les démons, les demi-dieux ou héros & les hommes. Il va plus loin; il marque la durée de la vie des démons, car ce sont des démons que les nymphes, dont parle dans l'endroit que nous allons citer; & Plutarque l'entendoit ainsi. Une corneille, dit Hésiode, vit neuf fois autant qu'un homme; un cerf, quatre fois autant qu'une corneille; un corbeau, trois fois autant qu'un cerf; le

Après

Après avoir parlé de l'origine, de la nature & du nombre des diables, je viens à leurs apparitions. Je ne vous dirai point ce que j'ai vu; car en vain vous citerois-je mes yeux pour témoins, comme je passe dans votre esprit pour un visionnaire, vous ne manqueriez pas de les recuser comme des imposteurs. Je me contenterai donc de vous faire un précis de ce que j'ai lu de plus authentique sur cette matière, vous verrez que les diables se montrent ordinairement les nuits d'entre le vendredi & le samedi, ou à midi (1); que pour

---

phénix, neuf fois autant qu'un corbeau, & les nymphes, enfin, dix fois autant que le phénix. On ne prendroit volontiers tout ce calcul que pour une pure rêverie poétique, indigne qu'un philosophe y fasse aucune reflexion, indigne même qu'un poëte l'imite; car l'agrément lui manque autant que la vérité. Mais Plutarque n'est pas de cet avis. Comme il voit qu'en supposant la vie de l'homme de soixante & dix ans, ce qui en est la durée ordinaire, les démons devroient vivre six cent quatre-vingt mille quatre cents ans, & qu'il ne conçoit pas bien qu'on ait pu faire l'expérience d'une si longue vie dans les démons, il aime mieux croire qu'Hésiode, par le mot d'âge d'homme, n'a entendu qu'une année. Histoire des Oracles, par M. de Fontenelle, p. 69, 70, 71.

(1) Les malins esprits apparoissoient la nuit plutôt que le jour, & la nuit d'entre le vendredi & le samedi, plutôt que des autres jours. Bodin, 245.

Le démon de midi se montrant en forme de femme, se

se former la figure, sous laquelle ils veulent se faire voir, ils choisissent un vent favorable, & la lune dans son plein (1); que quand c'est la figure d'un homme, elle est toujours effroyable & mal proportionnée (2); par exemple, très-noire,

---

nommoit Empuse. C'étoit un démon que le scholiaste d'Aristophane *in ranis* écrivoit avoir été envoyé d'Hécate, & qui n'apparoissoit qu'aux misérables & aux désespérés sur l'heure de midi. Le Loyer, 197.

(1) Des sorciers brûlés à Paris, ont dit que quand le diable veut se faire un corps aérien, il faut que le vent lui soit favorable, & que la lune soit pleine. Delrio. Disquis. mag. p. 302.

(2) Si quelquefois Satan prend la forme d'homme, c'est toujours avec quelque défaut ou extravagante disproportion, ou trop noir, ou trop blanc, ou trop rouge, ou trop grand ou trop petit. De Lancre, p. 34.

Les sorciers déposent que les malins esprits se montrant en forme d'homme, ordinairement sont noirs & plus hauts que les autres, ou petits comme nains. *Georgius Agricola in Lib. de Spiritibus subterraneis.*

Mandragore, diable familier, sous la figure d'un petit homme noir, sans barbe, qui avoit les cheveux épars. Un juge ne craignoit pas de lui arracher les bras, & de le jeter dans le feu. Delrio, l. 4. L'Incr. sçav. 59.

Schot a pris de George Agricola, la description qu'il fait des diables montagnards. Il dit qu'ils font leur séjour dans les mines qui sont sous les montagnes; qu'ils sont cruels & horribles à voir, qu'ils incommodent & qu'ils tourmentent incessamment ceux qui travaillent aux mines. Quelques-

extrêmement grande, ou très-petite; si c'est celle d'une femme, qu'elle aura, au lieu de pieds, des têtes de dragons (1), ou qu'elle sera comme une veuve, vêtue de noir, mais cruelle, rompant bras & jambes à ceux qu'elle rencontre (2); qu'ils se métamorphosent en ormes, en fleuves, en chiens, en chênes (3), en oiseaux qui prédisent l'avenir, étant enfermés dans des cages (4), en

───────────────────────────

uns les appellent montagnards, parce qu'ils apparoissent ordinairement petits, ayant à peine trois pieds de haut, avec un air de vieillesse & avec la même figure qu'ont les ouvriers qui travaillent aux mines, vêtus d'une camisolle & d'un tablier de cuir. Le Monde enchanté, 1, 288.

(1) Les lamies étoient démons de déserts, ayant forme de femmes, & au lieu de pieds, cachoient des têtes de dragons. Le Loyer, 169.

(2) Les Russes craignent & révèrent le démon méridien; il apparoît en deuil, en habit de veuve, quand on fauche les foins & au tems des moissons, rompant bras & jambes aux faucheurs & aux moissonneurs, s'ils ne se jettent sur la face en terre, lorsqu'ils l'aperçoivent. Médit. Hist. de Camer. t. I, l. 4, c. 10.

(3) Quelques historiens disent que le diable parloit à Apollonius sous la figure d'un orme; à Pythagore, sous celle d'un fleuve; à Simon le magicien, sous celle d'un chien; à quelques autres, sous celle d'un chêne. Naud. Apol. 26.

(4) Des magiciens contraignent les démons de s'unir à des oiseaux, jusqu'à souffrir d'être renfermés dans des cages.

avocats (1), en brins de paille, en truies (2);

Jean Leon dit que les Africains en font un commerce public: ceux qui les consultent sur des choses à venir, leur présentent une pièce d'argent pour le paiement de leur maître, & après l'avoir prise, les mêmes oiseaux rapportent la réponse en leur bec, écrite en un petit billet. L'Incr. sçav. p. 59.

(1) Wier écrit, l. 4, *de Præstigiis*, c. 9, que le diable plaidant une cause, sous la forme d'avocat, en Allemagne, ayant entendu que la partie adverse se donnoit au diable s'il avoit pris l'argent de son hôte, aussitôt ce diable avocat, se voyant tout porté, quitte le barreau, & emporte devant tout le monde celui qui s'étoit parjuré.

(2) Froissard dit qu'il y avoit un gentilhomme nommé Ramond, comte de Corasse, voisin d'Ortays, (ville où d'ordinaire les comtes de Foix faisoient leur demeure), qui se vantoit d'avoir un esprit ou démon qui lui apprenoit tout ce qui se passoit dans le monde, & se présentoit à lui invisiblement, tantôt à neuf heures du soir, tantôt à minuit, & babilloit avec lui. Il l'engagea enfin à se faire voir, quelque résistance que fît ce démon à cette curiosité. La première fois, pendant que Ramond se chauffoit, il se mit en forme de deux ou trois petits fétus de paille, qui se battoient l'un l'autre. Ramond, non content de cela, voulu qu'Orton (c'est ainsi qu'il l'appeloit) se présentât sous une autre forme; il parut en truie extrêmement grande, mais fort maigre. Ramond qui ne croyoit pas que cette truie fût son démon, mit ses chiens après. Elle fit un cri horrible & disparut. Il n'entendit plus parler ni de truie, ni d'Orton, & mourut dans l'an.

en masse d'or (1), en laitues (2), en arbres gelés, en moines, en ânes, en roues (3), en chevaux (4), en dragon (5), en gueux (6), & que

---

(1) Un démon se changea en masse d'or, en présence de saint Antoine. Le Loyer, 510.

(2) Un démon se changea en laitue, en présence d'une nonnain, selon saint Grégoire, 1, Dial.

(3) Selon Gaguin, *Hist. franç.* du tems de Philippe-le-Bel, un démon se présenta à un moine, sous la forme d'un arbre tout blanc de gelée, sous celle d'un homme noir à cheval, d'un moine, d'un âne & d'une roue.

(4) Le démon d'Anneberg tua plus de douze ouvriers de son souffle seulement, dans la minière appelée Couronne de la rose : il apparoissoit en forme de cheval. Le Loyer, p. 491.

(5) En Lavinium, il y avoit un bocage consacré à Junon Argolique, & dans ce bocage une caverne assez large & profonde, où habitoit un dragon ; & d'ordinaire, à certain jour de l'année, étoient certaines filles députées pour lui porter à manger ; ce qui se faisoit en cette manière selon Elien, l. 10, c. 16, *de historiâ animalium*. Ces filles avoient les yeux bandés d'une courroie, & en leurs mains des fouasses, & étoient conduites jusqu'en la grotte où étoit le dragon, par un souffle démoniaque, sans broncher, comme si elles avoient vu. Quand elles étoient arrivées, il recevoit les fouasses seulement de celles qui étoient pucelles.

(6) En la ville d'Ephese, Apollonius de Thiane fut prié par les habitans de chasser la peste qui y régnoit. Il leur commanda de sacrifier aux dieux. Après le sacrifice, il vit le diable en forme de gueux, qui avoit une robe toute dé-

même ils ont osé se revêtir de l'apparence du grand législateur des Juifs (1). Mais vous remarquerez qu'on n'a jamais vu les diables paroître en colombes, en brebis, ni en agneaux (2).

Après un si grand nombre d'histoires rapportées par tant de différens auteurs, vous voulez que je sois incrédule ! Vous voulez que je dise comme vous, que tout cela est faux ; vous voulez enfin qu'après avoir fait pendant un grand nombre d'années, une si prodigieuse quantité de lectures qui m'ont persuadé & convaincu, j'aille aujourd'hui croire le contraire de ce que je crois il y a si longtems ! Je n'en ferai rien ; je le croirai

---

chirée. Il dit au peuple assemblé qu'on assommât ce gueux à coups de pierres ; ce qui fut exécuté : & ces pierres étant ôtées de dessus ce gueux, par ordre d'Apollonius, on trouva dessous, au lieu d'homme, un chien noir qui fut jeté à la voirie, & la peste cessa. Le Loyer, p. 310.

(1) Du tems de Théodose le jeune, empereur, les Juifs demeurant en Candie, furent sollicités par un diable qui se disoit Moïse, leur législateur, envoyé du ciel, d'abandonner tous leurs biens, leur promettant qu'il les meneroit à pied sec, par le milieu de la mer en la terre de promission. Ils le crurent ; il les mena sur le haut d'un rocher, & leur commanda de se jeter dans la mer ; ce qu'ils firent. La plupart périrent. Socrate, hist. eccl. l. 7, c. 38.

(2) Les diables n'ont point pris la forme de colombe, ni de brebis, ni d'agneau, dit Delrio. Disquis. mag. p. 304.

jusqu'à ce que vous n'ayez prouvé, que vous qui n'avez jamais rien fait imprimer, êtes cependant plus croyable que les grands hommes qui ont fait les livres de l'autorité desquels je m'appuie.

CHAPITRE XXI.

Suite du discours de M. Oufle & de l'abbé Doudou, son fils, sur les diables.

JE ne doute pas, monsieur mon frère, que vous n'ayez entendu parler des incubes & des succubes; les incubes sont ceux qui couchent avec les femmes & qui en abusent; & les succubes ceux qui après avoir pris la figure d'une femme, excitent les hommes à commettre des crimes. N'attendez pas que j'emploie de grands raisonnemens pour vous prouver que les diables peuvent, comme les hommes & les femmes, être lascifs & incontinens ; & pour vous expliquer comment ils font usage de leur lasciveté & de leur incontinence. Comme je ne laisse pas de croire tout ce qu'on en dit, quoique je ne me sois pas informé de la possibilité & de la manière, je ne vois pas quelle raison vous auriez d'être à cet égard moins crédule que moi.

Il est constant que les diables n'aiment rien tant que de faire commettre les plus grands crimes ; cette proposition étant incontestable, nous ne devons donc point douter qu'ils n'aiment beaucoup mieux abuser d'une femme mariée que d'une fille ; & c'est aussi ce que les démonographes nous apprennent (1).

Si je ne craignois de salir votre imagination, je vous rapporterois ce qu'ils disent des douleurs que souffrent les femmes, quand elles ont habitude avec les diables, & pourquoi elles souffrent ces douleurs (2); mais par pudeur, je vous veux

---

(1) Une vieille fille nous a dit une particularité, que le diable n'a guère accoutumé d'avoir accointance avec les vierges, parce qu'il ne pourroit commettre adultère avec elles ; ainsi il attend qu'elles soient mariées : & nous a dit à ce propos, que le commun bruit étoit parmi elles, que le maître du sabbat en retenoit une fort belle, qu'elle nous a nommée, jusqu'à ce qu'elle soit mariée, ne voulant plutôt la déshonorer, comme si le péché n'étoit pas assez grand de corrompre sa virginité, sans adultérer avec elle. De Lancre, p. 218.

(2) Je n'aurai pas moins de modestie que M. Ousle; c'est pourquoi je ne rapporterai point ici, pour l'éclaircissement de ce qu'il vient de dire, les endroits des livres où il a puisé ce qui l'engage à parler de la sorte; je veux dire les pages 134, 224, 225 du livre *de l'Inconstance des démons*, par de Lancre. A dieu ne plaise que je salisse cette histoire par de telles ordures.

taire ces circonſtances, quoiqu'elles puſſent contribuer à vous rendre moins incrédule que vous n'êtes.

Il eſt ſi vrai que les diables font des enfans, qu'on les reconnoît & qu'on les diſtingue des autres; on leur donne même un nom particulier pour marquer cette diſtinction. On ſait que ces enfans ſont fort criards; ſi affamés, qu'ils épuiſent pluſieurs nourrices; ſi peſans, qu'à peine les peut-on porter; cependant ſi maigres que les os leur percent la peau, & qu'heureuſement pour le pays où ils naiſſent, leur vie eſt très-courte (1). Je dis heureuſement, car étant la production de mauvais eſprits, quels maux ne feroient-ils pas dans le monde s'ils vivoient auſſi longtems que les autres hommes? Il y a eu pourtant quelques-uns de ces enfans d'iniquité qui ont paſſé au-delà du terme qu'on donne au cours de leur vie. Tel que Merlin (2), par

---

(1) Les enfans *ſuccubes*, (que Guillaume de Paris appelle *champis*, & les Allemands *cambions*), ſont criards, épuiſent cinq nourrices pour les allaiter; ils ſont fort peſans & fort maigres. Le Loyer, p. 482, Bodin, p. 210. De Lancre, p. 233, 232. Luther, en ſes *colloques*, regle leur âge à ſept ans.

(2) Des auteurs ont cru que Merlin avoit été engendré d'un *incube*, qui prit accointance avec la fille d'un roi, laquelle étoit religieuſe en un monaſtere de la ville de Kaërmerlin. De Lancre, p. 230. Naudé, p. 313.

exemple, & quelques autres qu'on n'a pas vu mourir, qui ont disparu & sont apparemment allé vivre ailleurs (1).

Que de filles, qui pensant jouir des personnes qu'elles aimoient, ont trouvé que c'étoit des diables qui les avoient abusées (2)! Que d'hommes qui ont eu des diables pour maîtresses (3)! Celles qui

---

(1) Le roi Roger régnant en Sicile, un jeune homme se baignant la nuit au clair de la Lune avec plusieurs autres, voyant, ce lui sembloit, quelqu'un qui se noyoit, plonge pour le sauver, trouve que c'étoit une femme, la tire de l'eau, en devient amoureux, l'épouse & en eut un enfant. Dans la suite elle disparut, & aussi l'enfant qu'elle ravit dans le tems qu'il nageoit. De Lancre, p. 231.

(2) En l'Isle de Sardaigne, dans la ville de Cagliari, une fille de qualité aima un gentilhomme, sans qu'il le sût; le diable prit la forme de celui-ci, épousa clandestinement la demoiselle, en jouit, puis l'abandonna. Cette fille trouvant un jour le gentilhomme, & ne remarquant en lui aucune chose qui témoignât qu'il la reconnoissoit pour sa femme, lui en fit des reproches; mais enfin, étant convaincue que c'étoit le diable qui l'avoit abusée, elle en fit pénitence. De Lancre a donné avec plaisir beaucoup d'étendue à cette histoire, dans son livre de l'Inconstance des démons, p. 218 &c.

3) François Pic de la Mirandole, dit avoir connu un homme de soixante-quinze ans, qui s'appeloit *Benedeto-Berna*, lequel, pendant quarante ans, eut accointance avec un esprit *succube*, qu'il appelloit *Hermeline*, la menoit par

ont affaire à des diables, croyant que ce sont des hommes, ne restent pas longtems dans cette erreur; car ces mauvais esprits se font un plaisir de leur faire connoître la fourberie. Quelques-uns même impriment sur les femmes, en les quittant, des marques qui leur font connoître qu'elles ont été trompées (1).

Laissons cette matière, elle donne de trop vilaines idées; passons à d'autres diableries qui ne sont pas si dégoûtantes.

Les savans qui ont traité des diables, n'ont pas oublié de parler des démoniaques; c'est sur ces malheureux que les mauvais esprits triomphent; c'est-là qu'ils dominent avec une puissance telle qu'ils disposent également de leur ame & de leur corps; de leur ame, en renversant leur jugement; de leur corps, en donnant à leurs membres toutes

---

par tout en forme humaine, & lui parloit de manière que plusieurs l'entendant parler, & ne voyant personne, le prenoient pour un fou. Un autre, nommé Pinet, en tint un l'espace de trente ans, sous le nom de *Fiorine*. De Lancre, p. 215.

Un Soldat jouit d'une belle fille; ensuite il resta entre ses bras le cadavre d'une bête pourrie. Guil. de Paris, *P. ult. de universo* Delrio. *Disquisitione magicâ*, p. 300.

(1) Le diable imprima sur le ventre d'Attia, mère d'Auguste, un serpent, après en avoir abusé. De Lancre, p. 3.

les contorsions les plus effroyables. Ces démons choisissent si bien leur tems, qu'ils ne manquent pas de réussir, & c'est sur le cours de la lune qu'il se règlent (1); car elle est d'un grand secours pour les sorciers, pour les magiciens, & par conséquent pour leurs maîtres, je veux dire les diables. Les contorsions, les convulsions & les grimaces des possédés augmentent ou diminuent selon le cours & le décours de cet astre. Si ceux qui entreprennent de chasser les diables du corps des démoniaques, savoient cette singularité, ils n'auroient pas tant de peines qu'ils en ont pour réussir dans leur projet; ils y travailleroient dans le tems que la lune est tout-à-fait dans son déclin, & alors la puissance du diable étant aussi foible que la lumière de cet astre, ils le feroient très-facilement sortir; car il est très-rare de trouver des diables d'aussi bonne volonté que celui dont il est parlé dans l'histoire, qui convint avec des Juifs d'entrer dans le corps de la fille d'un empereur, & d'en sortir à leur commandement, afin de leur procurer du crédit (2).

---

(1) Les démoniaques sont plus ou moins tourmentés des diables, selon le cours de la lune. Le Loyer, p. 362.

(2) L'empereur Titus Vespasien, ayant pris Jérusalem, défendit par édit aux Juifs d'observer le sabbat & de se circoncire; voulut qu'ils mangeassent de toutes sortes de

DE M. OUFLE. 221

Il faut convenir aussi que ces malins esprits ne tourmentent pas toujours ceux dont ils se sont emparés; ils leur font souvent plus de peur que de mal; souvent ils les chatouillent (1) & les font rire de si bon cœur, qu'on diroit qu'ils sentent un extrême plaisir. Ils leur font parler différentes langues, sans qu'ils aient jamais pris la peine de les apprendre (2). S'ils ne faisoient rien de pis, on s'en divertiroit volontiers & on les laisseroit en repos; mais ils font souvent des pactes (3); ils exigent des consentemens par les-

---

viandes, & qu'ils couchassent avec leurs femmes dans les tems auxquels leur loi le défendoit. Là-dessus, ils prièrent Rabbi Simeon, renommé entr'eux pour faire des miracles, d'aller supplier l'empereur d'adoucir cet édit. Simeon se mit en chemin avec Rabbi Eleazar. Ils trouvèrent dans leur chemin un diable, nommé *Benthamelion*, qui demanda de les accompagner, leur avouant qu'il étoit diable, il leur promit d'entrer dans le corps de la fille de l'empereur, & d'en sortir aussitôt qu'ils le lui commanderoient; ce qui fut exécuté; ils obtinrent ensuite pour récompense la révocation de l'édit. Le Loyer, p. 290.

(1) On a vu des démoniaques enlevées en l'air, chatouillées dessous les pieds, & riant sans cesse. Bodin, p. 306.

(2) On en a vu d'autres qui parloient des langues qu'ils n'avoient jamais apprises. *Id.* p. 294.

(3) L'histoire des diables de Loudun dit, p. 153, qu'on

quels on se donne à eux; pactes qu'on ne peut retirer que par une puissance surnaturelle (1) qu'on n'est pas toujours assuré d'obtenir; & il est d'autant plus difficile de les chasser des corps de ceux qu'ils croyent leur appartenir, que souvent ils s'unissent plusieurs ensemble (2), afin de résister avec plus de vigueur.

On a prétendu qu'il y avoit des diables qui n'étoient pas si méchans que les autres, qui font quelquefois plaisir; mais on n'admet que trente mille de ceux-là (3). De ce nombre sont les

---

fit rendre, par le diable Léviatan, un pacte composé de la chair du cœur d'un enfant, pris dans un sabbat fait à Orléans, & de la cendre d'une hostie brûlée.

(1) On lit dans l'histoire des diables de Loudun, p. 405, qu'un diable, nommé Béhémot, étant sorti pour aller chercher un nouveau pacte, l'ange-gardien de la religieuse qu'il possédoit, se saisit de lui; & le lia pour un mois sous le tableau de Saint-Joseph dans l'église, & qu'il sembla à la religieuse, qu'il partoit je ne sai quoi de sa tête, qui s'éloignoit d'elle, à proportion de la retraite du diable.

(2) Une nommée Elisabeth Blanchard se disoit possédée par six diables; par Astaroth & le charbon d'impureté, de l'ordre des anges; par Béelzebuth & le lion d'enfer, de l'ordre des archanges; par Perou & Matou, de l'ordre des chérubins. Id p. 255.

(3) Hesiode dit, qu'il y a trente mille démons bienfaisans parmi l'air, qui veillent aux besoins des hommes. L'incred. Sçavante, p. 368.

esprits folets, les esprits familiers, les lutins ainsi appelés (1), parce qu'ils se divertissent à *luicter* avec les hommes, apparemment pour les rendre plus forts par cet exercice. Il y en a qui instruisent par des songes (2) de ce qu'on doit chercher ou fuir. D'autres accompagnent les voyageurs

---

(1) Il y avoit entre les Grecs, un démon qui se nommoit Παλαμναιος, ἀπο της παλης, démon luicteur & agresseur des hommes; de la vient le nom de *Lutin* ou *Luitton*. Le Loyer, p. 25. Apparemment c'est de ceux-là en général que M. Oufle veut parler, & non pas de celui dont Strabon fait une histoire. Il dit qu'il y avoit un démon nommé *Luitton*, *Temescan*, qui luttoit contre tous les étrangers qui arrivoient à Thémèse, ville des Brutiens. Il avoit été autrefois homme, nommé Polites, l'un des compagnons d'Ulysse; & ayant été tué par les Brutiens en trahison, il s'efforçoit après sa mort de tourmenter tant les étrangers, que ceux qui lui avoient fait perdre la vie.

(2) Pour ce qui est de Cardan, dit M. Naudé, p. 252. Il parle si diversement de son esprit, qu'après avoir dit absolument dans un dialogue intitulé *Tétim*, qu'il en avoit un qui étoit vénérien, mêlé de Saturne & de Mercure, & dans son livre, *de Libris propriis*, qu'il se communiquoit à lui par les songes, il doute au même endroit s'il en avoit véritablement un, ou si c'étoit l'excellence de sa nature; & conclut enfin dans son livre, *de rerum varietate l.* 16. c. 93. qu'il n'en avoit point, disant ingénuement; *Ego certe nullum dæmonem aut genium mihi adesse cognosco.* Si bien des gens ne vouloient parler que d'aussi bonne foi, on n'écriroit pas tant d'histoires.

sous le nom de maître Martinet (1), & leur font prendre les chemins les plus courts & les moins dangereux. Il y en a qui passent par une succession de plusieurs années aux enfans, afin de défendre les familles auxquelles ils se sont attachés contre les insultes de leurs ennemis (2). Quelques-uns donnent des conseils, mais de telle sorte que, quoiqu'ils soient fort près, cependant leur voix paroît venir de fort loin (3). On en a vu qui étoient si appliqués aux intérêts de leurs maîtres, & si empressés de ne leur laisser faire aucune mauvaise démarche, qu'ils leur tiroient sans façon les oreilles, ou les frappoient (4) pour les détourner de

---

(1) Démon familier qui accompagne les magiciens, & qui leur défend de rien entreprendre sans le congé de Maître Martinet. Cir.

(2) Chez les Lapons, on croit que les pères donnent à leurs enfans, & leur font passer en forme d'héritage, les malins esprits, qui étoient attachés à leur service, afin qu'ils puissent surmonter les démons des autres familles qui leur sont ennemies. Monde Ench. 1. 67.

(3) Cardan dit avoir vu une femme à Milan, qui avoit un esprit familier invisible, dont la voix ne s'entendoit que de loin.

(4) Un esprit familier donnoit des signes sensibles, comme toucher à l'oreille droite, si l'on fait bien, à l'oreille gauche si l'on fait mal, ou frapper sur un livre pour faire cesser d'y lire. Bodin, p. 46. 47.

commettre

commettre quelque faute qui leur fût préjudiciable. Et à propos de ces bruits qu'ils font & de ces coups qu'ils donnent, on a remarqué qu'il n'y avoit ni chaleur, ni dureté, ni violence dans ces mouvemens; car leurs mains sont froides comme glace & molles comme du coton (1). On peut appeler ces diables de fort bons garçons, aussi-bien que ceux qu'on nomme drôles, qui pansent soigneusement les chevaux de leurs maîtres & qui ont soin de leurs horloges (2). On a dit

---

(1) Cardan parle, *de varietate rerum*, d'un de ses amis, qui couchant dans une chambre, où venoient des folets, sentit une main froide & molle comme du coton, qui passa sur son cou & sur son visage, & lui voulut ouvrir la bouche.

(2) Une personne m'a dit qu'aux contrées les plus avancées vers le Septentrion, il y a des diables qu'on appelle *drôles* qui pansent les chevaux, qui font ce qu'on leur commande, qui avertissent des dangers. Medit. Histor. de Camer. t. I, l. 4, c. 13.

Il y a des mandragores qu'on prétend être des farfadets, lutins ou esprits familiers, & qui servent à plusieurs usages. Quelques-uns sont visibles sous la figure d'animaux, & d'autres sont invisibles. Je me suis trouvé dans un château, dit l'auteur du petit Albert, p. 130. 131, où il y en avoit un qui depuis six ans avoit pris soin de gouverner une horloge, & d'étriller les chevaux: J'ai vu courir l'étrille sur la croupe du cheval, sans être conduite par aucune main visible. Le palfrenier me dit qu'il s'étoit attiré ce farfadet à son service,

P

qu'un fameux philosophe en avoit un dans le pommeau de son épée (1).

Que de gens qui voudroient avoir de ces diables qui font venir l'argent dans leur bourse (2), ou qui apprennent à faire la pierre philosophale (3) ! Je crois qu'on les aimeroit beaucoup mieux que

---

en prenant une petite poule noire, qu'il l'avoit saignée dans un grand chemin croisé, & que du sang de la poule, il avoit écrit sur un petit morceau de papier, *Berit fera ma besogne pendant vingt-ans, & je le recompenserai ;* & qu'ayant enterré la poule à un pied de profondeur, le même jour le farfadet avoit pris soin de l'horloge & des chevaux, & que de tems en tems il faisoit des trouvailles qui lui valoient quelque chose.

(1) On disoit que Paracelse avoit un démon familier, renfermé dans le pommeau de son épée. C'étoit plutôt deux ou trois doses de laudanum, dont il ne vouloit jamais être dépourvu, parce qu'il en faisoit des merveilles, & s'en servoit comme d'une médecine universelle, pour guérir toutes sortes de maladies. Naudé, Apol. p. 285.

(2) On a dit du fameux médecin Pierre d'Apono, qu'il étoit le plus grand magicien de son siècle, qu'il s'étoit acquis la connoissance de sept arts liberaux par le moyen de sept esprits familiers qu'il tenoit enfermés dans un cristal ; qu'il avoit l'industrie, comme un autre Pasetes, de faire revenir dans sa bourse l'argent qu'il avoit dépensé. Id, 274.275.

(3) Un esprit nommé Floron, qu'on a dit être de l'ordre des chérubins ; un démon nommé Barbu, qui montre dans un morceau de papier, le moyen de faire la pierre philosophale. Id, p. 249, 250.

celui qui donnoit des leçons de philosophie (1).

Le plaisant diable que celui qui prenoit plaisir à faire voler en l'air à coups de pierres le bonnet d'un président (2) ! Que cet autre étoit obligeant, qui, pendant le jour, se cachoit dans des fagots, où l'on avoit soin de le bien nourrir, & pendant la nuit alloit dérober çà & là du blé pour récompenser ceux qui lui faisoient du bien (3) ! Enfin quelle commodité d'en porter dans des bagues (4),

---

(1) Cardan dit, que Niphus avoit un démon barbu, qui lui donnoit des leçons de philosophie.

(2) Un Esprit jeta des pierres, & fit voler le bonnet du Président Latomi à Toulouse. Bodin, p. 301.

(3) Voici ce qu'on dit ordinairement touchant les diables domestiques, & que Schot & Delrio rapportent, comme l'ayant tiré de Meletius. Ils disent que ces diables se retirent dans les endroits les plus cachés de la maison, dans un tas de bois ; on les nourrit de toutes sortes de mets délicats, parce qu'ils apportent à leurs maîtres du bled qu'ils ont volé dans les greniers d'autrui. Lorsque ces esprits ont dessein de s'établir dans quelque maison, ils le font connoître en entassant quelques monceaux de copeaux, les uns sur les autres, en jetant le fumier dans des seaux pleins de lait. Si le maître de la maison, remarquant cela, laisse ces copeaux ensemble, & le fumier dans le lait ; où si même il boit du lait où est le fumier, l'esprit se presente à lui, & demeure dans sa maison. On les appelle Gobelins. Le Monde Ench. I. 287.

(4) Wierus parle l. 6, c. 1, art. 3. & 4, de diables

ou d'en conserver dans des fioles (1) pour s'en servir quand on en a besoin ! Avouez qu'il y a bien plus d'avantage à connoître de tels démons que ceux qui, par malice, enflent le visage des hommes & les défigurent de telle sorte qu'on ne les reconnoît plus (2). Ceux qui se servent des morts pour tourmenter les vivans (3), ou qui vont dans les cimetières y déterrer les charognes & les manger jusqu'aux os (4), ou qui font perdre tout d'un

---

enchassés dans du verre (comme le diable boiteux) ou dans des bagues.

(1) Un certain Avocat avoit un démon familier dans une fiole, qui fut jeté dans le feu par ses héritiers. L'Incr. Sçav. 59.

(2) Il y a des démons que Psellus appelle souterreins, qui du vent de leur haleine, rendent aux hommes le visage tout bouffi, & les font méconnoissables. Le Loyer 535.

(3) Saxon, grammairien, rapporte cette histoire, l. 5. Histor. Daniæ. Asmond & Asuith compagnons d'armes Danois, étant liés d'une étroite amitié, convinrent par serment solemnel, qu'ils ne s'abandonneroient ni à la mort ni à la vie. Asuith mourut le premier; & suivant leur accord, Asmond se confina dans son sépulcre, où le diable qui étoit entré dans ce corps mort, tourmenta tant Asmond, en le déchirant, lui défigurant le visage, & lui arrachant une oreille, qu'enfin Asmond coupa la tête au mort.

(4) Pausanias fait mention, in Phocaicis, d'un diable nommé Eurynomus, qui mangeoit les charognes des morts, & ne leur laissoit que les os.

coup à un homme quelque membre de son corps (1).

De tous les diables, on tient que les plus menteurs sont ceux qu'on appelle terrestres (2); la raison en est claire; c'est qu'habitant dans les entrailles de la terre, ils sont les plus éloignés du ciel qui est le domicile de la vérité.

A propos de diables terrestres, je me persuade que ces espèces de diables sont ceux qu'on appelle gnomes (3), gens fort amoureux des

---

(1) Il y a des diables qui emportent les doigts du pied, sans faire mal. De Lancre, 175.

(2) Les Chaldéens tiennent que les démons terrestres sont menteurs, & cela, parce qu'ils sont les plus éloignés de la connoissance des choses divines, Bodin. 215.

(3) Les gnomes sont composés des plus subtiles parties de la terre, & en sont les habitans. Le comte de Gabalis, 34.

Voici pourquoi M. Oufle ne s'en rapporte pas à ce qu'on a dit des gnomes, &c., c'est qu'il est parlé ainsi dans le Comte de Gabalis, p. 128. 129., le démon est ennemi mortel des nymphes, des sylphes & des salamandres; car, pour les gnomes il ne les hait pas si fort; parce que ces gnomes effrayés des hurlemens des diables qu'ils entendent dans le centre de la terre, aiment mieux demeurer mortels, que courir risque d'être ainsi tourmentés, s'ils acquéroient l'immortalité; de là vient que ces gnomes & ces démons, leurs voisins, ont assez de commerce; ceux-ci persuadent aux gnomes, naturellement très-amis de l'homme, que c'est

femmes (1), gardiens des tréfors dont j'aurois bonne

lui rendre un fort grand fervice, & le délivrer d'un grand péril, que de l'obliger de renoncer à fon immortalité. Ils s'engagent pour cela de fournir à celui, à qui ils peuvent perfuader cette renonciation, tout l'argent qu'il demande; de détourner les dangers qui pourroient menacer fa vie durant un certain temps, ou telle autre condition qu'il plaît à celui qui fait ce malheureux pacte : Ainfi le diable, le méchant qu'il eft, par l'entremife de ce gnome, fait devenir mortelle l'ame de cet homme, & la prive du droit de la vie éternelle.

(1) On attribue aux démons, dit encore le même comte, p. 96. 97, tout ce qu'on devroit attribuer aux peuples des élemens. Un petit gnome fe fait aimer de la célèbre Madeleine de la Croix, abeffe d'un monaftère à Cordouë en Efpagne : elle le rend heureux dès l'âge de douze ans, & ils continuent leur commerce l'efpace de trente ans. Un directeur ignorant veut perfuader que c'eft un lutin.... Le diable n'eft donc gueres malheureux, de pouvoir entretenir commerce de telles galanteries......Le démon a dans la region de la mort des occupations plus triftes & plus conformes à la haine qu'a pour lui le dieu de pureté.

Encore une fois, ajoute-t-il, p. 132. 133, le diable n'a pas la puiffance de fe jouer ainfi du genre humain, ni de pactifer avec les hommes, moins encore de s'en faire adorer. Ce qui a donné lieu à ce bruit populaire, c'eft que les fages affemblent les habitans des élémens, pour leur prêcher leurs myftères & leur morale ; & comme il arrive ordinairement que quelque gnome revient de fon erreur groffière, comprend les horreurs du néant, & confent qu'on l'immortalife,

part, si je me servois du secret que je sai (1); & qui, quand ils veulent, changent l'or en plomb (2). Je mets encore au même rang:

1°. Les sylphes (3), ces habitans de l'air (4),

---

on lui donne une fille, on l'immortalise; la noce se célèbre avec toute la réjouissance que demande la conquête qu'on vient de faire. Ce sont-là ces danses & ces cris de joye, qu'Aristote dit qu'on entendoit dans certaines isles, où pourtant on ne voyoit personne.

(1) *Viri stantis supra draconem, qui in manu teneat gladium, figuram, si in hematiche sculptam invenies, pone in annulo plombeo, vel ferreo, & obedient ei omnes spiritus subterranei, & revelabunt ei omnes thesauros levi carmine, nec non extrahendi modum ipsi ostendent.* Trinum Magicum, p. 273.

(2) On veut faire croire, que quelquefois les gnomes ont transmué les métaux précieux en des matières viles & abjectes, pour tromper les ignorans. Le solide Tresor du petit Albert, p. 73.

(3) Les sylphes sont composés des plus purs atomes de l'air. Le comte de Gabalis, p. 33. 34.

(4) Le fameux cabaliste Zedechias se mit dans l'esprit, sous le règne de Pepin, de convaincre le monde, que les élémens sont habités par tous ces peuples, dont je vous ai décrit la nature. L'expedient, dont il s'avisa, fut de conseiller aux sylphes de se montrer en l'air à tout le monde; ils le firent avec magnificence; on voyoit dans les airs ces créatures admirables en forme humaine, tantôt rangées en bataille, marchant en bon ordre, ou se tenant sous les armes, ou campées sous des pavillons superbes; tantôt sur des navires

qui, par une prononciation cabaliſtique d'un nom myſtérieux, mettent en fuite les autres démons (1).

aériens d'une ſtructure admirable, dont la flotte volante voguoit au gré des zéphirs. Qu'arrive-t-il ? Penſez-vous que ce ſiècle ignorant s'aviſât de raiſonner ſur la nature de ces ſpectacles merveilleux ? Le peuple crut d'abord que c'étoit des ſorciers qui s'étoient emparés de l'air, pour y exciter des orages, & pour faire grêler ſur les moiſſons. Les ſçavans, les theologiens & les juriſconſultes furent bientôt de l'avis du peuple; les empereurs le crurent auſſi, & cette ridicule chimère alla ſi avant, que le ſage Charlemagne, & après lui, Louis le Debonnaire, impoſèrent de griè ves peines à tous ces prétendus tyrans de l'air. Voyez cela dans le premier chapitre des Capitulaires de ces deux empereurs. Les ſylphes voyant le peuple, les pedans & les têtes couronnées mêmes ſe gendarmer ainſi contr'eux, réſolurent, pour faire perdre cette mauvaiſe opinion qu'on avoit de leur flotte innocente, d'enlever des hommes de toutes parts, de leur faire voir leurs belles femmes, leur république & leur gouvernement, & puis les remettre à terre en divers endroits du monde. Ils le firent, comme ils l'avoient projeté. Le peuple qui voyoit deſcendre ces hommes, y accourut de toutes parts; & prévenu que c'étoit des ſorciers qui ſe détachoient de leurs compagnons, pour venir jeter des venins ſur les fruits & dans les fontaines, ſuivant la fureur qu'inſpirent de telles imaginations, entraînoit ces innocens au ſupplice. Id, p. 135, 136.

(1) Quand un ſylphe a appris de nous à prononcer cabaliſtiquement le nom puiſſant, *Nehmahmihah*, & à le combiner dans les formes avec le nom délicieux *Eliael*, toutes

2º. Les nymphes ou ondins (1), habitans des eaux, & que je ferai venir à moi quand il me plaira (2).

3º. Les salamandres (3), habitans du feu.

4º. Les ogres, monstres qui n'aiment rien tant que la chair fraîche, comme celle des petites filles & des petits garçons.

5o. Les fées dont les grand-mères & les mies font tant d'histoires aux enfans (4); ces fées,

---

les puissances des ténèbres prennent la fuite & le sylphe jouit paisiblement de ce qu'il aime. Id, 124.

(1) Les nymphes, ou ondins sont composés des plus déliées parties de l'eau. Id. 33. 34.

(2) *Hominis imago sculpta in Diadochoc stantis & magna statura, tenentis in manu dextrâ obolum, & in aliâ serpentem, sitque super caput hominis figura solis, & prostratum teneat sub pedibus leonem, si posita fuerit in annulo plombeo cum modico arthemisie ac radice fœni-græci, tecumque habueris in ripâ fluvii, & vocaris aquaticos spiritus, ab iis de quæsitis responsa accipies. Trinum magicum,* p. 274, 275.

(3) Les salamandres sont composés des plus subtiles parties de la sphere du feu, conglobées & organisées par l'action du feu universel, ainsi appellé, parce qu'il est le principe de tous les mouvemens de la nature. Gabalis, 33, 34.

(4) Il n'est pas besoin qu'on vous die,
Ce qu'étoit une fée en ces bienheureux tems;
   Car je suis sûr que votre mie
Vous l'aura dit dès vos plus jeunes ans.
M. Peraut.

Pourquoi faut-il s'émerveiller,

dis-je, qu'on aſſure être aveugles chez elles & très-clairvoyantes au-dehors (1), qui danſent au clair de la lune (2), quand elles n'ont point d'autres choſes à faire, qui enlèvent les bergers & les enfans pour les porter dans leurs cavernes (3), & en diſpoſer enſuite à leur volonté, qui préſervent de grêles & de tempêtes les lieux qu'elles habitent (4).

Que la raiſon la mieux ſenſée,
Laſſe ſouvent de trop veiller,
Par des contes d'ogre & de fée,
Ingénieuſement bercée,
Prenne plaiſir à ſommeiller? *Id.*

(1) Les poëtes ont dit que les fées avoient cent yeux hors de leur maiſon, que dedans elles étoient aveugles. Dict. cur. 9.

(2) Lettres de Cir.

(3) Corneille de Kempen aſſure qu'au temps de l'empéreur Lothaire, vers l'an 830, il ſe trouvoit dans la Friſe quantité de fées qui faiſoient leur ſéjour dans des grotes, ou ſur le haut des éminences & des collines, d'où elles deſcendoient la nuit pour enlever les bergers de leurs troupeaux, tirer de leurs berceaux les enfans, & entraîner les uns & les autres dans leurs cavernes. Le Monde ench. 1. 290.

(4) Nos aïeuls ont aſſuré, que c'étoit une ancienne tradition, que là où les fées ou fades, femmes des druides habitoient, jamais la grêle ni les tempêtes ne gâtoient les fruits. Frey en ſon *admiranda Galliarum, cap.* 10 & au traité qu'il a donné dans les écoles intitulé, *antiquiſſima Galiorum Philoſophia Ecloga*, au chapitre, *de Druidarum Aſtrologiâ.*

Voilà, ce me semble, assez parler des diables, de ce qu'ils ont fait & de ce qu'ils peuvent faire. Si vous ne voulez pas croire tout ce que je viens de vous dire, allez y voir (1); je vous en donnerai le moyen quand vous le voudrez.

Enfin voilà le discours de M. Oufle fini. A dire vrai je m'ennuyois bien en écrivant tant de choses mal digérées, qui ne prouvent rien, mais qui apprennent seulement que ce bon homme ne savoit autre chose que tirer avec assurance des conclusions de faits, comme s'ils avoient été très-certains, quoique la plupart fussent très-contestables.

N. B. L'éditeur supprime ici le discours de Noncrède en réponse à celui de son frère. Dans ce discours Noncrède discute sérieusement des choses qui se détruisent d'elles-mêmes & ne doivent être combattues que par le mépris & le ridicule ; & comme les raisonnemens ennuyeux & mal digérés que l'auteur entasse dans ce discours, n'auroient pu contribuer ni à l'instruction ni à l'amusement de nos lecteurs, nous avons pris le parti de les leur épargner.

---

(1) Pour faire voir le diable à une personne en dormant, prenez le sang d'une hupe, & en frottez le visage de cette personne ; elle s'imaginera que tous les diables sont autour d'elle. Les admirables secrets d'Albert le grand, l. 3, p. 168, apparemment c'est de cette superstitieuse pratique, que M. Oufle veut parler.

CHAPITRE XXII.

Extravagantes imaginations de M. Oufle, qui se persuadoit que les diables le suivoient par tout, & qu'ils lui apparoissoient sous des figures de chiens, de pourceaux, de mouches, de papillons, &c.

M. Oufle ayant reçu le discours de Noncrède, fit aussitôt appeler l'abbé Doudou, le confident de ses superstitieuses pratiques, pour le lui communiquer. Ils le lurent ensemble; mais quelles mines méprisantes ne firent-ils pas en le lisant; à chaque article ils levoient les épaules, pour marquer le peu de cas qu'ils faisoient de cet écrit, ils condamnoient tout, sans restriction & sans savoir pourquoi, ils s'applaudissoient bien de leurs opinions, & se promettoient de ne les jamais abandonner. Ils se séparèrent avec ces beaux sentimens.

Mais M. Oufle, qui pendant plusieurs jours n'avoit eu l'esprit occupé que de diables & de diableries, tomba dans des visions qui lui firent faire & dire bien des extravagances. Il s'imagina que les diables le suivoient par tout, qu'ils lui apparoissoient sous je ne sai combien de formes différentes; il lui prit envie de faire des tablettes magnifiques, pour y placer dignement ces livres qui lui étoient si chers, & dont la lecture faisoit sa principale & sa plus agréable occupation, il envoya quérir un menuisier, à cet effet; cet homme vint le trouver sur le champ; il étoit suivi d'un gros chien barbet; le menuisier étant entré dans le cabinet de M. Oufle, celui-ci jetant plutôt la vue sur le chien que sur le maître, parut d'abord tout stupéfait & comme immobile. Il fut longtems sans parler, ayant toujours la vue attachée sur le chien. L'artisan ne savoit que penser du silence profond, de l'étonnement & de l'immobilité de M. Oufle. Il lui demanda ce qu'il souhaitoit de son service; point de réponse, on ne parloit que des yeux, encore n'étoit-ce qu'au chien. Le menuisier s'impatienta; est-ce, lui dit-il, monsieur, que vous m'avez fait venir seulement pour regarder mon chien? Vous n'aviez qu'à me le mander, je n'aurois pas pris la peine de venir, je vous l'aurois envoyé avec la liberté de le regarder à votre aise tant que vous auriez voulu, sans qu'il vous en eût couté un sol. Notre visionnaire qui n'avoit regardé avec tant d'attention ce chien, que parce qu'il lui étoit venu dans l'esprit (1), que ce pauvre animal étoit un

---

(1) Leon, évêque de Cypre, écrit que le diable sortit du corps d'un démoniaque, en forme de chien noir. Le Loyer, p. 318.

Zoroastre, par forme d'énigme, disoit, que les chiens se

diable, rompit le silence, en élevant la voix avec fureur, & disant au menuisier qu'il étoit un magicien qui amenoit un démon pour le tourmenter, & mettre le désordre chez lui. Jamais surprise ne fut pareille à celle du menuisier; comme il ne connoissoit pas la foiblesse, ou plutôt la folie de ce pauvre homme, il repoussa ce reproche par un ton de voix qui n'étoit pas moins élevé que celui dont on venoit de se servir pour lui marquer l'injurieux soupçon qu'on avoit de sa visite. M. Oufle répliqua avec le même emportement; mais il n'ôtoit point sa vue de dessus le chien, tant il craignoit qu'il ne l'attaquât & le mît en pièces; le chien, de son côté, qui sembloit y entendre finesse, & connoître ce qu'on s'imaginoit de lui, se tenant à côté de son maître, la tête alerte & élevée, regardoit M. Oufle avec autant d'attention qu'il en étoit regardé. Cependant M. Oufle s'approcha du menuisier, & le poussa rudement pour le chasser de

---

montrent souvent à ceux qui se dépouillent de la mortalité; c'est à dire, les diables, à ceux qui sont prêts de mourir, ou aux gens de bien, qui abandonnant le monde, se retirent dans la solitude. Id, 183.

On a vu un chien, qu'on appelloit un démon, qui levoit les robes des religieuses pour en abuser. Bodin, p. 308.

Par le nom de chien, les démons étoient quelquefois désignés; & même en la magie de Zoroastre, ils sont appelés chiens terrestres. Le Loyer, p. 25.

chez lui. Le barbet alors se mit à aboyer d'une grande force, témoignant ainsi à son maître qu'il étoit prêt à le bien défendre, de sorte que M. Oufle menaçant avec fureur le menuisier, le menuisier répondant aux menaces sur le même ton, & le chien aboyant sans relâche, il se faisoit un vacarme épouvantable dans cette chambre. Camèle qui entendit tous ces différens cris, vint à la porte pour savoir ce qui s'y passoit; mais croyant qu'on maltraitoit son père, elle appella au secours sa sœur Ruzine & Mornand, qui étoient plus à sa portée que les autres. Ils montent avec précipitation; ils entrent; M. Oufle leur crie aussitôt, en montrant le chien, qu'ils se donnent bien de garde de l'approcher, parce que c'étoit un diable. L'artisan se tourmente, pour leur prouver que ce n'étoit point un diable, mais un chien véritable, un chien fait comme les autres, ajoutant qu'il l'avoit élevé fort petit, & qu'il y avoit plus de trois ans qu'il mangeoit de son pain, sans qu'il ait paru qu'il y eût la moindre diablerie dans sa conduite; mais M. Oufle soutenoit toujours, sans en vouloir démordre, que c'étoit un vrai diable, qui avoit pris la forme d'un chien. Mornand qui se douta bien que c'étoit quelque vision qui avoit passé par l'esprit de son maître, fit semblant de le croire, pendant que Ruzine, qui se doutoit de la même chose, fit signe au menuisier de se taire, lui dit tout bas que son père haïssoit tant les chiens, qu'il ne les pouvoit pas plus souffrir que des démons, & enfin l'engagea à se retirer sans bruit avec son chien. La bonne Camèle qui crut que ce chien étoit véritablement un diable, parce que son père l'avoit dit, & que Mornand avoit paru le croire, alla toute effrayée trouver sa mère, & lui raconter qu'un magicien, déguisé en menuisier, avoit amené chez son père un diable sous la forme d'un chien, d'une laideur effroyable, & qui faisoit des cris horribles. Madame Ousle jugea bien que cette histoire n'étoit fondée que sur quelque nouvelle vision de son mari; elle se la fit conter par Ruzine & Mornand, & ils ne manquèrent pas de la confirmer dans le jugement qu'elle avoit porté. On laissa M. Ousle en repos; Camèle de son côté, après que sa mère lui eût parlé, ne crut plus que ce chien étoit un diable, car la bonne fille croyoit tout avec une égale facilité, & étoit toujours de l'avis de celui qui parloit le dernier. Le menuisier ne manqua pas de raconter à bien des gens cette bizarre aventure, & elle devint bientôt si publique que presque tout le monde en parloit dans la ville.

M. Ousle se persuada encore, parce qu'il l'avoit lu (1), que parmi les pourceaux il y en avoit beau-

---

(1) Selon saint Jean Chrysostome, *de providentiá ad Stagirum monachum*, le diable qui occupoit par intervalles

coup

coup qui étoient de vrais diables ; quand il en voyoit un, il frémissoit d'horreur. Pendant tout le tems que durèrent ces imaginations, il ne voulut point manger de la chair de ces animaux, quoiqu'auparavant elle fût fort de son goût. Leur figure, disoit-il, n'est-elle pas diabolique ? Leurs cris sont-ils moins effroyables que ceux des diables ? N'avons-nous pas vu souvent dans des spectacles les diables armés de vessies de cochon tendues & enflées, dont ils se servoient pour battre & pour faire peur ? Le plaisir que ces animaux prennent à se plonger dans l'ordure, n'est-ce pas parce que le diable n'aime rien tant que la vilenie & l'impureté ? C'est par ces ridicules raisonnemens, ou par d'autres semblables, que ce pauvre homme s'entretenoit dans ses étranges visions.

Toute puanteur (1) étoit pour lui une preuve de la présence de quelque démon. Je n'entrerai pas dans le détail de tout ce que cette persuasion lui fit faire d'extravagant ; tout ce que je puis dire, c'est que quand il satisfaisoit à ses nécessités naturelles,

---

le corps du religieux Stagirus, paroissoit sous la forme d'un pourceau couvert d'ordures.

(1) Cardan dit, que les esprits malins sont puans, ainsi que les lieux qu'ils frequentent, & croit que de-là vient que les anciens ont appellé les sorciers, *fœtentes*. Bodin, p. 25.

Q

il étoit dans de continuelles alarmes, tant il craignoit que quelque diable, habitant, selon lui, du lieu où il étoit, ne profitât de sa situation pour le tourmenter ; aussi n'y restoit-il que le moins de tems qu'il pouvoit, & n'y alloit-il que quand il ne lui étoit plus possible de s'en défendre.

Je vais parler d'une autre vision qui n'est pas de si mauvaise odeur, c'est de la frayeur qu'il avoit des mouches, car il prétendoit encore que le diable apparoissoit souvent sous la forme de ces insectes (1). Il ne vouloit souffrir aucun fruit sur sa

―――――――

(1) Selon Paul, diacre, *l. 6 c. 6. histor. Longobar*. Kuvibert, roi des Lombards, s'entretenant en presence de son grand écuyer, du dessein qu'il avoit de faire mourir deux seigneurs Lombards, nommés Aldon & Granson, & une grosse mouche importunant ce Prince à plusieurs reprises, le roi prit un coûteau pour la tuer, & lui coupa seulement une jambe. Ensuite un homme apparoît à Aldon & à Granson avec une jambe de bois, & les avertit du dessein que le roi avoit pris contr'eux ; ce qui fit croire que cette mouche étoit un diable.

On appelle le Soleil Bahal, c'est-à-dire, en hébreu, seigneur ; d'où est venu Bahalzebut, qui veut dire maîtremouche, parce qu'il n'y avoit pas une mouche en son temple. Bodin, p. 52.

Les Cyrenaïques, après avoir sacrifié au dieu Acaron, dieu des mouches & les Grecs à Jupiter, surnommé Myiodes, c'est-à-dire, mouchard, toutes les mouches, s'en-

table, de peur qu'il ne les attirât. Quelqu'un lui en ayant fait considérer une dans un microscope, quand il vit ses cornes, sa trompe, ses yeux de couleur de pourpre, ses jambes velues, les pinces de ses pieds, enfin tout son corps ensemble, représentant une figure qui lui paroissoit d'autant plus hideuse, qu'il ne s'étoit jamais persuadé qu'elle fût telle qu'il la voyoit, il la trouva très-propre pour devenir la demeure d'un diable; il avoit la même opinion des papillons, & malheur à ceux qui se trouvoient à sa portée, il ne les épargnoit pas.

Il se défioit encore beaucoup des enfans que portoient les gueux, pour exciter à leur faire des aumônes. Une histoire rapportée dans un de ses livres (1), où l'on veut persuader que le diable étoit un jour sous la figure d'un de ces enfans, lui donnoit cette défiance. C'est pour la même rai-

---

voloient en une nuée, comme nous lisons en Pausanias, *in Arcadicis*, & en Pline, *l*. 29, *c*. 6

On dit de la démoniaque de Laon, que le diable (Béelzebuth) sortoit de sa bouche en forme de mouche, & y rentroit. Le Loyer, p. 509.

Le diable apparoît quelquefois en forme de grosse mouche ou en papillon, dit de Lancre dans son livre de l'inconstance des démons, p. 506.

(1) On trouve cette histoire dans le livre de l'inconstance des démons, par de Lancre, p. 233.

son (1) qu'il étoit fort circonspect, quand il prenoit un valet ou une servante à son service. Il en faisoit auparavant plusieurs exactes informations, afin qu'étant bien instruit de leur conduite, il ne se mît point en danger de se faire servir par quelque démon.

Si quelqu'un qui ne le connoissoit point, l'appeloit par son nom, un soupçon de diablerie s'emparoit aussitôt de son esprit (2).

Il se lassa enfin de ces prétendues persécutions. Ses livres vinrent à son secours pour le garantir des tourmens qu'il craignoit du pouvoir & des artifices de ces mauvais esprits. Nous parlerons de ces secours imaginaires dans le chapitre suivant.

---

(1) Vers le septentrion, il y a des démons, qu'on appelle *Guttei*, qui pansent les chevaux & autres bêtes. Il y en a aussi qu'on appelle *Trollen*, qui se louent en habit de femme ou d'homme aux services les plus honnêtes de la maison. Des spectres, par le Loyer, p. 496.

(2) Dans la Tartarie, des démons appellent par leur nom les gens, pour les faire fourvoyer de leur chemin, & périr de faim. Id, 333.

CHAPITRE XXIII.

Ce que fit M. Oufle pour se délivrer & se garantir des prétendues apparitions des diables, qui lui causoient des troubles & lui donnoient des inquiétudes continuelles, par la crainte où il étoit d'en recevoir quelque dommage.

M. Oufle croyoit toujours pouvoir, avec ses superstitieuses pratiques, trouver remède à tout; aussi étoient-elles sa première & principale ressource dans toutes ses peines, ses inquiétudes & ses chagrins; c'est-là qu'il se proposa de chercher des moyens de se délivrer de tous ces diables, dont il s'imaginoit être continuellement obsédé. Voyons donc ce qu'il va faire pour chasser des diables qui ne songent point à lui.

Le premier secret dont il s'avisa, c'est la racine Baaras, qu'on assure avoir la vertu de chasser les mauvais esprits (1); il ne la mit pourtant pas en

---

(1) La ville de Machérus, a au septentrion une certaine vallée, qu'on appelle Baaras, où il croît une racine de même nom, de couleur rouge, qui rend un éclat de soi-même, vers le soir. Que si quelqu'un passe par-là, elle ne se laisse pas facilement arracher; au contraire, elle lui échappe toujours, se retire & ne s'arrête point, que l'on n'ait jeté

usage, car il lui fut impossible de la trouver. Les herboristes ne la connoissent point, & n'en savent pas même le nom, peut-être n'a-t-elle d'existence que dans les livres qui en ont parlé, aussi bien qu'une certaine pierre qui se trouve, dit-on, dans le Nil (1), & qu'il souhaitoit extrêmement avoir pour le même sujet. Quoiqu'il en soit, il s'en consola d'autant plus aisément, qu'il avoit d'autres ressources qui ne lui pouvoient pas manquer.

La première, c'étoit de se servir d'une épée, ses lectures lui ayant appris qu'il n'y a rien que les diables craignent tant que des épées dégaînées & mises en mouvement (2). Non content de celle

---

dessus de l'urine d'une femme ou de ses fleurs. Mais il faut que celui qui la touche meure, à moins qu'il ne tienne de cette même racine dans sa main. On la peut arracher de cette manière, sans courir aucun risque. Ils l'arrachent toute entière, & n'en laissent dans la terre qu'un petit bout, auquel ils attachent un chien & puis s'en vont. Le chien qui veut les suivre, tire facilement la racine après soi; mais il faut qu'il meure sur l'heure. Joseph a rapporté cette histoire sur un ouï-dire. On dit que par le moyen de cette racine, on peut chasser sur l'heure les démons. Le Monde enchanté, t. IV, p. 282.

(1) Thrasillus, payen, cité par Stobée, écrit qu'au Nil il se trouvoit une pierre semblable à une féve, qui étoit bonne pour guérir ceux qui étoient vexés par les démons; car aussitôt qu'on la leur mettoit au nez, le diable sortoit.

(2) Platon & plusieurs autres Academiciens tenoient,

qu'il avoit & qui étoit fort courte, il en acheta de longues, larges, & de la meilleure trempe; de tems en tems il en faisoit dans sa maison un exercice qui donnoit assurément plus de sujet de rire à ceux qui lui voyoient faire ce manège, qu'il ne faisoit de peur aux diables, & afin d'être plus sûr de remporter de si belles victoires, il mettoit à son doigt un gros diamant, avant que d'armer sa main d'une épée. La raison de cette précaution, c'est qu'un de ses auteurs (1) l'avoit assuré que les démons trouvent les diamans insupportables. Il ajouta aux épées & au diamant, toujours par le conseil de ses livres, plusieurs coqs (2) qu'il fit élever & nourrir dans sa maison, sans dire à personne pourquoi il s'étoit avisé de faire une telle ménagerie; mais sa femme

---

que les diables craignent fort les tranchans d'épées & glaives. Bodin, p. 301.

Un stoïcien parlant des cérémonies des magiciens, dit qu'ils étoient contraints de tenir des épées nues, pour épouvanter les démons. L'incred. Sçav. p. 77.

(1) Le diamant est bon contre les esprits folets. Les admir. Secr. d'Alb. le Grand, l. 2, p. 93.

(2) Les démons fuyent la voix du coq, selon Psellus. Le Loyer, p. 21.

Il s'est vu des démons qui avoient pris la forme de lion, lesquels disparoissoient aussitôt qu'on leur mettoit un coq au devant. Tableau de l'inconstance des démons, par de Lancre, p. 156.

voyant chez elle tant de coqs inutiles, s'avisa de leur donner des poules. Ce mélange inquiéta M. Oufle, en ce qu'il s'alla mettre dans l'esprit que les diables voyant que ces coqs s'amuferoient prefque toujours avec les poules, ils n'auroient pas tant fujet de les craindre, & qu'ainfi ils ne s'enfuiroient pas auffi promptement qu'il l'avoit efpéré; afin donc qu'il n'eût point fujet de fe reprocher d'avoir rien négligé pour empêcher les démons de le tourmenter & de lui apparoître, il mit en ufage de nouveaux fecrets. Il porta fur lui de l'herbe qu'on appelle armoife (1). Il fe fervit de celle que l'on nomme verveine(2); il chercha deux cœurs de vautour, qu'il porta fur foi, l'un lié avec un poil de lion; l'autre, avec un poil de loup (3). Il fit faire une image qui repréfentoit deux têtes; l'une d'un homme qui regardoit en dedans, & l'autre, d'une femme qui regardoit en dehors (4). Il fe

---

(1) Celui qui a foin d'avoir toujours fur lui de l'herbe qu'on appelle armoife, ne craint point les mauvais efprits, ni le poifon, ni l'eau, ni le feu, & rien ne peut lui nuire. Les admi. Secr. d'Albert le Grand, l. 3, p. 168. 169.

(2) La verveine chaffe les mauvais efprits & les démons. l. 2, p. 8.

(3) Le cœur d'un vautour, lié avec un poil de lion, ou de loup, chaffe les diables. Id, l. 3, p. 168.

(4) Les prêtres d'Egypte (au rapport d'Orus) fe perfuadèrent à eux-mêmes, & perfuadèrent aux autres, qu'une

tint le plus gai qu'il put, afin que la mélancolie ne donnât aucune entrée aux démons (1); comme on en menace ceux qui s'abandonnent à la tristesse, & ce qui termina enfin ses inquiétudes, le tonnerre étant tombé dans la cour de sa maison, il se ressouvint d'une opinion bizarre de certains peuples, & crut avec eux (2) que le ciel avoit banni pour toujours les diables de chez lui. C'est ainsi que ce pauvre homme ne chassoit de son esprit une erreur ridicule, que par le secours d'une autre erreur aussi impertinente.

Enfin il se trouva, par la force de son imagi-

---

image de deux têtes, l'une d'homme, regardant en dedans; l'autre de femme, regardant en dehors, étoit le seul préservatif & remede contre les démons. Medit. Histor de Camerarius, t. I, l. 4, c. 12.

(1) Les anciens disoient, que la mélancolie étoit le bain du diable. Aristote Probl. Sect. 30, quæst. 1.

Quelques-uns ont cru, que les choses qui servoient à chasser l'humeur mélancolique, soulageoient les démoniaques, comme la musique à Saül; les feuilles de rue, la fumée de frêne, & des cornes d'une chevre, comme la mélancolie étant le siège du démon. De Lancre, p. 284.

Pomponace dit que les anciens purgeoient avec l'ellebore les démoniaques. Le Loyer, p. 150.

(2) Les Lapons croyent que le tonnerre tue les mauvais démons, se servant de l'arc-en-ciel, pour lancer ses foudres. Le monde ench. t. I, p. 63.

nation, délivré de la crainte des apparitions des mauvais esprits. Les chiens, les pourceaux, les mouches, les papillons, les lieux puants, &c. ne furent plus pour lui des sujets de trouble; mais il n'en fut pas pour cela plus tranquille, car de ces visions il passa à d'autres qui n'étoient pas moins déraisonnables. Je les rapporterai après que j'aurai parlé de quelques extravagances de Sanfugue, qui, quoiqu'il ne fût pas aussi fou que son père, ne laissa pas de faire de très-folles démarches, par l'avidité qu'il avoit d'acquérir de grandes richesses.

CHAPITRE XXIV.

Sanfugue extrêmement avide d'acquérir de grandes richesses, s'informe, après avoir lu le discours de M. Oufle sur les diables, des moyens superstitieux qui promettent de faire devenir riche, & les met en pratique.

Sansugue ayant entendu parler du discours que son père avoit fait sur les diables, eut la curiosité de le lire. Il l'alla prier de vouloir bien le lui communiquer, lui disant, pour l'y engager, qu'il avoit appris que c'étoit un excellent ouvrage. Comme c'étoit prendre M. Oufle par un endroit fort sensible, il le lui donna sans différer, l'assurant qu'il y trouveroit de grandes vérités dont tout le monde n'est pas capable. Lisez, lui ajouta-t-il, cet ouvrage avec confiance, vous y trouverez du merveilleux qui vous surprendra. Mais ressouvenez-vous que de grands hommes y parlent avec moi, & que je n'y avance rien qui ne soit approuvé & imprimé; c'est tout dire. Sanfugue parut écouter cet avis, comme s'il étoit sorti de la bouche d'un prophète. Il l'alla donc lire sur le champ. Ce qu'il y trouva de meilleur, c'est l'endroit de la seconde partie où il est parlé d'un démon qui apprend à faire la pierre philosophale, & que la note appelle le démon barbu. L'eau lui en vint à la bouche; car sa passion dominante, c'étoit d'acquérir des richesses. Il avoit autrefois consulté ces gens qui font profession de chercher cette précieuse pierre, cette poudre de projection, cette eau du soleil, enfin, qui travaillent à ce qui s'appelle le grand œuvre. Il avoit lu tout ce qu'on a écrit de plus important pour & contre cette recherche; & comme il ne manquoit pas d'esprit, & qu'il ne croyoit qu'avec précaution, il étoit persuadé que toutes ces peines sont vaines, inutiles & trompeuses, & plus propres à faire devenir pauvre, qu'à enrichir. Il est vrai qu'on établit de grands principes, pour montrer qu'il n'est pas impossible de trouver la pierre philosophale, qu'on enseigne des moyens (1) de la

___

(1) Pour faire le grand œuvre, il faut de l'or, du plomb, du fer, de l'antimoine, du vitriol, du sublimé, de l'arsenic, du tartre, du mercure, de l'eau, de la terre & de l'air, il faut un œuf de coq, du crachat, de l'urine, avec de l'excrement humain. Oh! que ce n'est pas sans raison qu'un des vieux philosophes a dit dans ses écrits, que notre pierre étoit une salade, qu'il y falloit du sel, de l'huile & du vinaigre. Dans les meilleurs salades l'on met toutes sortes d'herbages; aussi dans notre pierre, il faut savoir mêler tout ce que dessus. Je sai bien que nous trouverons écrit, qu'il ne faut pas beaucoup de choses pour le magistère; cela s'est fait pour nous tromper. Ne sont-ils pas tous d'accord

faire ; mais il est vrai aussi que la pratique n'a pu, jusqu'à présent en autoriser la théorie. C'est un secret que l'on cherche depuis quelques siècles, (je dis depuis quelques siècles, car les anciens n'y songeoient pas tant que les modernes, (2) avec tous

---

que chaque chose engendre son semblable ? L'or & l'argent y sont donc nécessaires. Ne disent-ils pas encore, que notre pierre est engendrée de sept ? Voilà tous les métaux. Ne disent-ils pas que la vertu minerale doit être dans notre matière ? Donc tous les mineraux nous seront de besoin, puisque la vertu minérale est éparse par-tout, & non pas dans un seul. Ne disent-ils pas que les principes de notre art sont les mêmes que ceux de la nature ? Voilà la terre, l'eau & l'air. Ne disent-ils pas qu'il faut un œuf philosophique ? Voilà notre œuf de coq. Ne disent-ils pas, que la matière doit être calcinée philosophiquement par la voix de la nature, qu'il faut, partant, quelque sel de nature ? Il faut donc du crachat, qui réduit tous les métaux en chaux, & sans brûler les fleurs ; & c'est dans ce crachat qu'est ce sel de nature. Ne disent-ils pas qu'il faut un dissolvant qui ne soit corrosif ? Il faut donc de l'urine ; il n'y en a point qui soit plus naturel ; ils disent pareillement qu'il faut une terre puante, prenons donc de l'excrement humain. Les aventures du philosophe inconnu en la recherche & en l'invention de la pierre philosophale, p. 120, 121.

(1) Hypocrate, Platon, Aristote ni Galien, qui ont eu tant de sujet d'en parler, n'ont pas seulement témoigné qu'ils en connussent le nom. Et Pline, entre les latins, qui a cité tant d'Auteurs, & parlé dans son histoire naturelle, de toutes sortes de professions, ne se fût apparemment pas tû

les soins possibles, sans que cependant on l'ait pu trouver (1). Des princes y ont risqué (2) des sommes

de ce côté-là, si de son âge elle eût eu quelque rang parmi les autres, où s'il en eût lu quelque chose dans les bons livres. Je sçai bien qu'il en court sous le nom d'Hermès, Trismegiste, de Democrite commenté par Synesius, d'Orus, d'Olympiodore, & de quelques uns encore de ces grands genies de l'antiquité. Mais je suis sûr aussi, que la seule lecture de la plupart, & l'idiome quasi de tous, en découvrent manifestement la supposition. Ceux, par exemple, qui sçauront comme on parloit grec du temps de Démocrite, & long-tems après, reconnoîtront facilement que ce traité qu'on lui attribue, ne peut être de lui, & ils s'apercevront même, par beaucoup de dictions, que son veritable auteur a eu connoissance du christianisme. M. L. V. t. I, p. 300. 301.

(1) Ne se lassera-t-on point enfin de chercher cette pierre philosophale, après tant d'exemples de gens qui ont perdu leur tems, leurs peines & leurs biens dans sa recherche? S'il est vrai, comme on le dit, que le Soleil produit l'or, est-ce que les chercheurs de cette précieuse pierre se flattent d'acquerir par leur science la force de cet astre? Avant que de se promettre d'arriver au but qu'ils se proposent, que ne tâchent-ils de produire le moindre brin d'herbe semblable à celle de nos prairies? Je les défie d'y réussir; par cet essai, qui seroit sans succès, ils jugeroient de leur incapacité pour faire si peu de chose, combien ils sont témeraires d'en entreprendre une si grande. La Langue, t II, p. 163. 164.

(2) L'empereur Rodolphe dernier n'avoit rien de plus à cœur, que cette inutile recherche. Cabrera confesse, l. 12.

immenses, & le produit de toutes ces sommes s'est réduit à quelques petites gouttes d'or qui n'étoient pas assurément capables d'étancher la soif qui les avoit excités à cette dépense. Des peuples entiers se sont révoltés (1) dans une présomptueuse assurance qu'ils alloient trouver cette pierre, & que, par son secours, ils seroient en état de se soutenir contre toutes les puissances, & il ne leur est resté que le repentir de leur rébellion, & la crainte d'en subir le châtiment. On cite des histoires de gens qui la possédoient. Mais, qui les a empêché de s'en servir, ou du moins de la laisser en mourant à leurs enfans (2), ou à leurs amis, s'ils n'osoient

---

c. 23. que Philippe II. employa de grandes sommes d'argent à faire travailler les chimistes aux conversions des métaux, qui lui fixèrent & congelèrent enfin du mercure transmuable en argent, à ce qu'il dit, quoiqu'avec si peu de profit, que l'invention en fut méprisée. M. L. V, t. I, p. 291.

(1) Dioclétien punit les émotions ordinaires des Egyptiens, en faisant brûler tout ce qu'ils avoient de livres, qui traitoient de cette prétendue science, afin qu'ils n'eussent plus la hardiesse de se rébeller, fondée, comme il présumoit, sur l'abondance d'or & d'argent, qu'ils se promettoient de pouvoir tirer de leurs fournaux chimiques; ce qui se lit dans les extraits d'Antioche, & dans Suidas, quand il explique le mot de Chimie.

(2) On ne sçauroit douter, que si la pierre philosophale pouvoit être trouvée, elle ne l'eût déjà été plusieurs fois, depuis un si long-temps que tant d'hommes de toutes con-

pas, par je ne sais quelle crainte mal fondée, & qu'il leur étoit aisé de détruire, la mettre eux

ditions soufflent les charbons, travaillent nuit & jour pour cela; & il semble qu'on peut dire fort raisonnablement, que, s'ils se sont peinés jusqu'ici en vain, ce n'est pas faire une action de prudence, que d'entreprendre une chose qui n'a jamais réussi à personne, quoique beaucoup en aient tenté le succès. Or si cette bonne fortune étoit arrivée à quelques-uns, & qu'ils eussent possédé enfin ce prix inestimable de leurs travaux, il est encore, à mon avis, plus vraisemblable, & d'une conséquence plus nécessaire, qu'ils auroient laissé des témoignages de leur félicité, tels que toutes les histoires en parleroient, & que personne n'en pourroient douter. Car, soit du côté des richesses incomprehensibles que donne la moindre poudre de projection, soit de la part du long âge, & de l'exemption de toutes sortes de maladies que cause cet élixir de vie, & cette médecine universelle, comme en parlent quelquefois ceux de la cabale (témoin Artephius) qui osent même coucher ici d'une espèce d'immortalité, il est certain, qu'avec un tel avantage, & un si miraculeux present du ciel, ils seroient comme des dieux en terre, qui ne trouveroient rien qui leur pût résister, ni qui les empêchât de faire universellement tout ce que bon leur sembleroit. C'est ce qui fit dire gentiment à un chiaous du grand-seigneur, qui entendoit parler à Venise, il n'y a pas fort longtems d'un certain Mamugna, comme d'un homme qui savoit l'art de faire de l'or; « si
» cela est, mon maître ne peut éviter qu'il ne devienne
» son valet ». M. L. V. 1, p. 309 310, vie du père Paul.

Ils assurent que dès l'heure qu'on en est entré en possession,

mêmes

mêmes en usage ? Ils l'ont cherchée, je n'en doute pas ; ils ont cru même la tenir, mais elle leur est échappée (1), sans qu'ils aient pu en être les pos-

---

en perd tout autre dessein, pour vaquer à celui-là seul de se tenir couvert, & d'assurer sa félicité par le secret, n'y ayant point d'autre moyen de se garantir de la violence des plus puissans qui useroient des forces qu'ils ont en main, pour se rendre maîtres de la vie & de la liberté d'une personne qu'ils croiroient capable de satisfaire à toutes leurs convoitises. Mais outre beaucoup de repliques que reçoit ce discours, & qu'on peut bien juger qu'en celant pour un tems une chose de si grande conséquence, il seroit aisé de se mettre enfin hors des termes de pouvoir être forcé, est-il possible d'ailleurs, que tous ceux qu'on dit avoir enfin trouvé la pierre philosophale, aient été de même humeur, & tous également dans la crainte ? Ne s'en est-il rencontré pas un qui eût un ami qu'il voulût faire participant de sa science, avant que de mourir ? Et n'y en a-t-il eu aucun qui fût père, & par-là, touché du désir de rendre héréditaire dans sa famille un art suffisant pour la laisser la plus glorieuse, la plus puissante, & la plus heureuse de toutes celles qui sont sur la terre ? En verité, il est très-difficile de se persuader une telle inhumanité ; & je tiens bien plus vraisemblable de dire que pas un n'ait donné jusqu'à ce but, que de croire que ceux qui y sont arrivés, aient aussitôt perdu toutes sortes de sentimens naturels, comme s'ils avoient été eux-mêmes métamorphosés en ce qu'ils cherchoient, & comme si cette pierre philosophale étoit une Meduse qui pétrifiât tous ceux qui osent l'envisager. M. L. V. t. I, 311.

(1) Leur pierre imaginaire seroit mieux nommée fuyarde.

R

sesseurs. Le langage ordinaire de ces sortes de chimistes, c'est qu'il ne leur faut plus qu'un certain degré de chaleur. Hier, ils y étoient presque parvenus; & se croyant si près d'y arriver, aujourd'hui ils recommencent; demain ils continueront, & ainsi ils espéreront toujours la trouver, & ne la trouveront point. Salomon (1), dit-on, l'a pourtant

---

que philosophique, puisque celle qui servit d'ancre aux Argonautes, s'appeloit ainsi, *lapis fugitivus*. Il y a cette différence, que ceux de Cizyque, aujourd'hui Spiga de Natolie, tenoient celle-ci attachée & chargée de plomb dans leur ville, pour l'empêcher de s'en aller, comme elle avoit fait plus d'une fois, & l'autre ne fut jamais que dans la fantaisie de ceux qui se plaignent toujours qu'elle disparoît quand ils pensent la tenir. *Id.* 12, 63.

(1) Plusieurs ont pensé que Salomon n'envoyoit à Tarsis, que pour ne pas donner à connoître ce qu'il vouloit tenir secret, & pour en rapporter quelques raretés seulement, parce qu'en effet toutes ses magnificences étoient fondées sur la pierre philosophale qu'il possedoit, & dont ils veulent qu'il ait parlé au septième chapitre de sa sagesse. Quand Salomon, dans ce chapitre, préfere la sagesse à l'or, à l'argent, & à toute sorte de pierres précieuses, il n'y a pas plus d'apparence de prendre cela à l'avantage de la chimie, que de s'imaginer avec quelques rêveurs de rabins, qu'il bâtit ce renommé temple, son trône si superbe, & ses magnifiques palais, par le moyen de la pierre philosophale. Mais ne lui a-t-on pas même attribué des livres qui en traitent expressément, avec la même impudence dont on le fait auteur de je ne sçai quels autres qui parlent de l'invocation des

trouvée. La plupart des fables de la mythologie payenne sont comme autant de voiles qui cachent l'invention de cette admirable & charmante pierre (1): cela est bientôt dit; mais quelle preuve

---

démons, comme est celui qui a pour titre, la clavicule de Salomon. *Id*, 1. 295, 299.

(1) C'est une chose certaine, à leur dire, que la plupart des fables anciennes ne couvrent point d'autre mystère; & que tout ce que les premiers poëtes, qui étoient les philosophes de leur tems, ont dit de Vulcain, de Prothée, de la toison d'or, du phénix renaissant, de la boëte de Pandore, des pommes d'or d'Atalante, ou des Hespérides, & de la descente même d'Orphée, l'un d'entr'eux, aux enfers, ne peut être mieux interprété que des opérations de la chimie. Aussi y a-t-il des livres de mythologie faits exprès, pour montrer, que presque toutes les métamorphoses du paganisme enseignent celles des métaux, & se peuvent pratiquer dans les fourneaux des chimistes. Suidas veut que le voyage des Argonautes n'ait été fait que pour avoir un livre de peau de mouton, qui enseignoit à faire de l'or, par la conversion des autres métaux. La conjecture de Strabon, l. 11, *Geogr.*, sera trouvée bien plus vraisemblable, lorsqu'il remarque de quelle façon les peuples du pays de Colchos ont accoutumé de recueillir l'or des torrens avec des peaux de mouton, d'où il juge qu'est venu le conte de cette toison d'or; en quoi il a été depuis peu suivi par Belon, qui a eu tort de ne pas nommer Strabon pour auteur de cette opinion. Le même géographe ajoute que la quantité de métaux qui se trouve dans la Colchide, a peut-être donné

en donne-t-on? Rien autre chose que de grands efforts d'esprit, pour trouver absolument des mystères où il n'y en a point. Combien d'exemples n'avons-nous pas de gens qui, avec des explications forcées de l'écriture sainte, ont prétendu soutenir les plus étranges erreurs & les opinions les plus bizarres! Un homme cherche la pierre philosophale; il s'accroche à tout ce qu'il peut, pour se prouver

---

lieu à cette galanterie des poëtes. Qui m'empêchera de soutenir, au sujet de Vulcain, dont les chimistes s'attribuent réciproquement toutes les actions, que, quand les poëtes ont écrit qu'il voulut forcer Minerve, & que d'un tel attentat naquit ce monstre d'Erichthonius, ils ont voulu signifier que les chercheurs de pierre philosophale présument mal-à-propos de forcer la nature avec le feu de leurs fourneaux, parce qu'il n'en sortira jamais que des productions imparfaites, & au lieu d'or & d'argent de bon aloi, une matière propre seulement à faire de la fausse monnoie? Que peut-on alléguer de plus précis pour l'expression de leur vaine recherche, que la fable de ce Sisyphe qui roule incessamment un rocher, tombant autant de fois qu'il pense l'avoir élevé au lieu de son repos? N'est-ce pas une figure naïve de ces misérables enfumés, soit quand ils promènent incessamment dans leur esprit le dessein de cette pierre fantastique; soit lorsqu'après mille travaux ils sont contraints de recommencer leurs opérations qui se trouvent toujours fausses, au point de leurs plus grandes espérances? M. L. V. t. I, p. 296, 302, 303, 304.

à lui-même qu'il a raison de la chercher; c'est ce qui fait que je ne sais combien de misérables (1),

---

(1) Tous ceux qui se présentent tant aux princes qu'aux particuliers, pour l'enseigner, ou pour les rendre riches en la faisant, sont toujours dans la nécessité, n'y ayant peut-être rien de plus ridicule que d'écouter ces imposteurs qui ont l'effronterie de promettre des monts-joies de biens à ceux de qui ils veulent tirer une pièce d'argent. Ennius se moquoit de quelques devins de son temps, qui demandoient une drachme pour enseigner des trésors cachés, leur disant qu'il la leur donnoit de bon cœur à prendre sur ce qui se trouveroit par leur moyen. Il faut renvoyer de même ces impudens souffleurs, quand ils se présentent. *Id.* p. 312, 313. Cic. l. 1, de Div.

Il y a des chimistes qui pour chercher la pierre philosophale, n'en deviennent pas plus riches; cela est vrai : mais il est vrai aussi qu'il y en a qui n'en deviennent pas plus pauvres. Ce sont ceux qui n'ayant pas de quoi subsister, vont en chercher chez les riches, en leur promettant de les enrichir encore davantage. Mais ces promesses ne se font pas sans mystère. Ils demandent surtout le secret & de grandes circonspections. On travaille ensuite dans les lieux les plus retirés; on se cache autant qu'on peut, & l'on a en effet bien sujet de se cacher, car souvent on ne fait que de faux or, au lieu d'en faire de véritable; & enfin toutes les peines de celui qui propose l'ouvrage, & toutes les richesses du riche employées pour l'exécuter, se réduisent en fumée, en cendres & en charbon; de sorte que l'un & l'autre sont également réduits dans une misérable indigence, & quelquefois deviennent encore plus malheureux par le dangereux

trouvent un facile accès auprès de ce bon homme crédule, en promettant de travailler avec lui si heureusement au grand œuvre, qu'il ne pourra jamais manquer de rien. C'est cet entêtement qui rend incapable de découvrir les fourberies (1), dont ces

---

usage qu'ils font de ce qu'ils ont trouvé. La Langue, t. II, p. 164, 165, *ars sine arte, cujus principium mentiri, medium laborare, & finis mendicare.*

(1) Ceux qui se mêlent de ce métier, après avoir été trompés par d'autres, prennent ordinairement plaisir à faire les mêmes fourberies qu'ils ont souffertes, & tâchent bien souvent de se récompenser par-là. Tantôt ils ont de faux & doubles creusets; une autre fois le charbon, dont ils les couvrent, est plein de poudre d'or, & le plus ordinairement ils imitent le trait de Brutus, qui porta de l'or au dieu de Delphes dans un bâton qui le cachoit. On tient que Bragadin avoit une verge de fer pareille, au bout de laquelle un peu de cire arrêtoit de la limaille d'or, qui tomba dans le creuset, aussitôt qu'il eut feint de remuer ce qui étoit dedans. Arnauld de Villeneuve se servit sans doute de quelque tour de passe-passe semblable, si tant est qu'il ait fait dans Rome ce qu'on lui attribue. Mais la plus grande partie de ce qu'on veut faire passer pour historique sur ce sujet, n'est rien qu'imposture & une pure invention d'hommes, qui ne sont jamais si ingénieux que quand il est question de s'entre-abuser. Cet Arnauld de Villeneuve, par exemple, étoit un des plus renommés médecins de son tems, qui se servoit des remèdes chimiques fort heureusement ; & parce qu'il acquit par-là de grands moyens auprès des papes & des rois de Sicile, il a laissé des meilleures maisons de Provence qui

fripons se servent pour le séduire; & enfin il est à craindre que, pour se dédommager des tromperies que lui a faites un particulier, il ne s'en venge sur le public (1), s'il veut absolument se tirer de la misère (2), où la recherche de la pierre philosophale l'a réduit.

___

portent son nom; ce qui a donné lieu à la créance commune, qu'il savoit faire la pierre philosophale. Tout ce qu'on a écrit de Remond-Lulle, de Jacques-Cœur, de Nicolas-Flamel, & de beaucoup d'autres qu'on cite, pour prouver que ce n'est pas en vain qu'on la cherche, puisque ceux-là l'ont eue & en ont fait des merveilles, peut être interprété de même; plusieurs qui se sont donné la peine d'examiner l'histoire de leur vie, ayant trouvé de meilleures causes de leurs richesses prodigieuses & de toutes leurs grandes actions, que ce qu'on allègue de cette pierre imaginaire. M. L. V. t. I, p. 306, 307.

(1) Léon d'Afrique dit qu'une partie des Arabes s'occupe à la recherche de l'élixir, & que le reste travaille à la multiplication des métaux; mais que la fin ordinaire de tous, est de falsifier la monnoie; ce qui fait qu'on voit un grand nombre de ces souffleurs, dans la ville de Fez, qui n'ont point de poing, parce que c'est la peine dont on châtie les faux monnoyeurs. *Id.* p. 305.

(2) *Pro Thesauro Carbones*, dit le proverbe, *id.* 304. Laisse-moi donc les herbes aux jardiniers, pour faire des salades aux pauvres alchimistes. Les aventures du philosophe inconnu en la recherche & en l'invention de la pierre philosophale, p. 120, 121.

Mais je laisse au lecteur à étendre ces réflexions, pour venir à Sanfugue dont je me propose de parler dans ce chapitre. Il ne comptoit donc point sur l'habileté des hommes pour trouver la pierre philosophale. Mais comme il avoit entendu dire souvent que les diables avoient des pouvoirs bien plus étendus que tous les hommes ensemble, il crut que peut-être le démon barbu pourroit lui enseigner le secret charmant qui étoit si fort selon son goût. Sa croyance à cet égard n'étoit pas pourtant bien ferme; il ne croyoit que parce qu'il souhaitoit beaucoup. Mais comment obtenir de ce démon barbu le moyen de parvenir à cette grande opération ? comment avoir commerce avec lui ? comment recevoir ses instructions ? Il jugea à propos de consulter son père là-dessus, mais adroitement, c'est-à-dire, sans lui faire connoître qu'il eût aucune intention de se servir des secours de ce mauvais esprit. Il le va trouver, lui fait l'éloge de son discours, le parcourt en sa présence, en l'engageant à raisonner sur différens articles, il le prie de lui expliquer ce qu'il croyoit & savoit de ce démon barbu, de ce diable chimiste, qui apprenoit à faire la pierre philosophale. Le bon homme ne lui donna pas de grands éclaircissemens, il se contenta de dire en général, que les diables avoient de grandes connoissances & de grands pouvoirs, & se retrancha, pour ne pas découvrir son ignorance, sur le scrupule qu'il se faifoit d'apprendre à qui que ce foit ce qu'il faut faire pour former & entretenir commerce avec ces mauvais efprits; il aima mieux avoir recours à des pratiques fuperftitieufes où il n'eft fait aucune mention de diables, ni de diableries. Il dit donc à fon fils qu'il favoit des fecrets immanquables, pour faire la pierre philofophale, fans que le diable s'en mêlât. Il faut, lui dit-il, mettre en ufage ce que de grands hommes nous apprennent dans des ouvrages approuvés & imprimés. On trouve, felon eux, des tréfors; on acquiert autant de richeffes qu'on en fouhaite avec une figure qui repréfente un homme barbu, ou qui porte une tête de bouc, ou un bouc, un cerf, &c. (1), ou avec une chandelle

---

(1) *Si hominis figuram habueris, cum hircino capite loco fui, fcias valere ad acquirendum divitias. Trinum magicum, p. 287.*

Cervi vel hirci figura in Chalcedonio reperta fculpta, virtutem dat augendi divitias, fi in capfulá pecuniariá refervetur. Id. p. 284.

Viri barbati habentis longum vultum & curvata fupercilia, fedentis fuper aratrum inter duos tauros, figuram fi fculptam in aliquo lapide inveneris, ad plantationes & ad omnem culturam valet, ad inveniendos thefauros & bellandum, convertet inimicos in amicos, & in multis infirmitatibus valet; & fi quis eam portaverit, fugient ferpentes à facie ejus. Id. p. 273, 278.

composée de suif humain (1) ou avec des coqs (2), que l'on conduit comme les chasseurs mènent les chiens pour découvrir le gibier; ou avec la main de gloire (3), ouvrage dont on ne peut assez admirer

---

(1) Cardan donne ce ridicule secret pour connoître s'il y a un trésor dans le lieu où l'on creuse. Avoir une grande chandelle, composée de suif humain, enclavée dans un morceau de bois de coudrier en cette manière y. Si la chandelle étant allumée dans le lieu souterrein, fait beaucoup de bruit en pétillant avec éclat, c'est une marque qu'il y a un trésor; & plus on en approchera, plus la chandelle pétillera; & enfin elle s'éteindra, quand on sera tout à fait proche. Le solide trésor du petit Albert, p. 73, 74.

(2) Les Reistres, quand ils vont aux champs, mènent avec eux des coqs, qui devinent & leur font connoître où leurs hôtes tiennent leur argent caché. De Lancre, p. 165.

(3) De la superstition, appelée *la main de gloire*, dont on prétend que se servent les scélérats pour entrer dans les maisons. L'usage prétendu de cette main de gloire, est de stupéfier & rendre immobiles ceux à qui on la présente, en sorte qu'ils ne peuvent non plus branler que s'ils étoient morts. Cette *main de gloire* est la main d'un pendu, qu'on prépare en cette manière. On l'enveloppe dans un morceau de drap mortuaire, dans lequel on la presse bien, pour lui faire rendre le peu de sang qui pourroit être resté, puis on la met dans un vase de terre avec du zimat, du salpêtre, du sel & du poivre long, le tout bien pulvérisé, on la laisse durant quinze jours dans ce pot, puis l'ayant tirée, on l'expose au grand soleil de la canicule, jusqu'à ce qu'elle soit devenue bien sèche; & si le soleil ne suffit pas, on la met

DE M. OUFLE. 267
l'invention, la vertu & le pouvoir; ou avec une

dans un four qui soit chauffé avec de la fougère & de la verveine; puis l'on compose une espèce de chandelle avec de la graisse de pendu, de la cire vierge & du sisame de Laponie, & l'on se sert de cette *main de gloire* comme d'un chandelier, pour y tenir cette chandelle allumée & dans tous les lieux où l'on va avec ce funeste instrument, ceux qui y sont demeurent immobiles. On prétend encore que les voleurs se servent inutilement de cette *main de gloire*, si l'on frotte le seuil de la porte de la maison, ou les autres endroits par où ils peuvent entrer, avec un onguent composé de fiel de chat noir, de graisse de poule blanche & du sang de chouette, & qu'il faut que cette confection soit faite dans le tems de la canicule. Le solide Trésor du petit Albert, p. 84.

Delrio rapporte à ce propos de la *main de gloire*, cette histoire dans ses recherches magiques, p. 359. Deux magiciens, dit-il, étant venus loger dans un cabaret pour y voler, demandèrent à coucher auprès du feu dans la cuisine, ce qu'ils obtinrent. La servante qui se défioit d'eux, tout le monde étant couché, alla regarder par un trou de la porte, pour voir ce que ces deux hommes faisoient. Elle vit qu'ils arrachoient d'un sac la main d'un corps mort, qu'ils en oignirent les doigts & les allumèrent, excepté un qu'ils ne purent allumer, quelques efforts qu'ils fissent; & cela, parce que, comme elle le comprit, il n'y avoit qu'elle des gens de la maison qui ne dormît pas, car les autres doigts étoient allumés, pour plonger dans un profond sommeil ceux qui étoient déjà endormis. Elle alla aussitôt à son maître pour l'éveiller, mais elle n'en put venir à bout, ni

chauve-souris (1) conservée avec art, & interrogée par celui qui s'en veut servir; ou par de certains beignets (2) faits dans un certain tems. Voilà, comme vous voyez, bien des moyens de devenir puissamment riche. Si vous saviez plus en détail l'opération & la pratique de ces moyens, vous seriez émerveillé comme moi, de voir l'adresse & l'habileté de ceux qui les ont trouvés.

Sanfugue écouta cette énumération de secrets avec toute l'attention que demandoit son extrême avarice. Il tâcha de se persuader que ces secrets pourroient produire leur effet. Je dis qu'il tâcha, car il s'en falloit bien qu'il fût aussi crédule & aussi superstitieux que son père. Quoi qu'il en soit, il

---

des autres, qu'après avoir éteint les doigts allumés, pendant que les deux voleurs étoient allés dans une chambre pour commencer à faire leur coup, &c.

(1) Des gens croyent qu'ils auront des richesses en abondance, si après avoir coupé la tête à une chauve-souris, avec une pièce d'argent, ils la mettent dans un trou bien bouché, l'y tiennent pendant trois mois, & au bout de ce tems-là lui demandent ce qu'ils veulent. Superstition de M. Thiers, t. I, p. 270.

(2) Faire ce qu'on appelle des crêpes ou beignets avec des œufs, de l'eau & de la farine pendant la messe de la fête de la Purification, en sorte qu'on en ait de faits après la messe, afin de ne point manquer d'argent pendant toute l'année. Superstition de M. Thiers, t. I, p. 376, 377.

voulut faire des épreuves, mais secrètement, de peur qu'on se moquât de lui, s'il ne réussissoit point.

Il commença par s'informer du moment de sa naissance, pour voir s'il avoit eu le bonheur de recevoir ces bénignes influences dont M. Oufle lui avoit parlé : mais il s'en trouva très-éloigné ; & ainsi il projeta de se servir à tout hasard de ces admirables secrets. Comme je craindrois d'ennuyer le lecteur, si je racontois de suite ces usages, je me contenterai de dire qu'aucun ne lui réussit : au contraire, pendant cet impertinent manège, il perdit un procès assez considérable, qu'il croyoit, comme c'est l'ordinaire des plaideurs, ne pouvoir perdre ; il fut bien honteux d'avoir donné dans ces fadaises. Il jeta au feu l'écrit de son père, afin d'oublier tout-à-fait ses extravagances. Ce qu'il fit dans la suite fut certes bien plus sûr & bien plus efficace pour s'enrichir. Il commença d'abord par s'intriguer, afin d'avoir la caisse (1) d'une ferme considé-

---

(1) C'est une plaisanterie que de dire qu'il n'y a si petite caisse qui ne renferme une pierre philosophale : mais cette plaisanterie ne laisse pas d'être fondée sur une vérité. En effet on ne voit guère de gens qui ayant la direction & la disposition d'une caisse, ne deviennent enfin, avec ce qu'on appelle le savoir-faire, en état de donner aussi leur caisse à gouverner à d'autres. Ils ressemblent aux chimistes en une

rable, & l'obtint. Etant dans cet exercice, à force de manier l'argent des autres, il en amassa assez par son adresse, pour se faire fermier lui-même. Il se mit ensuite dans plusieurs partis, dont les seuls droits de présence entretenoient sa cuisine & ses équipages; car aussitôt qu'il se vit dans les grands gains, il se mit en ménage, prit, comme ceux de sa profession, des airs de grand seigneur, se jeta dans la magnificence, & acheta grand nombre de superfluités. Il n'en auroit assurément jamais tant fait avec toutes les pratiques superstitieuses de son père.

---

chose; c'est que, comme eux, ils font secrètement leurs affaires, & ne demandent pas de témoins; mais leur sort est bien différent; car les riches deviennent pauvres, en se faisant chimistes, & les pauvres deviennent riches, en se faisant caissiers. Si ce n'est pas toujours, c'est du moins trèssouvent. La Langue, t. II, p. 165.

CHAPITRE XXV.

Où l'on voit avec quelle facilité M. Oufle soupçonnoit ceux qui l'approchoient d'être sorciers ; les frayeurs que lui donnoient ces soupçons ; les extravagances que ces frayeurs lui firent faire, & plusieurs réflexions fort curieuses sur cette matière.

JAMAIS homme n'a cru aussi fermement que M. Oufle, toutes les histoires qu'on fait des sorciers, des magiciens, & de tout ce qui est du ressort des sortilèges & des enchantemens. Il ne doutoit de rien sur cette matière ; aussi étoit-il dans des inquiétudes continuelles ; car il s'imaginoit qu'il pouvoit être ensorcelé à chaque instant. Il avoit lu tant de contes sur les moyens dont les sorciers se servent pour enchanter, pour maléficier, pour tourmenter ceux à qui ils en veulent, qu'il ne se croyoit point du tout en sûreté à cet égard. Ses meilleurs amis l'inquiétoient; les personnes qu'il n'avoit pas accoutumé de voir, & qui avoient un extérieur extraordinaire, ou qui montroient quelque difformité étrange, lui causoient de continuelles frayeurs. Si on le heurtoit par hasard, si on lui frappoit sur l'épaule, il rendoit sur le champ la pareille, sans ménager aucune bienséance. Si on le regardoit fixement, il fuyoit avec autant de vîtesse que si des dards avoient dû partir des yeux qui étoient fixés sur lui. Malheur à ceux qui lui faisoient quelque grimace ; car ils risquoient d'être aussi sévèrement traités que s'ils avoient voulu lui arracher la vie. Lui envoyer un présent, c'étoit lui donner un sujet d'inquiétude, tant il craignoit qu'il ne fût accompagné de quelque sortilège. Enfin, comme il avoit lu une infinité de manières de jeter des sorts, de pratiquer des enchantemens, de répandre des maléfices ; tout ce qui avoit quelque ressemblance, quelque rapport a ces manières, lui étoit suspect, l'effrayoit, & lui faisoit faire des choses véritablement extravagantes.

Il avoit lu, par exemple, qu'un sorcier avoit maléficié le pain (1) qu'un boulanger mettoit dans son four ; il se mit donc dans l'esprit que tout le pain qui n'étoit pas très-blanc, pouvoit avoir été sujet au même inconvénient ; car, disoit-il, le noir est la couleur favorite des sorciers ;

---

(1) Un boulanger de Limoges voulant faire du pain blanc à l'accoutumée, sa pâte fut tellement charmée & droguée par l'infusion qu'y fit dedans une sorcière, qu'elle fit du pain si noir, si insipide & si infect, qu'il faisoit horreur. De Lancre, p. 197.

c'est

c'est avec des robes noires, que les magiciens paroissent ; les diables sont toujours peints en noir.

S'il entendoit prononcer par quelqu'un, ce mot : frappe, frappe, son imagination lui disoit, que dans ce moment, quelqu'homme mouroit de mort violente, ou qu'il arrivoit alors quelqu'aventure tragique ; & cela, parce qu'il avoit appris dans ses livres (1), qu'Apollonius de Thiane avoit parlé de la sorte, quand on poignardoit Domitien, quoiqu'il en fût fort éloigné.

Un cirier de ses voisins, étoit passionnément aimé d'une très-belle fille, beaucoup plus jeune que lui, & dont la famille étoit des plus considérables de tout le pays. Quand il apprit cette nouvelle, il ne manqua pas de conclure, que cet homme s'étoit servi d'un moyen magique, pour s'attirer cet amour. On verra dans la note ci-dessous (2), la raison de cette ridicule créance.

―――――――――――――――――

(1) On dit que lorsque l'empereur Domitien fut tué à Rome, par Stephanus, Apollonius de Thyane, faisant sa leçon en public dans la ville d'Ephèse, il resta quelque tems tout interdit & sans dire mot ; puis tout d'un coup il s'écria ; courage Stephanus, frappe le méchant, tu l'as frappé, tu l'as blessé, tu l'as tué. Medit. Histor, de Camerarius, t. I, l. 4 c. 11.

(2) Daubigné fait parler ainsi son baron de Fœneste, p. 79. Cayer m'a montré des libres de magie, composez

Il trouva dans la chambre de son valet plusieurs anneaux enfilés ensemble, qui étoient destinés pour être attachés à un rideau ; notre visionnaire crut que Mornand les gardoit pour un usage bien différent (1) ; & l'on eut toutes les peines du monde pour l'engager à changer de sentiment.

La flûte étoit dans son opinion, un instrument véritablement magique. Une histoire fameuse (2),

---

par lui de dus pieds de haut : il m'a fait boire dans une couque-d'uf, où il faisoit lou petit homme abec des germes, des mandragores, de la soye cramausie, & un fu lent pour parbenir à des choses que je ne bus pas dire. Il m'a montrai les images de cire, qu'il faisoit fondre tout vellement, pour échaufer le qur de la galande, & celles qu'il vlessoit d'une petite flèche, pour faire perir un Prince à cent lieues de-là.

(1) Les anneaux du tyran Excestus par le bruit qu'ils faisoient, l'avertissoient de ce qu'il avoit à faire. Clem. Alex. l. 1, Stro.

Aristote a écrit qu'Excestus, tyran des Phocenses, portoit deux anneaux en ses mains, lesquels par collision & son qu'ils faisoient l'un à l'autre, lui prédisoient les choses à venir, où lui conseilloient ce qu'il devoit faire. Il fut toutefois tué en trahison, quoique ces anneaux enchantés, le lui eussent predit auparavant. Le Loyer, p. 319.

(2) Schokius parle ainsi dans son petit livre latin intitulé, *Fabula hamelensis*, après Wierus & Erichius. Il est arrivé une aventure étonnante, au de-là du prodige à Hamelen sur le Weser, dans la Basse-Saxe, dont voici l'histoire.

Les habitans de cette ville étant, en l'année 1284, tour-

racontée très-sérieusement en plusieurs endroits, lui en avoit donné une si grande horreur, qu'aussi-

---

mentés d'une quantité surprenante de rats & de souris, jusques-là, qu'il ne leur restoit pas un grain qui ne fût endommagé; & plusieurs d'entr'eux songeant aux moyens de se délivrer de ce fléau, il apparut tout d'un coup un homme étranger d'une grandeur extraordinaire & effroyable, lequel entreprit, moyennant une somme d'argent, dont on convint, de chasser sur l'heure toutes les souris hors du territoire de cette ville : ainsi fut dit, ainsi fut fait. L'homme dont il est question, après avoir fait le marché, tira de sa gibecière qu'il avoit à son côté, une flûte, dont ayant commencé à jouer, tous les rats qui se trouvèrent dans tous les coins des maisons, sous les toits, sur les auvents, & dans les planchers, sortirent par bandes en plein jour, & suivirent ce joueur de flûte jusqu'au Weser, où ayant relevé ses habits, il entra dans la rivière, & les souris qui voulurent l'imiter, se noyèrent. Ayant donc exécuté de cette manière la promesse qu'il avoit faite, il vint demander l'argent dont on étoit convenu avec lui; mais il trouva que les bourgeois n'étoient plus dans la disposition de le lui compter. Voyant ce refus, il les menaça de le leur faire payer bien plus chèrement que ce qu'il avoit demandé, s'ils ne lui donnoient pas ce qu'ils lui avoient promis. Ils se moquèrent de lui & de ses menaces. Le lendemain leur étant apparu avec une mine effrayante sous la figure d'un chasseur, avec un chapeau de pourpre sur la tête, il joua d'une autre flûte, tout-à-fait différente de la première; & alors tous les enfans de la ville depuis quatre ans jusqu'à douze, le suivirent sur le champ; & il les mena dans une caverne sous une montagne hors de

S ij

tôt qu'il en entendoit jouer, on le voyoit auſſi ému que ſi l'on avoit voulu l'arracher du lieu où il

---

la ville, ſans que depuis ce tems-là on en ait jamais revu un ſeul, ni appris ce que tous ces enfans étoient devenus. Depuis cette ſurprenante aventure, on a pris dans la ville la coutume de marquer les années par ces mots, *depuis la ſortie de nos enfans*, en mémoire de ceux qui furent perdus de cette manière. Les annales de Tranſilvanie diſent qu'environ ce tems-là, il y arriva quelques enfans, dont on n'entendoit pas la langue, & que ces enfans s'y étant établis, ils y ont auſſi perpetué leur langage, tellement qu'encore aujourd'hui on n'y parle pas d'autre langue qu'en allemand-ſaxon.

Toute la preuve de cette hiſtoire conſiſte dans la vitre d'une égliſe de cette ville, ſur laquelle elle eſt peinte, avec quelques lettres que le tems n'a pas encore effacées. La ſeconde preuve eſt ſur la porte appelée la neuve, quoiqu'il y ait plus de cent ans qu'elle ſoit ſur pied, ſelon Erich, où l'on voit encore ces vers :

Centum terdenos cum magus ab urbe puellos
   Duxerat ante annos CCLXXII, condita porta fuit.

C'eſt-à-dire :

    Quand cette porte fut bâtie,
  Il y avoit deux cent & ſeptante & deux ans,
    Qu'un magicien, par tromperie,
    Nous enleva cent trente enfans.

La troiſième preuve ſont ces vers :

Poſt duo CC, mille poſt octoginta quaterque,
Annus hic eſt ille, quo languet ſexus uterque,

étoit, pour le transporter à mille lieues de-là, & le faire entièrement disparoître.

Si un homme portoit une écharpe, il jugeoit

Orbantis pueros centum trigenta Johannis
Et Pauli charos Hamelenses, non sine damnis.
Fatur ut omnis, eos vivos calvaria sorpsit.
Christe, tuere tuos, ne tam mala res quibus obsit.

C'est-à-dire :

Il y a douze cent quatre-vingt-quatre ans,
Qu'au jour de saint Jean, saint Paul, ainsi qu'on le raconte,
Les habitans d'Hamel perdirent leurs enfans,
Au nombre de cent trente en compte.
Dans le mont Koppenberg ils furent engloutis.
Seigneur, garde les tiens d'un semblable débris.

Ces inscriptions ne prouvent pas que cette histoire soit vraie, mais seulement qu'on la croyoit ainsi. Aucun historien de ce tems-là n'en a parlé, quoiqu'il y en ait plusieurs qui aient écrit dans ce tems & après, de ces pays-là. Comment les pères les laissèrent-ils aller ? S'ils craignoient le flûteur, que ne lui donnoient-ils donc son argent, plutôt que de risquer ainsi leurs enfans, puisqu'il les avoit menacés ? Comment firent-ils deux cens lieues sous terre, pour aller en Transylvanie ? D'où vient qu'on n'a pu encore découvrir ce chemin couvert ? Si le diable les a transportés en l'air, d'où vient que personne ne les a vus ? Il se peut faire que quelqu'un assez credule ait écrit en datant de cette sorte ; mais cela ne fait pas une coutume. Le Monde ench. t. I, p. 364, &c.

d'abord, que c'étoit dans le dessein de s'en servir, au lieu de navire, pour passer les mers (1).

Quand on lui montroit dans quelques relations de voyageurs, des estampes qui représentoient les sauvages avec un arc & des flèches, au lieu de croire comme les autres que ces flèches servoient pour chasser aux bêtes, ou pour combattre contre les hommes; lui, par un rafinement, qui étoit une production de ses lectures, devinoit que ces flèches servoient pour s'élever en l'air (2); & se porter par tout où ils voudroient, ou pour envoyer des maux à leurs ennemis (3), ou pour faire paroître des fleuves (4); quand ils se ver-

---

(1) Selon le Juif Benjamin en ses voyages d'Orient, un Juif magicien, nommé David Alruy, qui se rendoit invisible, & paroit cependant, passa la mer sur une écharpe, pour fuir ceux qui le poursuivoient.

(2) Suidas dit qu'Apollon donna à Abaris Scythe de nation, une flèche d'or, avec laquelle il vola de Grèce, jusqu'au pays des Scythes Hyperboréens.

(3) Les Lapons font de petits dards magiques avec du plomb, longs d'un doigt; ils les lancent vers les lieux les plus éloignés contre leurs ennemis, & leur envoyent par ce moyen des maladies & des douleurs violentes. Le Monde ench. t. I, p. 69.

(4) Un magicien, par le moyen d'un certain arc & d'une certaine corde tendue à cet arc, tiroit une flèche faite

roient en danger d'en être surpris & vaincus.

Il ne voulut jamais permettre qu'on fît son portrait, de crainte qu'on ne s'en servît pour tourmenter, & faire mourir l'original (1).

Rien n'est plus bizarre que la frayeur qu'il eut

---

d'un certain bois, & faisoit tout d'un coup paroître un fleuve aussi large que le jet de cette flèche. Delrio, disquis. mag, p. 121.

(1) On lit ceci dans le journal d'Henry III. Furent faites à Paris force images de cire qu'ils tenoient sur l'autel, & les piquoient à chacune des quarante messes qu'ils faisoient dire durant les quarante heures en plusieurs paroisses de Paris, & à la quarantième ils piquoient l'image à l'endroit du cœur, disant à chaque piqûre quelque parole de magie, pour essayer de faire mourir le roi. Aux processions pareillement, & pour le même effet, ils portoient certains cierges magiques, qu'ils appeloient par moquerie cierges bénits, qu'ils faisoient éteindre au lieu où ils alloient, renversans la lumière contre-bas, disant je ne sçai quelles paroles que des sorciers leur avoient apprises. Tout cela ne fit aucun mal à ce monarque; & nous pouvons sûrement conclure que ce sont des choses qui en elles-mêmes n'ont point de vertu; mais elles en peuvent avoir beaucoup sur ceux qui les craignent. Réponse aux questions d'un provincial, t. II, p. 94, 95.

Le procès d'Enguerrand de Marigny étoit principalement fondé sur les images de cire conjurées, par le moyen desquelles il étoit accusé d'avoir voulu tuer le roi. Démonom. de Bodin, p. 16.

Boëte raconte en son histoire d'Ecosse, que le roi Dufus

un jour dans une rue; il trouva sur son passage un homme qui bailla de toute l'étendue de sa bouche, qui étoit fort grande. M. Oufle recula trois pas en arrière, en voyant cet étrange bailleur; il crut que c'étoit un sorcier qui l'alloit avaler tout vif. Qu'on ne s'étonne point de cette imagination; car enfin, il faut que je dise, pour la justification de ce bon homme, qu'elle étoit fondée sur des exemples (1) qui lui étoient parfaitement connus.

---

périssoit petit à petit par le maléfice d'une sorcière, qui ayant la figure de ce prince en cire, la fondoit petit à petit.

Un magicien, nommé Jean, fit mourir Simeon de Bulgarie, en faisant abattre la tête de sa statue. Cedrenus.

(1) Winceslas, fils de l'empereur Charles IV, faisant ses noces avec Sophie, fille du duc de Bavière, le beau-père connoissant que son gendre prenoit plaisir à des spectacles ridicules & à des enchantemens, fit amener de Prague une charretée de magiciens. Le magicien de Winceslas, nommé Zito, feignant être en la troupe pour regarder comme les autres, se présente, ayant, ce semble, la bouche fendue de part & d'autre jusqu'aux oreilles; il l'ouvre, & dévore tout d'un coup le maître Gonin du duc, avec tout son équipage, excepté ses souliers, parce qu'ils étoient trop sales, & qu'il cracha bien loin de lui. Ensuite ne pouvant digérer telle viande, il va se décharger dans une grande cuve, pleine d'eau, & vide par le bas son homme. Méditation historique de Camerarius, t. I, l. 4, c. 10.

Jean Trithème rapporte qu'un médecin Juif, appelé Sede-

Mais je ne lui pardonnerai point une autre crédulité, quoiqu'elle soit encore fondée sur une histoire tirée de ses livres; c'est que trouvant le même jour en son chemin un serrurier, qui tenoit à la main une grande tringle de fer, qu'il alloit porter dans une maison pour y suspendre un rideau, il se mit à danser (1) publiquement, & à faire mille cabrioles; de sorte qu'une infinité d'enfans & de polissons s'étant assemblés autour de lui, & le regardant comme un fou, l'accompagnèrent jusqu'à sa maison, avec des huées qui furent très-désagréables pour sa famille; car sa femme & ses enfans entendant un si grand bruit, mirent la tête aux fenêtres, & furent les témoins de son extravagance. Madame Oufle, outrée de douleur & de confusion, lui demanda pourquoi il s'avisoit de faire ainsi publiquement le baladin ? Si vous eussiez été en ma place, il vous auroit été impossible de n'en pas faire autant que moi, lui répondit-il, est-ce que je pouvois résister à un diable de

___

chias, sembloit dévorer les hommes, une charrette chargée de foin, couper des têtes, puis remettre le tout dans son état. Delrio disquis. mag. p. 33.

(1) Une jeune fille sorcière qui demeuroit à Genève, faisoit danser & sauter toutes les personnes qu'elle touchoit avec une verge de fer que le diable lui avoit donnée. Dem. de Bodin, p. 179.

sorcier qui tenoit en sa main une verge enchantée, faite exprès pour faire danser ceux qui se trouveroient devant lui ? Vous ne connoissez pas, ma femme, la puissance des magiciens. Vous savez, lui ajouta-t-il, que Tirtave me pria, il y a quelques jours, d'un grand festin qu'il donnoit à ses amis. Je n'y voulus point aller ; je ne vous en dis point alors la raison. Hé bien ! je vais vous la dire. Sachez donc que cet homme a toujours passé dans mon esprit pour un magicien, & il ne me pria de son festin que pour me jouer un mauvais tour ; enfin, si j'y étois allé, j'aurois couru risque d'en revenir sans nez (1). Eussiez-

___

(1) Jean Paustus de Cundligen, Allemand, étrange enchanteur & magicien, se rencontra un jour à table avec quelques-uns qui avoient beaucoup entendu parler de ses prestiges & tours de passe-passe, & ils le prièrent de leur en faire voir quelque chose. Il se fit fort presser. Enfin par l'importunité de ces banqueteurs, qui avoient la tête échauffée, il promit de leur montrer ce qu'ils voudroient. D'un commun consentement ils demandèrent qu'il leur fît voir une vigne chargée de raisins mûrs & prêts à cueillir. Ils croyoient que, comme on étoit alors dans le mois de Décembre, il ne pourroit faire ce prodige. Il consentit à leur demande, & promit que tout-à-l'heure, sans sortir de table, ils verroient une vigne telle qu'ils souhaitoient ; mais à condition que tous tant qu'ils étoient, ils resteroient dans leurs places & attendroient qu'il leur commandât de couper & cueillir les grappes de raisins : les assurant que quiconque

vous été bien aise, ma femme, de voir votre mari sans nez ? Vous vous moquez de ce que je vous dis ; mais vous en croirez tout ce qu'il vous plaira ; je ne serai pas assez fou, pour risquer de perdre mon nez, afin de vous convaincre. La pauvre Madame Oufle écoutoit son mari avec confusion, tant ses raisonnemens lui faisoient de pitié. Elle ne voulut point les combattre, car elle connoissoit trop sa foiblesse & son entêtement, pour espérer de lui faire entendre raison. Elle se contenta de baisser les yeux, de lever les épaules ; & quoique le discours qu'elle venoit d'entendre

─────────────

désobéiroit, courroit risque de sa vie. Tous ayant promis de lui obéir exactement, tout d'un coup Faustus, par ses enchantemens, charma de telle sorte les yeux & la fantaisie de ces conviés qui étoient ivres, qu'il leur sembloit voir une très-belle vigne, chargée d'autant de longues & grosses grappes de raisin, qu'ils étoient pour lors d'hommes assis à table. Ces gens excités par la vue de ces beaux & gros raisins, prennent leurs couteaux, attendant que Faustus leur commandât de couper les grappes. Il se fit un plaisir de les tenir quelques tems dans cette posture : puis tout d'un coup il fait disparoître la vigne & les raisins; & chacun de ces buveurs pensant avoir en main sa grappe pour la couper, se trouva tenant d'une main le nez de son voisin, & de l'autre un couteau pour le couper. De sorte que s'ils eussent coupé ces grappes, sans attendre l'ordre de Faustus, ils se seroient coupé le nez les uns aux autres. Médit. histor. de Camerarius, t. I, l. 4, c. 10.

fût véritablement rifible, elle fe retira, ayant beaucoup plus d'envie de pleurer que de rire.

On fait, (& je ne doute pas que le lecteur ne l'ait quelquefois éprouvé) qu'il y a des gens qui, en parlant, éclaboussent de leur falive ceux qui les écoutent. M. Oufle évitoit, autant qu'il pouvoit, cette forte de gens; mais c'étoit bien moins par dégoût, que parce qu'il fe croyoit averti par fes lectures qu'ils pouvoient être des forciers, & forciers d'autant plus dangereux, qu'il étoit à craindre qu'ils ne le fiffent mourir, en lui crachant ainfi au vifage (1). M. Oufle étant allé un foir chez un tifferand avec fa fille Camèle, pour quelqu'ouvrage qu'il avoit deffein de faire faire, il ne voulut jamais entrer dans l'endroit où cet ouvrier travailloit, parce qu'il y avoit une lampe allumée. Il fortit même, fans lui parler de fon deffein; & fur ce que fa fille lui demandoit la raifon d'une retraite fi prompte & fi précipitée, il lui dit brufquement: eft-ce que vous voudriez, ma fille, paroître devant cet homme de la même manière que vous étiez, quand vous fortîtes du ventre de votre mère? La

---

(1) Paapis, dans l'îe de Thule ou Tilemark, fi nous en croyons Antoine Diogène, rapporté par Photius dans fa bibliothéque, c. 166, en crachant publiquement au vifage des gens, les faifoit mourir le jour, & la nuit leur donnoit la vie.

pauvre fille fut très-embarrassée : ce que son père disoit, étoit pour elle une énigme à laquelle elle ne pouvoit rien comprendre (1).

Il faisoit bâtir un cabinet au bout de son jardin; un voiturier y ayant fait conduire les pierres nécessaires pour ce bâtiment, il le fait venir, lui demande ce qu'il lui faut pour ces pierres, & sur ce qu'il croyoit qu'elles devoient coûter plus que ce voiturier n'en demandoit, il se va imaginer qu'il les donne à bon marché, parce qu'il savoit changer en pain celles qui lui restoient (2), & qu'ainsi il pouvoit livrer à vil prix les autres. Il poussa son extravagance jusqu'à craindre que, s'il ne le payoit très-largement, il ne changeât dans la suite en pains les pierres qu'il achetoit, & que la pluie venant à tomber, son bâtiment ne devînt un véritable potage. Je m'attends bien qu'on trouvera fort étrange que je rapporte une folie aussi dénuée de vraisemblance; mais l'exactitude dont je fais profession, comme historien, ne me permet pas de la passer sous silence.

---

(1) Un magicien, par le moyen d'une lampe allumée, excitoit toutes les femmes qui étoient dans la chambre, à se mettre toutes nues & à danser en cet état. Delrio. Disquis. mag. p. 112.

(2) Glycas dit, partie 2, que Simon le magicien, changeoit les pierres en pain. *Id.* p. 124.

Un homme à larges manches l'étant venu voir, pour une affaire importante, fut obligé de le quitter sans avoir pu tirer raison de lui. Notre visionnaire parla très-peu, & le peu qu'il dit fut très-mal à propos, parce qu'il eut sans cesse les yeux attachés sur les manches de cet homme, pour voir s'il n'en sortiroit point du feu, & s'il n'y entendroit point gronder le tonnerre (1). Il n'en sortit pourtant autre chose que deux bras qui gesticuloient selon les attitudes que demandoit le discours de celui qui parloit. Voici une autre vision qui n'est pas moins bizarre.

Un chien qui tenoit un grand os dans sa gueule, passoit devant sa maison dans le tems qu'il en sortoit; il le regarde & le suit, doublant le pas, & courant même quelquefois, afin de ne le pas perdre de vue. Le chien, qui se voyoit suivi, se retournoit de tems en tems, grondant comme si un autre chien avoit voulu lui arracher sa proie. M. Oufle s'arrêtoit, quand le chien s'arrêtoit; & celui-ci, à chaque pas qu'il faisoit, regardoit son persécuteur du coin de l'œil. Enfin il entra chez son maître, & notre homme, après avoir resté près d'une

―――――――――――――――――――

(1) On a dit que Grégoire VII avoit si bien appris la magic de Théophilacte & Laurens, disciples de Sylvestre, qu'il faisoit sortir du feu en secouant ses bras, & petiller des tonnerres de sa manche. Naudé, p. 400.

heure à la porte, pour voir s'il n'en fortiroit point, jugea, ne le voyant plus paroître, qu'il appartenoit à quelqu'un de cette maifon.

Il apprit dans le voifinage que c'étoit le chien d'un favant, logé à un quatrième, fur le derrière, & que prefque tous les jours cet animal alloit par la ville, & revenoit d'ordinaire la gueule pleine de quelque os, ou de quelques bribes, dont il fe nourrifloit. M. Oufle fecoua la tête, marquant par ce gefte, qu'il entendoit bien un autre myftère; pour abréger, il crut que le favant étoit un magicien, & qu'il employoit les os que fon chien alloit chercher, pour lui fervir de voiture, quand il auroit des voyages à faire fur mer (1). On dira, que j'écris bien des pauvretés; je répons, que je ne les écrirois pas, fi M. Oufle ne m'en donnoit occafion. Ce pauvre homme étoit bien ridicule par fes vifions; je le donne tel qu'il étoit. Quant à moi, lorfqu'il s'agit de forcier, la feule expofition des contes qu'on en fait, & des defcriptions que l'on donne de leurs dires & faits, fuffit pour m'empêcher de les croire.

Quoi! je croirai, par exemple, feulement, parce qu'on l'a dit, qu'un magicien promenoit

---

(1) Ollerus, avec un os enchanté, paffoit de vaftes mers, comme s'il avoit été dans un vaiffeau. Delrio. Difquif. mag. 124.

le cadavre (1) d'une fille par-tout où il vouloit; que jamais on n'a pu toucher certaines pommes d'or enchantées, qui étoient placées fur les tours d'un palais (2); que des gens font retenus pendant plufieurs fiècles dans des cavernes (3),

---

(1) Un magicien promenoit où il vouloit le cadavre de la célèbre joueufe de harpe de Boulogne, par le moyen d'un charme qu'il avoit attaché fous une des aiffelles de ce cadavre, & le faifoit jouer de la harpe, comme fi c'eût été un corps vivant & animé. Un autre magicien ôta ce charme, & le cadave tomba auffitôt par terre & demeura fans mouvement. Peucer, p. 11. Superft. de Thiers, t. I, p. 130.

(2) Jean Leon, Africain, dit qu'au haut des tours de Maroc, il y a trois pommes d'or d'un prix ineftimable, qui font fi bien gardées par enchantemens, que les rois de Fez n'y ont jamais pu toucher, quelques efforts qu'ils aient faits.

(3) Olaus Magnus dit, c. 19, qu'il y a dans la Cottie orientale, un grand lac d'eau douce que l'on appelle *Veten*, au milieu duquel il y a une île agréable & fpacieufe, & deux églifes, fous l'une defquelles eft une caverne dans laquelle on ne peut entrer que par une longue allée baffe & courbée, d'une profondeur incroyable. On y entre avec des lanternes allumées & un peloton de fil, afin de pouvoir retrouver le chemin par où on eft entré. On y va pour y voir un magicien qui s'appelle Gilbert, & qui y eft retenu depuis un grand nombre d'années par art magique pour fon malheur, par Catyllus fon propre précepteur, qui l'y condamna, lorfqu'il voulut fe rébeller contre lui & s'ériger en maître.

par

par des magiciens impitoyables, comme si ces misérables sorciers avoient une puissance suprême pour disposer des hommes à leur volonté; que quand un gueux, un misérable vaurien fait pacte avec le diable, pour s'enrôler à son service (1), les tempêtes s'élèvent, tout l'air est en mouvement, toute la sphère du feu est en agitation, toute la mer se trouble & élève ses flots, comme si ces élémens vouloient marquer la part qu'ils prennent dans l'enrôlement de ce faquin; que les fleuves vont ôter leur chapeau, ou, pour mieux parler, vont saluer un sorcier, afin de lui témoigner leur vénération & leur respect, & que dans le même tems que ce sorcier reçoit cet hommage, il est encore à mille lieues de-là où il arrête avec une autorité absolue les aigles qui

---

Cet ensorcellement s'est fait par le moyen d'un petit bâton, sur lequel étoient gravées quelques lettres russiennes & gothiques, que son maître lui jeta, & que ce Gilbert ramassa; & aussitôt il devint immobile, en sorte qu'il ne put se défaire de ce petit bâton, où il demeura collé. On n'en ose approcher à cause des vapeurs malignes. Cependant on y va souvent, & on continue d'en faire le conte, sans l'avoir vu.

(1) Palingenius témoigne qu'il s'élève ordinairement une tempête qui ruine les vignes & les moissons, quand les magiciens s'enrôlent, ou qu'ils consacrent un livre, ou qu'ils s'emparent d'un trésor caché.

T

ofent paſſer ſur ſa tête (1) ; qu'avec une je ne ſais quelle pierre, ou après avoir avalé de certains billets, on ne peut être, ni bleſſé, ni décapité, ni brûlé (2) ; que quand on lit le grimoire &

(1) On dit que Pythagore parut avec une cuiſſe d'or aux jeux olympiques; qu'il ſe fit ſaluer par le fleuve Neſſus; qu'il arrêta le vol d'un aigle; qu'il apprivoiſa une ourſe ; qu'il fit mourir un ſerpent; qu'il chaſſa un bœuf qui gâtoit un champ de féves, par la ſeule vertu de certaines paroles; qu'il ſe fit voir au même jour & à la même heure en la ville de Crotone & en celle de Metapont, & qu'il prédiſoit les choſes futures avec telle aſſurance, que beaucoup tiennent qu'il fut nommé Pythagore, parce qu'il donnoit des réponſes non moins certaines & véritables que celles d'Apollon Pythien. Naudé, p. 157. *Porphyr. in ejus vitâ.* Les auteurs qui ont parlé de Pythagore, comme d'un enchanteur, ont rapporté, non l'opinion qu'ils avoient de lui, mais les faux bruits qui avoient été de tout tems ſemés entre le peuple par la malice de Timon Lephlyrſien & ſes autres ennemis. Naudé, p. 160.

(2) Marc Polo aſſure, l. 3, c. 2, que huit inſulaires de Zipangu ne purent jamais être décapités par les Tartares, à cauſe qu'ils portoient au bras droit, entre cuir & chair, une pierre enchantée, de ſorte qu'il fallut les aſſommer pour les faire mourir.

Odoardo Barbofa dit que ceux de la grande Java fabriquent des armes fées, qui rendent ceux qui les portent invulnérables; ce qu'ils font avec tant d'art, qu'ils employent ſouvent huit & dix ans à achever une paire de ces

autres livres de conjurations, le diable vient, puis étouffe ou étrangle celui qui l'a fait venir, s'il ne lui donne rien pour le payer de ses peines (1); quand on ne lui donneroit, dit-on,

___

armes, attendant l'heure d'une favorable constellation pour y travailler, ou le moment d'une bonne élection pour y mettre la dernière main.

Un voyage de Lybie dit, c. 17, que les Marabouts de Sénéga donnent aux nègres de certains billets qu'ils appellent *grisgris*, & qui contiennent quelques mots arabes, par la vertu desquels ils prétendent être préservés de beaucoup d'inconvéniens, & surtout des coups de leurs zagayes, faisant même porter de ces *grisgris* à leurs chevaux.

On parle dans un volume du mercure François, de l'enchantement du corps-de-garde de Philisbourg, que les Suédois ne purent jamais brûler.

Sennertus dit que les soldats armés portent sur eux de petites images pendues à leur cou, pour se rendre invulnérables. D'autres avalent des billets. Le Monde enchanté, t. IV, p. 355.

(1) Le diable tord le cou à ceux qui lisant le grimoire, le font venir sans lui rien donner, pas même une savatte, un cheveu ou une paille. Cir.

Delrio dit, l. 2, quest. 19, qu'Agrippa étant à Louvain, & un diable ayant étranglé un de ses pensionnaires (qui lisoit un livre de conjurations), il commanda à ce diable d'entrer dans le corps du pensionnaire, de le faire marcher sept ou huit jours devant la place publique, avant que de le quitter, afin qu'il ne fût point soupçonné d'être l'auteur de sa mort, quand tout le peuple l'auroit jugé subite & naturelle.

qu'une favatte ou une noix, il ne fait aucun mal, & s'en revient fort content. Quelles fadaifes ! quelles impertinences ! cependant, non - feulement M. Oufle, mais encore une infinité de gens croyent tous ces contes ; fi l'on en croit les Démonographes, on ne manque de rien, on vient à bout de tout, fi on a un forcier à fa difpofition, pourvu qu'on fache les pouvoirs de la magie, & qu'on en veuille faire ufage. Un valet a-t-il pris la fuite après vous avoir volé ? La magie fera paroître des lions, des dragons, des mers, pour l'arrêter dans fa courfe (1), & le forcera de retourner chez vous.

Souhaitez-vous favoir ce que difent les oifeaux entr'eux, (2) quand ils font ce qu'on appelle leur

___

(1) Barthelemy Giorgevitz, qui a été longtems efclave chez les Turcs, dit dans fon livre *de moribus Turcarum*, que quand un efclave a pris la fuite, fon maître écrit fur du parchemin ou du papier le nom de cet efclave, l'attache dans fa chambre, & puis avec conjurations le menace de la perte de fa vie, s'il ne revient. Alors celui-ci s'imagine voir des lions, des dragons dans fon chemin, ou que la mer l'engloutit, de forte qu'il eft obligé de retourner.

(2) On prétend que l'archevêque Laurens expliquoit le chant des oifeaux; comme il en fit un jour l'expérience, étant à Rome, devant quelques prélats, fur la rencontre fortuite d'un petit moineau, lequel avertiffoit les autres par fon chant, qu'il y avoit un chariot de blé qui étoit verfé à la porte Majeure, & qu'ils avoient moyen de bien faire leur profit. Naudé, apol. p. 414.

ramage ? Elle vous l'apprendra si bien, si l'on en veut croire ses promesses, que vous serez instruit de tous leurs desseins, de tous leurs projets & de toutes leurs intentions.

Une dame souhaite-t-elle, quand elle se regarde dans son miroir, le consulter sur autre chose, que sur sa beauté, elle trouvera des magiciens qui lui en feront un (1), où elle connoîtra si on lui fait des infidélités, si on la trouve aussi belle qu'elle croit l'être, ce qu'on dit de sa taille, ce qu'on pense de sa coiffure, de sa chaussure, de ses habits.

Si on veut se venger, faire bien des maux, causer bien des dommages; la magie a mille moyens pour y réussir; elle apprendra à mettre en pièces tout ce qui se trouvera dans le magazin d'un potier (2), d'un faïancier, d'un verrier; elle

────────

(1) Fernel dit, *l. 1, cap. 11, de abditis rerum causis*, avoir vu un homme qui, par la force des charmes & paroles, faisoit venir des spectres & images dans un miroir, lesquels par son commandement exprimoient en la glace du miroir, par écrit ou par figures tout ce qu'il vouloit savoir.

(2) Nicetas parle d'un magicien nommé Michel Sicidites, qui fit paroître, en présence d'un empereur, dans un endroit où demeuroit un potier, un grand serpent à crête rouge & furieux au tour des pots de ce pauvre homme, de sorte que celui-ci devenant extravagant, cassa tous ses pots, & le serpent disparut ensuite.

donnera des poudres pour faire naître des insectes (1) qui ravageront tous les biens de la terre ; elle enseignera des paroles, des poisons, des sorts, pour détruire les blés (2) & faire d'autres dom-

---

(1) Remy dit que les magiciens, après avoir reçu du démon une poussière fort délite, la répandent & en produisent une infinité d'insectes qui ravagent les biens de la terre. Delrio. *disquis. mag.* p. 141.

Kivasseau disoit que les poudres des sorciers se faisoient avec un chat écorché, un crapaud, un lésard & un aspic, qu'on mettoit tout cela sur le foyer, sous de bonne braise, jusqu'à ce qu'il fût devenu en poudre. De Lancre, p. 139.

Les sorcières font un poison liquide, qu'elles mettent dans un petit vase de terre, troué en plusieurs endroits par le bout, en forme d'arrosoir, jettent & font sortir cet onguent par ces trous, & l'épandent le plus qu'elles peuvent sur les fruits, & aussitôt qu'il est jeté, il se fait une nuée noire qui se convertit en brouée. De Lancre, p. 179.

(2) *Carmine læsa Ceres sterilem vanescit in herbam.*

Ovide.

Un sorcier donnoit du mal, en disant ces mots inconnus, *vach, vech, stest, sty, stu*. De Lancre, p. 507.

Eunapius semble à bon droit reprendre Constantin-le-Grand, d'avoir si légèrement reçu la délation contre Sopater, philosophe, l'un de ses amis & familiers, qu'en un tems de grande famine il avoit lié les vents par ses arts magiques. Le Loyer, p. 160.

Je trouve dans un traité d'Agobard, évêque de Lyon, composé l'an 833, un passage qui m'est si favorable, que je ne saurois m'empêcher de le rapporter, dit l'auteur des

mages; pour enforceler l'un par son chapeau (1); l'autre par ses souliers, ou ses sabots, ou par le loquet de sa porte (2); pour changer l'argent de celui-ci en charbon, ou en fumier, ou en pièces

---

pensées diverses sur la comète, t. I, p. 290. Ce savant prélat composa ce livre pour désabuser une infinité de gens, de la fausse imagination qu'ils avoient conçue qu'en ce tems-là il y avoit des enchanteurs dont le pouvoir s'étendoit jusqu'à exciter la grêle, la foudre & la tempête, toutes les fois qu'ils trouvoient bon de ruiner les biens de la terre, & qui faisoient trafic de cet art avec les habitans d'un certain pays appelé *Magonie*, qui venoient tous les ans sur des navires par le milieu de l'air, pour charger tous les grains qui avoient été gâtés par la tempête, desquels ils payoient le prix aux enchanteurs. On doutoit si peu de cela, qu'il fallut un jour que cet évêque se donnât beaucoup de fatigues pour délivrer trois hommes & une femme des mains de la populace, qui les vouloit lapider, comme étant tombés de ces navires.

(1) Un jeune enfant donnant la paix dans l'église de Mondicndo en Labourt, son chapeau étant tombé à terre, une sorcière le lui releva, sous prétexte de lui faire un bon office. L'enfant se trouva très-mal aussitôt qu'il l'eut mis sur sa tête, & mourut après quelques jours. De Lancre, p. 138.

(2) Un pauvre jeune homme ayant laissé ses sabots, pour monter à une échelle, une sorcière y mit quelque poison dedans, de sorte qu'il fut boiteux toute sa vie. *Ibid.*

Les sorciers graissent les loquets des portes pour faire mourir les personnes; ce qui arriva à Genève en 1563. *Ibid.*

de cornes (1); pour dévorer le cœur de celui-là (2); pour faire disparoître aux hommes ce qui marque leur sexe (3); pour ôter le jeu sûr à ceux qui l'ont (4), pour faire des chagrins cruels, & causer des douleurs cuisantes aux femmes par qui on a été trompé (5); pour mettre la désolation

---

(1) Un homme ayant reçu de l'argent du démon, ne trouva ensuite que des charbons ou du fumier. Delrio. *disquis. mag.* p. 148, 149.

Fauste & Agrippa, en voyageant, payoient leurs hôtes d'une monnoie qui étoit bonne en apparence; mais quelques jours après, elle se trouvoit changée en pièces de corne. L'Incred. sçav. p. 113.

(2) Pietro Della Valle parle, lettre dix-septième, de certaines sorcières qui, en regardant seulement, mangent le cœur des hommes, & quelquefois le dedans des concombres.

(3) En Allemagne il y a des sorciers qui font cacher & retirer au ventre les parties honteuses. Démonomanie de Bodin, p. 129.

(4) Un certain Cæsarius Maltesius changeoit de figure les cartes entre les mains des joueurs. Delrio. *disquis. mag.* p. 34.

(5) On dit qu'une certaine courtisanne Romaine, ayant suspendu Virgile à mi-étage d'une tour dans une corbeille, il fit éteindre, pour s'en venger, tout le feu qui étoit à Rome, sans qu'il fût possible de le rallumer, si l'on ne l'alloit prendre aux parties secrètes de cette moqueuse, & de telle sorte encore que ce feu ne pouvant se communiquer, chacun étoit tenu de l'aller voir & visiter. Naudé, p. 447.

dans une bergerie (1); pour faire paroître hypocrites, ceux qui ne le font pas (2), pour se faire aimer des femmes & les suborner (3); pour infecter les provisions des navires (4); pour faire mourir les hommes & les arbres (5).

---

(1) Les diables instruisent les sorciers à mettre sous le seuil de la porte de la bergerie qu'ils veulent ruiner, une toupe de cheveux, ou un crapaud, avec trois maudissons, pour faire mourir étiques les moutons qui passent dessus. Cir.

(2) Trois-Echelles changea le bréviaire d'un curé en un jeu de cartes. Bodin, p. 266.

(3) Louis Gaufridy lisant un livre de magie, le diable, dit-on, lui apparut; ils entrèrent en conversation. Le prêtre se donna à lui, à la charge que le diable lui donneroit moyen de suborner tant de femmes & de filles qu'il voudroit, en leur soufflant simplement au nez. De Lancre, p. 177.

A la suite de l'empereur Manuel, il y avoit un magicien nommé Sethus, qui rendit une fille éperdûment amoureuse de lui, par le moyen d'une pêche, aussitôt qu'elle l'eut mise dans son sein. *Nicetas, l. 4, histor.*

(4) Des sorciers se perchoient sur le haut du mats d'un navire, & de-là jetoient des poudres qui infectoient de poison tout ce que les pauvres mariniers avoient mis sécher au bord de la mer. De Lancre. p. 94.

(5) Pline dit, *hist. l. 7*, qu'il y a en Afrique des familles d'hommes qui font mourir les arbres, les enfans, les chevaux, les troupeaux à force de les louer.

Aulugelle dit en ses Nuits attiques, qu'en Afrique se trou-

Veut-on faire des tours de passe-passe, des espiégleries, les diables, si l'on en croit les Démonographes, sont toujours prêts à vous seconder, y a-t-il rien plus plaisant, que de voir une sorcière qui danse, & qui saute du haut d'une montagne jusqu'à deux lieues de-là (1)? On trouve dit-on, de telles sauteuses. Si vous allez à la chasse, vous arrêterez les bêtes les plus farouches, & vous les tuerez à discrétion, pourvu que vous appeliez quelque enchantement à votre secours (2); du moins on le promet ainsi; car à dieu ne plaise, que je me rende garant du succès de cette chasse.

La jolie chose qu'un diable qui voyant un sorcier fort intrigué de ce qu'il ne peut entrer dans un endroit, se change en souris ou en quelqu'autre

---

voient des familles qui ensorceloient par la langue, & en louant, faisoient mourir les arbres, les animaux & les enfans.

(1) Une sorcière sauta du haut d'une montagne jusqu'à un lieu éloigné de près de deux lieues. De Lancre, p. 210.

(2) Philostrate dit que les Egyptiens font cheminer des dragons, qu'ils les enchantent avec de certains mots, pour leur couper la tête avec plus de sûreté, & que souvent ils se servent de quelques pierres qui les rendent invisibles, comme Gygès.

Wier assure avoir vu un homme arrêter des bêtes sauvages, d'une parole, jusqu'à ce qu'il les eût tirées.

bête aussi petite, entre par un trou (1), puis ouvre en dedans la porte à son ami! mais de quoi s'avise-t-il d'user de cette métamorphose? puisqu'il a le pouvoir de prendre une telle forme, apparemment il l'a aussi d'entrer sans elle dans la serrure, & de l'ouvrir à sa volonté. Mais quand il s'agit de diableries, de sortilèges & d'enchantemens, il ne faut point faire tant de questions; elles embarrasseroient trop les enchanteurs, les sorciers & les diables.

Avez-vous beaucoup de blé sur pied & prêt à être fauché? ne cherchez point de moissonneurs, un sorcier vous épargnera cette dépense. Achetez seulement une faux; il lui fera faire à elle seule autant d'ouvrage, que le plus habile faucheur en pourroit faire. Vous la verrez voler d'un bout de votre champ à l'autre, sans qu'aucune main la tienne (2).

Que vous seriez surpris, si pendant un des plus beaux & des plus clairs jours de l'été, à l'heure de midi, vous voyiez tout d'un coup le

___

(1) Si l'on veut entrer dans des lieux fort étroits, le diable paroît comme une belette, ou comme une souris, & ouvre ensuite secrètement la porte au sorcier. L'Incred. sçav. p. 96.

(2) Simon le magicien commandoit à une faux de faucher d'elle-même; & elle faisoit autant d'ouvrage que l'ouvrier le plus habile. L'Incred. sçav. p. 40.

soleil obscurci, & les ténèbres se répandre sur la terre! Un magicien peut pourtant, dit-on, donner ce spectacle (1).

Pour que les crânes de têtes de morts qui se trouvent dans les cimetières, ne vous fassent point tant d'horreur, apprenez des Démonographes, qu'il dépend de vous de vous en servir pour prononcer des oracles (2), & donner de justes réponses sur toutes les questions qu'on vous pourra faire.

Si l'on craint les serpens, elle les rendra si peu mal-faisans & si dociles, qu'on pourra s'en divertir & les faire danser (3); mais voici un

―――――――――――――――――――――

(1) Marc Vénitien dit dans son voyage de l'Asie, que les Tartares produisent des ténèbres quand & où ils veulent.

(2) François Pic de la Myrande dit, *l.* 7, *c.* 10 *de Pra. rer.* que de son tems il y avoit un magicien fameux en Italie, qui avoit un crâne de mort, dans lequel les démons donnoient réponse, lorsqu'on l'opposoit au soleil. Le Loyer, p. 413.

Melkior Flavin, cordelier de Toulouse, dit, *l. de l'état des ames après le trépas*, avoir connu un sorcier à Rome, qui faisoit parler un démon dans le crâne d'un mort. *Id.* p. 413, 414.

(3) Les habitans de la côte de Coromandel, & quelques-uns des Cingalois & des Malabares savent enchanter les serpens, de sorte qu'en chantant ils les font danser. Lorsqu'ils font jurer quelqu'un, ils lui font mettre la main dans un pot, où il y a un serpent; s'il n'en reçoit aucune at-

spectacle plus admirable que celui de la danse des serpens. Imaginez-vous un homme sur un théâtre, qui en jette un autre en l'air, qui le déchire & le met en pièces; qui prend ensuite un enfant, & qui le coupe en deux par le milieu du corps, puis qui tranche la tête à un troisième. Ceci est véritablement un spectacle d'horreur; ne fremissez plus; le magicien va rétablir l'homme, l'enfant, & remettre la tête tranchée en sa place; ces gens déchirés & mis en pièces, seront aussi sains & aussi entiers, qu'ils l'étoient avant cette effroyable opération (1).

---

teinte, on tient que son serment est véritable; mais s'il en est piqué, on le tient pour un parjure. Ils conjurent les plus grands & les plus petits serpens, afin de n'en recevoir aucun dommage. *Baldeus Pirard.*

(1) Un Juif appelé Sedechias, jetoit un homme en l'air, le mettoit en pièces, puis le rétablissoit en son premier état. Delrio. *disquis. mag.* 9, 121.

Un magicien coupa la tête d'un valet en présence de plusieurs personnes, pour les divertir, & dans le dessein de la remettre; mais dans le tems qu'il se mettoit en état de rétablir cette tête, il vit un autre magicien qui l'en empêchoit; & voyant que quelques prières qu'il lui fît il s'obstinoit à vouloir l'en empêcher, il fit naître tout d'un coup un lys sur une table, & ensuite en ayant coupé la tête, son ennemi tomba par terre, sans tête; puis il rétablit celle du valet & s'enfuit. *C. Germain, l. 1, de Lamiis, c.* 3, *n.* 19.

Simon le magicien s'offroit à avoir la tête tranchée, avec promesse de ressusciter dans trois jours. L'empereur le fit

Voulez-vous un festin magnifique ? Les Démonographes vont vous le donner ; préparez-vous à voir des choses bien étranges. Imaginez-vous pour cela, & afin que le tout soit plus prodigieux, que ce festin se doit faire dans un champ, au bas de quelques rochers, arrosés d'un fleuve qui passe par le milieu, & que plusieurs vaches & taureaux paissent dans ce champ. Comme ce fleuve, ces taureaux & ces vaches pourroient incommoder, le magicien détournera le fleuve (1), fera retirer les vaches (2), les taureaux (3). En-

---

exécuter, & par ses prestiges, il supposa la tête d'un mouton au lieu de la sienne, & trois jours après se vint montrer. *Clemens, l. 2, recognit. & in histor. S. Petr.*

Les Durmissals de Turquie, qui sont certains religieux Mahométans, enchanteurs & magiciens vagabonds, coupent des enfans de sept à huit ans par le milieu, puis les rejoignent sans qu'on y puisse remarquer aucune cicatrice. De Lancre. p. 342.

(1) Une sorcière détournoit le cours d'un fleuve.

Fluminis hæc rapidi carmine vertit iter.
Tibulle. Eleg. 2.

(2) Pythagore voyant un jour à Tarente un bœuf qui broutoit un champ de féves, lui dit quelques paroles à l'oreille ; ce qui le fit cesser pour toujours de manger ces féves. On n'appeloit plus ce bœuf que le bœuf sacré, & en sa vieillesse, il ne se nourrissoit que de ce que les paysans lui donnoient proche du temple de Junon. *Porphyr. in ejus vitâ.*

(3) Grilland dit que du tems d'Adrien VI, un magicien

suite la place étant nette, il fera paroître en un instant un jardin, entouré d'arbres chargés de fruits, & sur ces arbres, des oiseaux, pour vous divertir, par une mélodieuse symphonie (1). Il condensera & épaissira l'air, & en fera une muraille (2) pour l'entourer, de sorte que vous ne serez importuné de la vue d'aucun passant. Après toutes ces précautions, une table chargée de mets les plus délicats paroîtra à vos yeux (3). La somptuosité y sera telle que vous l'aurez souhaitée, si vous voulez boire frais, vous n'avez qu'à dire, il tombera tant de neige (4), que vous en

---

rendit par ses charmes un taureau furieux, aussi doux qu'un mouton.

(1) Un médecin Juif, appelé Sedechias, faisoit paroître en plein hiver un jardin rempli d'arbres, d'herbes, de fleurs, & d'oiseaux qui chantoient. Delrio, p. 33 & 112.

(2) Neckam dit que Virgile avoit entouré sa demeure & son jardin, dans lequel il ne pleuvoit point, d'un air immobile, qui lui servoit comme d'un mur. Naudé, p. 446.

(3) Nous lisons d'un certain imposteur, nommé Pasete, qu'il faisoit paroître un banquet somptueux, & ensuite disparoître, aussitôt qu'on s'étoit mis à table. Agrippa, de la vanité des Sciences, c. 48.

(4) Une sorcière dissipoit les nuages, pour rendre le ciel serein, & produisoit des neiges en été.

Cùm libet, hæc tristi depellit nubila calo :
Cùm libet, æstivo provocat orbe nives.
Tibulle. Eleg. 2.

demanderez ; mais qui eſt-ce qui vous ſervira ? qui rincera vos verres ? qui changera vos aſſiettes ? qui vous donnera à boire ? Si vous ne voulez point voir ceux qui s'acquitteront de ces fonctions, on vous fera venir des eſprits inviſibles (1), ſi vous les voulez voir, deux ou trois manches à balai, trotteront, iront, viendront (2), & vous préſenteront exactement & promptement, tout ce qui vous ſera néceſſaire. Pendant votre repas, pour vous égayer la vue, on fera danſer les rochers (3), dont j'ai parlé, & alors ils feront des ſauts auſſi légèrement, que s'ils étoient devenus des marionnettes. S'il vous prend envie de vous divertir des conviés, & de leur jouer quelque tour, vous n'aurez qu'à le témoigner à votre magicien, il

---

(1) A la table du grand Cham de Tartarie, les magiciens le font quelquefois ſervir par des eſprits inviſibles. Le Loyer, p. 334.

(2) Pancrate coiffoit en Egypte un bâton, ou quelque manche de balai, qu'il habilloit en homme ; & après avoir prononcé quelques paroles, on voyoit trotter ce bâton par le logis, & faire ce qu'il falloit ; & quand tout étoit fait, il lui rendoit ſa première forme. L'Incred. ſçav. p. 184.

(3) Galfridus Monumetenſis repréſente, l. 5, c. 5, la danſe des géans ou des grands rochers & cailloux, que Merlin fit tranſporter en Angleterre, pour dreſſer un trophée, joignant la ville d'Ambroſiopolis. Naudé, p. 321.

changera

changera leurs mains en pieds de bœuf (1), dans le tems qu'ils voudront les mettre aux plats, pour en tirer de quoi manger; ou il vous donnera le pouvoir d'attirer à vous leurs assiettes, leurs cuillers, leurs verres (2), & autres ustensiles de table, à mesure qu'ils voudront s'en servir. Enfin, quand vous le souhaiterez, tout disparoîtra, & si vous êtes éloigné de chez vous, le même manche de balai (3) qui vous aura donné à boire, vous servira de cheval, & vous transportera légèrement & sans fatigue, par tout où vous aurez dessein d'aller.

Autre merveille; c'est la chemise de nécessité (4); charmante & commode invention! car on pré-

---

(1) Ziton, Bohémien, changeoit quelquefois, dans des festins, les mains des conviés en pieds de bœufs, afin qu'ils ne pussent rien prendre des mets qu'on leur servoit. Delrio. p. 112.

(2) Cæsarius Maltesius, en remuant un morceau de verre, attiroit à lui les vases qui étoient à l'autre bout d'une table. *Id.* p. 34.

(3) Monstrelet fait mention d'un docteur en théologie, nommé Andelin, qui, pour jouir de ses plaisirs, s'asservit à Satan, lui rendit hommage & l'alloit trouver à cheval sur un bâton.

(4) Les Allemands portent la chemise de nécessité, faite d'une façon détestable, & force croix par tout, pour être garantis de tous maux. Bodin, p. 57.

V

tend que quand on la porte, on est préservé de bien des maux.

On se plaint tous les jours que l'argent est rare; on ne sait, dit-on, où en prendre; il n'en paroît presque plus dans le commerce. Comment les magiciens n'apportent-ils pas remède à une si grande disette ? Ils n'ont, comme on le veut faire croire, qu'à tirer des poils (1) de leurs habits, & ce seront autant de pièces de monnoie qui auront cours; il leur suffit encore de donner certains papiers (2), qu'on n'a qu'à secouer, pour en faire tomber des pistoles.

Faire sortir les ames des lieux où elles sont après leur mort (3); les faire marcher devant soi

---

(1) Quand une certaine fille du marquisat de Brandebourg, arrachoit des poils du vêtement de quelque personne que ce fût, ces poils étoient aussitôt changés en pièces de monnoye du pays. P. Melanchton, en une de ses épîtres.

(2) On lit au livre huitième du mélange des recits de Gilbert cousin de Nozereth, qu'un papier fut donné par un inconnu à un jeune homme de quinze ans, d'où devoient sortir des pièces d'or, autant qu'il en voudroit, à condition qu'il n'ouvriroit point ce papier qui étoit plié. Il en sortit quelques écus; il l'ouvrit ensuite par curiosité; il y vit des figures horribles, & le jeta au feu, où il fut une demi-heure, sans pouvoir être consumé.

(3) Un auteur célèbre dit que l'empereur Heliogabale étoit si savant dans la magie, que par ses sortiléges & en-

sous la figure d'ombre (1), tout cela n'est point prodige pour la magie; ce n'est, qu'un petit essai de ses pouvoirs. Mais si les sorciers ont tant de pouvoir sur les choses de l'autre monde, doit-on être surpris de celui qu'on leur attribue sur celles de celui-ci; comme, par exemple, de produire des nuées & des orages (2), quand il leur plaît; de bâtir des palais, des tours étranges, de les remplir de merveilles, & de les faire disparoître (3); de donner à des femmes des charmes

---

chantemens, il faisoit sortir des enfers les ames de Sevère & de Commode, avec lesquelles il traitoit pour apprendre les choses à venir. Dion, Xiphilin.

Une sorcière ouvroit la terre par son chant, & tiroit les manes des sépulcres.

Hæc cantu finditque solum, manesque sepulcris
Elicit.
Tibulle. Eleg. 2.

(1) Anastace de Nice dit que Simon le magicien se faisoit précéder, en marchant, de plusieurs ombres, qu'il disoit être les ames des défunts.

(2) Roger Bacon promettoit de produire artificiellement des nues, y faire gronder le tonnerre, y exciter l'éclair, & ensuite les faire resoudre en pluie. Gaffarel, p. 365. Le peuple en croit du moins autant des magiciens.

(3) D. Rodrigue, usurpateur du royaume d'Espagne, n'ayant point d'argent pour mettre promptement une armée sur pied, qu'il pût opposer à ses ennemis, resolut de faire ouvrir un lieu qu'on nommoit *la tour enchantée*, près de

insurmontables, pour dompter les cœurs des hommes, mêmes des plus grands princes, & s'en

Tolède, où l'on disoit qu'il y avoit un tresor, que personne avant lui n'avoit osé rechercher. Cette tour étoit entre deux rochers escarpés à une demi-lieue, au levant de Tolède; & au dessus du rez de chaussée, on voyoit une cave fort profonde, séparée en quatre différentes voutes, au travers d'une ouverture fort étroite, entaillée dans le roc, qui étoit fermée par une porte de fer, qui avoit dit-on, mille serrures, & autant de verroux. Sur cette porte il y avoit quelques caractères grecs, qui souffroient plusieurs significations; mais la plus forte opinion veut que c'étoit une prédiction de malheur à celui qui l'ouvriroit. Rodrigue fit faire de certains flambeaux que l'air de la cave ne pourroit éteindre; & ayant forcé cette porte, y entra lui-même, suivi de beaucoup de personnes. A peine eut il fait quelques pas, qu'il se trouva dans une fort belle salle, enrichie de sculptures, au milieu de laquelle il y avoit une statue de bronze, qui représentoit le Tems sur un piédestal de trois coudées de haut, qui tenoit de la main droite une masse d'armes, avec laquelle elle frappoit de tems en tems la terre, dont les coups retentissans dans cette cave, faisoient un bruit épouvantable. Rodrigue, bien loin de s'effrayer, assura ce fantôme, qu'il ne venoit pas pour faire aucun désordre dans le lieu de sa demeure, & lui promit d'en sortir, dès qu'il auroit vu toutes les merveilles de ce lieu-là; & alors la statue cessa de battre la terre. Le roi donnant courage aux siens par son exemple, fit une visite exacte de cette salle, à l'entrée de laquelle il y avoit une cave ronde, dont il sortit une espèce de jet d'eau, qui faisoit un murmure affreux. Sur l'estomac de la statue,

faire suivre par-tout (1); de faire parler & dis-

étoit écrit en arabe, *je fais mon devoir*, & sur le dos, *à mon secours*. Au côté gauche, contre la muraille on lisoit ; *malheureux prince ton mauvais destin t'a mené ici*. Et au côté droit: *tu seras déposé par des nations étrangères, & tes sujets seront châtiés aussi bien que toi de tous leurs crimes.* Rodrigue ayant contenté sa curiosité, s'en retourna ; & à peine eut-il tourné le dos, que la statue recommença ses coups: Ce prince fit refermer la porte, & boucher même l'endroit avec de la terre, afin que personne n'y pût entrer à l'avenir. Mais la même nuit, on entendit de ce côté-là de grands cris qui précedèrent un éclat épouvantable, semblable à un grand coup de tonnerre ; & le lendemain on ne trouva plus la tour, ni presque aucun vestige de ce qui avoit rendu cet endroit remarquable. Abulcacim Tariftabentariq, qui a écrit en arabe l'histoire des conquêtes d'Espagne par les Maures, depuis peu traduites en françois. Voyages historiques de l'Europe, par M. Jordan.

(1) Une magicienne, pour se faire aimer d'un jeune homme, mit sous son lit un crapaud dans un pot, les yeux fermés, de sorte que ce jeune homme quitta sa femme & ses enfans, sans se ressouvenir d'eux. Sa femme trouva le sort, le fit brûler, & son mari revint. Delrio, p. 422.

François Petrarque, parlant dans une épître, de son voyage de France & d'Allemagne, dit qu'un prêtre lui raconta dans la ville d'Aix cette histoire. Charlemagne, après avoir conquis plusieurs pays, devint si éperdument amoureux d'une simple femme, qu'il en négligea non seulement les affaires de son royaume, mais même le soin de sa propre personne. Cette femme étant morte, sa passion ne s'éteignit point ; de sorte qu'il continua d'aimer son cadavre, de l'entretenir

courir également des animaux vivans (1), & leur

de le careffer, comme il avoit fait auparavant. L'archevêque Turpin ayant appris la durée de cette effroyable paffion, alla un jour, pendant l'abfence du prince, dans la chambre où étoit ce cadavre, afin de le vifiter, pour voir s'il n'y trouveroit point quelque fort qui fût la caufe de ce déréglement. Il trouva en effet dans fa bouche fous fa langue un anneau, & l'emporta. Le même jour Charlemagne étant retourné dans fon palais, fut fort étonné d'y trouver une carcaffe fi puante; & fe réveillant comme d'un profond fommeil, il la fit enfevelir promptement. Mais la même paffion qu'il avoit eue pour ce cadavre, il l'eut pour l'archevêque qui portoit cet anneau. Il le fuivoit par-tout, & ne pouvoit fe féparer de lui. Ce prélat voyant cette fureur, jeta dans un lac l'anneau, afin que perfonne n'en pût plus faire aucun ufage. Enfin Charlemagne demeura toujours fi paffionné pour ce lieu, qu'il ne fortit point de la ville d'Aix. Il y bâtit un palais & un monaftère, où il acheva le refte de fes jours, & voulut y être enfeveli; ordonnant dit-on, par fon teftament que tous les empereurs de Rome fe feroient facrer premièrement en ce lieu. Recherches de Pafquier, l. 5, c. 31. La juftice criminelle de la France, fignalée des exemples les plus notables, depuis l'établiffement de cette monarchie jufqu'à préfent (1622.) par maître Laurent Bouchel, avocat en la cour de Parlement. Titre 15, chap. 7, p. 553. 554.

(1) Paul Grilland écrit, *l. de fortileg. Sect. 7, num. 24.* avoir vu brûler une forcière à Rome, qui s'appeloit Francifque de Sienne, qui faifoit parler un chien devant tout le monde.

Cedrenus rapporte fous la foi de certains faux actes de

figure (1); de tuer des hommes en abattant des statues (2); de faire mystérieusement subsister des monstres furieux dans l'eau, sous des bâtimens (3);

saint Pierre, qui couroient encore de son tems, que Simon le magicien avoit à sa porte un gros dogue qui dévoroit ceux que son maître ne vouloit pas laisser entrer; que saint Pierre voulant parler à Simon, ordonna à ce chien de lui aller dire en langage humain, que Pierre serviteur de dieu le demandoit, que le chien s'acquitta de cet ordre au grand étonnement de ceux qui étoient alors avec Simon; mais que Simon, pour leur faire voir qu'il n'en savoit pas moins que saint Pierre, ordonna au chien à son tour d'aller lui dire qu'il entrât, ce qui fut exécuté aussitôt.

(1) Les quatres oiseaux d'or, que les magiciens de Babylonne appeloient les langues des dieux, faisoient des discours achevés, pour persuader au peuple la fidélité & l'amour qu'ils devoient à leur prince. L'incred. Sçav., p. 99 & 28.

(2) Théophile, empereur Grec, se voyant obligé de mettre à la raison une de ses nations qui s'étoit revoltée sous la conduite de trois capitaines, consulta le patriarche Jean, grand magicien. Celui-ci lui conseilla de faire faire trois gros marteaux d'airain, & de les mettre entre les mains de trois hommes robustes; ce qui fut fait. Ensuite Jean mena ces trois hommes vers une statue d'airain à trois têtes en l'euripe du cirque, où ils abattirent deux de ces trois têtes avec ces marteaux, & firent seulement pencher le cou à la troisième, sans l'abattre, dans la suite une bataille se donna entre les lieutenans de Théophile & les rebelles. Deux capitaines furent tués, le troisième fut blessé, & mis hors d'état de combattre. Zonaret, t. III de ses annales.

(3) Je ne crois pas qu'il y ait rien de plus éloigné de la

V iv

de rendre victorieux dans toutes sortes de disputes (1); d'assembler tous les serpens d'une con-

---

possibilité des choses, que la rencontre sur laquelle Merlin prit sujet de déclamer ses belles prophéties; savoir que le roi Wertigierus fut conseillé par ses magiciens de faire bâtir une tour inexpugnable en quelque endroit de son royaume, où il pût demeurer en sûreté contre les Saxons qu'il avoit fait venir d'Allemagne, & que, comme il la voulut faire bâtir, à peine avoit-on jeté les fondemens, que la terre les engloutit en une nuit, & n'en laissa aucun vestige; d'où les magiciens lui persuadèrent qu'il les falloit détremper, pour les affermir & rendre stables, avec le sang d'un petit enfant qui fût né sans père, tel que Merlin se rencontra être, après une longue recherche; lequel étant amené devant le roi, disputa premièrement contre ces magiciens, & leur enseigna que dessous les fondemens de cette tour il y avoit un grand lac, & que dessous ce lac, il y avoit deux grands & furieux dragons, l'un rouge, qui signifioit le peuple de Bretagne ou d'Angleterre; & l'autre blanc, qui représentoit les Saxons, lesquels ne furent pas plutôt déterrés, qu'ils commencèrent un furieux combat, sur le sujet duquel le prophète Merlin commença à pleurer comme une femme, & à chanter ses prédictions sur l'état d'Angleterre, Naudé. Apol, 320. 321.

(1) Theodore Tronchin, professeur en théologie à Genève, prétend que Cayet contracta avec Satan sous le nom de Terrier, prince des esprits souterreins, à condition qu'il seroit heureux dans les disputes contre ceux de la religion, & qu'il seroit accompli dans la connoissance des lettres. Dict. Crit. t. II, p. 713.

trée dans un lieu (1); de se changer en papillon, quand on est poursuivi (2); de donner le talent de réussir dans la poësie (3); de rendre tel, qu'on ne puisse jamais enfoncer dans l'eau (4), quoi qu'on ne sache point nager; de n'avoir qu'à tourner son chapeau (5.) du côté du pays où l'on souhaite aller, pour s'y transporter aussitôt; de grossir épouvantablement une personne, à qui l'on en veut, & de faire une basse-cour de son ventre (6); de voler dans l'air & de se transf-

---

(1) Un magicien, après avoir contraint par ses enchantemens un nombre prodigieux de serpens de se retirer dans une fosse, fut enfin tué par un d'entr'eux, qui étoit vieux & d'une grandeur prodigieuse. Delrio, p. 153.

(2) Une sorcière se changeoit en papillon, pour éviter celui qui la poursuivoit. De Lancre, p. 313.

(3) Il y a des enfans qui se donnent au diable, pour bien faire des vers, & ils les font. *Id*, 176.

(4) Les Thebiens, sorciers, tuoient les hommes de leur souffle, & ne pouvoient enfoncer dans l'eau. Le Loyer, p. 326.

Les démons étant dans le corps des sorciers, ils les empêchent d'enfoncer. De Lancre, p. 11.

(5) Le roi Eric se transportoit du côté où il tournoit son chapeau. Delrio, p. 175.

(6) Une femme ensorcelée devint si grosse, que son ventre lui couvroit le visage. On y entendoit le même bruit que

porter dans un chariot de feu (1) ; d'obliger des arbres à saluer & à faire un compliment, quand on passe devant eux (2) ; de faire sortir des enfans d'une fontaine (3) ; de produire des montagnes & des fleuves, en jetant des pierres & de

---

font les poules, les coqs, les canards, les chiens, les moutons, les bœufs, les cochons & les chevaux. Delrio, p. 193.

(1) Wier dit, *lib. de præstigiis*, avoir vu en Allemagne un bâteleur sorcier, qui montoit au ciel devant le peuple en plein jour; & comme sa femme le prit par les jambes, elle fut aussi enlevée ; la chambrière suivit sa maîtresse, & ils demeurèrent assez longtems en l'air de cette sorte. Bodin, p. 431. 432.

On vit à Rome, sous le regne de l'empereur Claude, Simon, ce fameux magicien de la ville de Gytta, transporté sur un chariot de feu, & voler comme un oiseau au milieu de l'air. L'incred. Sçavant, p. 28. On ajoute que saint Pierre le fit tomber par ses prières, de sorte qu'il se cassa les jambes. Saint Clem. l. 6, constit. ch. 9. Arnobe *adversus gentes*. *Id.* 41.

(2) Tespesion, prince Gymnosophiste ; pour montrer qu'il pouvoit enchanter les arbres, commanda à un grand orme de saluer Apollonius, ce qu'il fit, mais par une voix grêle & efféminée. L'incred. Sçavant, p. 995.

(3) Un jour Jamblique se baignant dans les bains de la Syrie, fit sortir, en frappant l'eau de sa main, & en prononçant secrètement quelques paroles, des deux fontaines, deux jeunes enfans qui le vinrent embrasser : puis il les fit retirer dans leurs fontaines. L'incred. Sçavant, p. 1060.

l'eau derrière foi (1); de rendre invifible (2); de paroître avec deux vifages (3); de tirer des perfonnages d'une tapifferie, & de les faire combattre (4); d'attirer chez foi le blé, ou le lait, ou les arbres de fes voifins (5); d'élever fur la

---

(1) Des magiciens jetant des pierres derrière eux, formoient des montagnes; & en jetant de l'eau, ils produifoient des fleuves. Le Loyer, 329.

(2) L'anneau de Gigès le déroboit aux yeux des hommes, quand il en tournoit le chaton du côté de la main, & le faifoit voir, lorfqu'il le tournoit en dehors. Herod, l. 1, Cic. l. 3. Offic, faint Gregoire de Naz, him. 11. Thiers, t. I, p. 361.

Simon le magicien fe rendoit invifible, quand il vouloit faint Clement, *recornit. & l. 2, conftit. Apoftol.* On dit encore qu'il formoit des hommes de l'air en un moment, qu'il faifoit mouvoir des ftatues de bronze & de marbre, qu'il paffoit à travers les flammes fans fe brûler, qu'il voloit au milieu des airs. L'incred. Sçavant, 40.

(3) Simon le magicien paroiffoit quelquefois avec deux vifages. *Id. Ibid.* Delrio, p. 124.

(4) Un magicien faifoit fortir d'une tapifferie les neuf preux, & les faifoit combattre. Le Loyer, p. 471. 472.

(5) Des magiciens font venir dans leurs greniers le blé de leurs voifins. Turnebus. Delrio, p. 141.

Une magicienne faifoit tirer par le diable le lait des vaches de fes voifines, & apporter chez elle. *Ib.*

Un hérétique de Chizicho, de la fecte des Pneumatomaches, par fon art, felon Anaftafe de Nice, *quæftionib.*

tête d'un homme des cornes fort embarrassantes (1); d'affliger les nouveaux mariés, d'un maléfice des plus dangereux (2), & de faire grêler (3) en même tems qu'on ôte l'effet de cette

---

in sacr. Script, attira un olivier du champ de son voisin auprès de sa maison, pour faire ombrage à sa fenêtre, afin que ses écoliers ne fussent point incommodés du soleil.

(1) Ziton, Bohémien, voyant des gens à des fenêtres, attentifs à regarder quelque spectacle qui contentoit leur curiosité, leur fit venir au front de hautes cornes de cerf, afin de les empêcher de se retirer de ces fenêtres, quand ils le voudroient. Delrio, p. 112.

(2) Un roi d'Egypte eut pour quelque tems l'éguillette nouée. Herod, l. 2. Eulalius fut aussi charmé & noué par ses concubines. Greg. Turon, l. 10, c. 8. Brunichilde empêcha par sortilége la consommation du mariage de la fille d'Espagne avec le roi Theodoric. Aimonius, l. 3, c. 94. Un Juif mit le divorce entre le roi Pierre de Castille & la reine son épouse. *Roderic, sanctius histor. Hispan. part. 4, c. 14.*

Dans la chronique d'*Albertus Argentinensis*, il est dit que Marguerite, qui avoit épousé le comte Jean de Bohème, ayant demeuré plus de trois ans avec lui sans se pouvoir joindre, le mariage fut résolu.

La loi de Charlemagne dit, *si vir & mulier conjunxerint se in matrimonium, & posteà dixerit mulier de viro, non posse nubere cum eo; si potest probare quod verum sit, accipiat alium. Capitul, l. 6, c. 55.*

(3) Une tradition dit qu'il grêle, toutes les fois qu'on dénoue l'éguillette à qu'elqu'un. Réponse aux questions d'un provincial, t. I, p. 297.

cruelle opération; maléfice contre lequel la même magie & d'autres superstitieuses pratiques, enseignent des préservatifs & des remèdes (1); pendant que le plus sûr seroit de travailler à

---

(1) Pour empêcher le nouement d'éguillette, porter un anneau, dans lequel soit enchassé l'œil droit d'une belette. Le solide trésor du petit Albert, p. 14.

Si quis die aliquo, cum radiosus sese sol superat ex mari, &c. ter pronunciet Yemon; res maritalis priùs maleficio funerata, revivisçet. (Autor ridet). De idololatriâ magicâ. Dissertatio Johannis Filesaci, theologici Parisiensis, p. 28.

Manger de la joubarbe ou jonbarbe, afin de rompre le nouement d'éguillette dont on est affligé. M. Thiers, t. I, p. 170.

Pour délivrer ceux qui ont l'éguillette nouée, & rompre ce charme, il faut que l'époux pisse à travers la bague nuptiale, ou bien que l'on fasse chier l'épousée dans le soulier de son époux; s'il en ressent l'odeur puante, il guérira de son infirmité. Joseph, l. 1, contre Appian Alex. Cardan, *l.* 16, *de rer. variet. c.* 89.

Pour être guéri du nouement d'éguillette, il faut dit-on, faire pisser la femme par dedans un anneau. Rép. aux quest. d'un Prov. t. I, p. 297.

Les anciens faisoient chanter certains vers dans les solemnités des noces, pour empêcher le nouement d'éguillette. *Versus canebantur in nuptiis, quia fascinum putabantur arcere. Festus.*

Pline dit, l. 28, c. 19, que si l'on oint de graisse de loup le seuil & les poteaux des portes, quand les nouveaux mariés vont coucher ensemble, ils ne seront point charmés.

guérir l'imagination (1)? Je m'arrête ici; car je

---

(1) Un comte de très-bon lieu, dit Montagne, l. 1, p. 105. 106, de qui j'étois fort privé, se mariant avec une belle dame qui avoit été poursuivie d'un tel qui assistoit à la fête, mettoit en grande peine ses amis, & nommément une vieille dame sa parente, qui présidoit à ses noces, & les faisoit chez elle, craintive de ces sorcelleries; ce qu'elle me fit entendre. Je la priai de s'en reposer sur moi. J'avois de fortune en mes coffres, certaine petite pièce d'or plate, où étoient gravées quelques figures celestes, contre le coup du soleil, & pour ôter la douleur de tête, la logeant à point sur la couture du test; & pour l'y tenir, elle étoit cousue à un ruban propre à rattacher sous le menton, rêverie germaine à celle de quoi nous parlons. Jacques Pelletier, vivant chez moi, m'avoit fait ce present singulier. J'avisai d'en tirer quelque usage, & dis au comte qu'il pourroit courre fortune comme les autres, y ayant là des hommes pour lui en vouloir prêter une; mais que hardiment il s'allât coucher; que je lui ferois un tour d'ami, & n'épargnerois à son besoin un miracle qui étoit en ma puissance, pourvu que sur son honneur il me promît de le tenir très fidellement secret. Seulement, comme sur la nuit on iroit lui porter le reveillon, s'il lui étoit mal allé, il me fît un tel signe. Il avoit eu l'ame & les oreilles si battues, qu'il se trouva lié du trouble de son imagination, & me fit son signe à l'heure susdite. Je lui dis lors à l'oreille qu'il se levât, sous couleur de nous chasser, & prît en se jouant la robe de nuit que j'avois sur moi, (nous étions de taille fort voisine), & s'en vêtît, tant qu'il auroit exécuté mon ordonnance, qui fut, quand nous serions sortis, qu'il se retirât à tomber de l'eau, dît trois fois

ne finirois point, si je voulois continuer ce détail;
si je voulois dis-je, parler de certains mots (1)
auxquels on donne la vertu d'invoquer les démons;
de l'usage de peser les hommes, pour connoître
s'ils sont sorciers (2); de ce que doit faire un
sorcier, pour ôter le maléfice qu'il a donné (3);
de l'effet que produit le soupçon sur un malé-

___

telles paroles, &c. qu'à chacune de ces trois fois il ceignît
le ruban que je lui mettrois en main, &c. Cela fait, ayant
à la troisième fois bien estreint ce ruban, pour qu'il ne se
pût ni dénouer, ni mouvoir de sa place, qu'en toute assurance il s'en retournât, &c. Ces singeries sont le principal
de l'effet, notre pensée ne pouvant se démêler, que moyens
si étranges ne viennent de quelque obstruse science. Somme.
Il fut certain que mes caractères se trouvèrent plus vénériens
que solaires.

(1) Agrippa dit que les paroles magiques, dont ceux qui
ont fait pacte avec le démon, se servent pour l'invoquer,
& pour réussir dans ce qu'ils entreprennent, sont *dies, mies,
jesquet, benedo efet, douvima enitemaus*. Dict. Trev.

(2) En Hollande on pese ceux qui sont accusés de sortilége, de sorte que ceux qui pèsent moins que le poids qu'on
met, (tel qu'il est arbitré) pour les peser, dans l'autre côté
de la balance, sont reconnus pour sorciers. Il n'y a point de
poids fixe pour peser les gens; on regarde seulement leur
corpulence, & à la vue, on y proportionne le poids. C'est
dans la ville d'Oudewater. On pèse seulement les étrangers.
Le Monde enchanté, t. I, p. 319, 320.

(3) Les sorciers en ôtant un sort, sont obligés de le donner
à quelque chose de plus considerable que celui à qui ils

fice (1); de l'ufage que les magiciens font des crapauds (2); de certaines circonftances qui regardent les forciers, quand ils font entre les mains de la juftice (3); des jours, auxquels ils ne peu-

---

l'ôtent? finon le fort retombe fur eux, Bodin, p. 251, 252.

(1) C'étoit l'ancien ufage des magiciennes & des empoifonneufes, de marmotter fur les poifons. L'effet du venin étoit plus certain, lorfque le malade foupçonnoit quelque fortilége. Rep. aux queft. d'un provinc. t. II, p. 74.

(2) Les forcières font ordinairement trouvées faifies de crapauds qu'elles nourriffent & accoutrent de livrées, & les appellent au pays valois mirmilots. Bodin, p. 223.

Eft notable ce qui eft avenu à une lieue ou environ près de la ville de Bazas, au mois de Septembre 1610. Comme un honnête homme fe promenoit parmi les champs, il vit un chien fe tourmenter auprès & ès environs d'un trou, comme s'il y fût entré quelque lièvre. Cela donna fujet de rechercher pourquoi ce chien fe tourmentoit fi fort. On ouvre ce trou; il fe trouva dedans deux grands pots, liés & étoupés, bouche à bouche; le chien ne fe voulant appaifer pour cela, on les ouvre, ils fe trouvèrent pleins de fon, & dedans, un gros crapaud, vêtu de taffetas vert. Un homme dit que c'étoit lui qui l'avoit mis, afin qu'étant confumé, il pût tirer de fa tête une certaine pierre qu'on appele crapaudine. Cependant ce taffetas vert fit foupçonner qu'il y avoit un autre deffein. De Lancre, p. 133, 134.

(3) Spranger, inquifiteur, a remarqué que la forcière, bien qu'elle foit prifonnière, peut encliner les juges à pitié,

vent

vent deviner (1) ; de ce qu'ils ont imaginé fur les ongles (2) ; des chiens d'Agrippa (3) ; des

---

fi elle peut jeter les yeux fur eux la première. Bodin, p. 371.

On croit qu'un forcier ne peut ôter le maléfice qu'il a donné, tant qu'il demeurera entre les mains de la juftice. M. Thiers, t. I, p. 273.

(1) Les magiciens & devins, & autres telles fortes de gens, ne peuvent rien deviner, le vendredi ni le dimanche. Le diable ne fait pas fi ordinairement fes orgies & affemblées en ces jours-là, qu'aux autres jours de la femaine. De Lancre, p. 112.

(2) Pythagore, que quelques-uns difent avoir été magicien, logeoit quelque point de forcellerie & fecret aux ongles par ce precepte ; *præfegmina unguium criniumque ne commingito* : & Pline dit que des rognures des ongles des pieds & des mains, incorporés en cire, les forciers font certain remède & charme contre les fièvres. Il ajoute qu'ils enfeignent de mettre des rognures des ongles à l'entrée du pertuis des fourmis, & que la première qui en prendra, étant mife au cou, guerira de la fièvre. De Lancre, p. 301.

Le diable défendit à un forcier de rogner jamais l'ongle du pouce de la main gauche. *Id*, p. 263.

M. P. prétend que fi l'on rogne fes ongles aux jours de la femaine qui ont un R, comme au mardi, mercredi, ou vendredi, il viendra des envies aux doigts.

(3) Paul Joue dit en fes éloges qu'Agrippa mourut fort pauvre & abandonné de tout le monde dans la ville de Lyon, & que touché de repentance, il donna congé à un chien noir qui l'avoit fuivi tout le tems de fa vie, lui ôtant un collier,

X

visions qu'ont les sorciers pendant leur sommeil (1). Je le dis encore une fois; je ne finirois point si je prétendois m'étendre sur cette matière, autant que les lectures que j'ai faites m'en fournissent de sujets. Mais il me paroît que tout ce que je viens de rapporter, doit suffire pour apprécier comme il convient ce qu'on appelle sortilége & enchantement; retournons à M. Oufle:

---

plein d'images & de figures magiques, en lui disant tout en colère, *abi, perdita bestia, qua me totum perdidisti*. Ensuite de quoi, ledit chien s'alla précipiter dans la Saone, & ne fut depuis ni vu ni rencontré. Naudé, p. 305.

Pour ce qui est de l'histoire du chien d'Agrippa, dont on vient de parler, qui nous est representée avec plus d'éloquence que de verité par Paul Joue,

Venalis cui penna fuit, cui gloria Flocci.

c'est qu'il nourrissoit plusieurs chiens qu'il aimoit, comme Alexandre le grand aimoit son Bucephale; l'empereur Auguste, un perroquet; Neron, un étourneau; virgile, un papillon; Commode, un singe; Honorius, une poule; Heliogabale, un moineau. Agrippa parle de ses chiens, ep. 72, 74, 76, 77. Wierus, qui avoit été son serviteur, dit pourtant qu'il n'en avoit que deux qui étoient perpetuellement avec lui dans son étude, l'un desquels se nommoit monsieur, & l'autre mademoiselle. *Id*, p. 309.

(1) Nous avons vu des sorcières à Bayonne, qui après avoir sommeillé dans les tourmens, comme dans quelque douceur & délice, disoient qu'elles venoient de leur paradis, & qu'elles avoient parlé à leur monsieur. De Lancre, p. 57.

CHAPITRE XXVI.

Chagrins que causa à la femme & aux enfans de M. Oufle une aventure très-honteuse qui lui étoit arrivée, sur ce qu'il s'avisa de s'imaginer qu'une femme avoit ensorcelé un de ses chevaux ; les précautions qu'il prit pour faire ôter ce prétendu sort, & pour s'en préserver lui-même.

Nous avons vu combien M. Oufle étoit persuadé de la puissance des sorciers, & la crainte continuelle qu'il en avoit. Voici une aventure fort chagrinante qui lui arriva à cette occasion.

M. Oufle avoit un cheval de selle, des plus beaux que l'on puisse voir, & qui lui avoit coûté très-chèr. Notre visionnaire étant allé le matin à une lieue de la ville, monté sur ce cheval, pour se promener, & peut-être pour se donner en spectacle sur une si belle monture, il retourna dîner chez lui. En s'en retournant, il remarqua une dame qui étoit debout sur sa porte. Ce qui lui fit remarquer cette dame, c'est qu'elle eut toujours les yeux attachés sur son cheval, tant qu'il fut à la portée de sa vue ; c'étoit une femme très-grande, un peu vieille, plus laide que belle, & vêtue d'une robe de chambre abattue, noire, dont les manches descendoient jusqu'au poignet, comme les porteroit une veuve, ou une dévote de profession; on dit qu'elle étoit l'une & l'autre. Cet habillement lugubre, cette laideur, cette vieillesse, cette haute taille, ces regards fixes & attachés; tout cela embarrassa M. Oufle, & lui donna occasion de faire de ses réflexions ordinaires; il craignit que cette dame n'eût quelque mauvais dessein sur lui. Il continua cependant son chemin, & alla dîner dans sa maison. L'après-dînée, son fils Sanfugue s'avisa aussi de monter sur le même cheval, mais à l'insu de son père; il alla à une maison de campagne d'un de ses amis, qui donnoit un cadeau à quelques dames, & qui l'y avoit convié; le tout se passa aussi agréablement qu'on le pouvoit souhaiter. Sanfugue revint le soir, monté lui deuxième sur le beau cheval de son père, c'est-à-dire, avec une jeune dame qu'on appeloit sa maîtresse, & qui étoit aussi-bien que lui, plus pressée que les autres de s'en retourner. La double charge que portoit ce cheval, & la violence qu'on lui fit pour le presser d'arriver, le mirent dans un tel état, que le lendemain, à peine pouvoit-il marcher. Mornand, qui étoit du secret de Sanfugue, lui en donna avis; ils convinrent ensemble de ne rien dire de cette malheureuse partie; mais seulement d'avertir M. Oufle du mauvais état où se trouvoit ce pauvre animal.

Mornand se chargea d'annoncer cette mauvaise nouvelle, ce qu'il fit sans peine; parce qu'il s'attendoit bien que son maître ne mettroit rien à cet égard sur son compte. Il ne se trompoit pas; car aussitôt que M. Oufle l'eut apprise, & qu'il eut vu son cheval, il se rappela dans l'instant l'idée de la dame, grande, vieille, laide & habillée de noir, qu'il avoit remarquée la veille : en un mot, il crut que c'étoit une sorcière, qu'elle avoit ensorcelé son cheval par ses regards fixes, jugeant qu'il étoit impossible que le petit voyage qu'il avoit fait le jour précédent, eût été capable de le réduire dans cette extrémité, & que cet accident n'avoit pu être si promptement produit que par quelque maléfice des plus prompts & des plus violens. De ce jugement il passa d'abord à la résolution d'en découvrir la vérité, par un moyen des plus violens (1); il se ravisa

―――――――――――――――――――――

(1). Quand on veut savoir en Allemagne qui est la sorcière qui a rendu un cheval impotent & maléficié, on va querir les boyaux d'un autre cheval mort, en les traînant jusqu'à quelque logis, sans entrer par la porte commune, mais par la cave ou par dessous terre, & là on fait brûler les boyaux du cheval. Alors la sorcière qui a jeté le sort, sent en ses boyaux une douleur de colique, & s'en va droit à la maison où l'on brûle les boyaux, pour prendre un charbon ardent, & soudain la douleur cesse : & si on ne lui ouvre la porte, la maison s'obscurcit de ténèbres avec un tonnerre effroyable, & me-

pourtant, & pensa qu'il étoit plus à propos d'aller auparavant trouver la dame, & de l'engager par douceur, ou par menaces à ôter le fort prétendu ; mais auparavant il prit la précaution que lui suggéroient ses lectures, pour ne pas s'exposer au danger d'être lui-même ensorcelé. Il ne se contenta pas d'un préservatif, il se munit de tous ceux qu'il put trouver dans sa bibliothéque ; il mit dans ses poches du sel (1) ; & quelques oignons (2) ; il cracha sur son urine (3), & s'en lava ensuite les mains & les pieds (4) ; il cracha encore sur le

---

nace de ruine, si ceux qui sont dedans ne lui ouvrent. Bodin, 280.

(1) Il y en a qui portent sur eux du sel, ou un noyau de datte poli, afin de chasser les malins esprits. M. Thiers, 172.

(2) La dame de Chantocorena ayant jeté des poudres sur un jardin & sur un pré, elle infecta tout, excepté les oignons. Je ne sçai si c'est que le diable respecta l'oignon, parce que les anciens le tenoient aussi grand dieu que lui. De Lancre, p. 140.

(3) Selon Pline, pour se garantir des enchantemens, il faut cracher sur l'urine récente, ou sur le soulier droit. Le Loyer, 830.

(4) Ostanes, mage, disoit que contre les sortiléges, il faut mouiller le matin ses pieds d'urine humaine. *Ibid.*

Laver les mains le matin avec de l'urine, pour détourner les maléfices, ou pour en empêcher l'effet. C'est pour cela que le juge Paschase fit arroser d'urine sainte Luce ; parce

soulier de son pied droit (1) ; sur ses cheveux (2) ; & trois fois dans son sein (3) ; il casse un miroir exprès, pour en mettre plusieurs morceaux sur ses épaules (4) ; de deux cannes, il en fait faire une ; mais de telle sorte, qu'elle puisse contenir du vif-argent (5) ; sans qu'il coure risque

---

qu'il s'imaginoit, qu'elle étoit sorcière, & que par ce moyen, elle ne pourroit éluder la force des tourmens qu'il lui préparoit. *Apud Surium.* M. Thiers, t. I, p. 171.

(1) Cracher sur le soulier du pied droit, avant que de le chausser, afin de se preserver de maléfices. M. Thiers, t. I, p. 170.

(2) Cracher trois fois sur les cheveux qu'on s'arrache en se peignant, avant que de les jeter à terre, pour se preserver de maléfices. *Id*, p. 171.

(3) Cracher une ou trois fois dans son sein, afin de n'être point charmé. *Id. ibib.*

Tibulle dit, l. 1, Eleg. 2 :

Despuit in molles & sibi quisque sinus.

(4) Certaines femmes superstitieuses attachoient aux épaules de leurs enfans des morceaux de miroirs cassés, ou des pièces de cuir de renard ou de brebis, afin de les garantir de la vue empoisonnée des sorciers. Martin d'Arles, *tract. de superstit.* M. Thiers, t. I, 366. 367.

(5) Qui pourra se persuader que le vif-argent renfermé entre deux cannes, empêche toutes sortes de charmes & de sortiléges? L'incred. sçavant, p. 964.

On dit que le vif-argent, mis entre deux cannes, empêche les enchantemens. Delrio, p. 9.

de s'en échapper ; il graiffe lui-même fes fouliers d'oing de pourceau (1) ; il envoie acheter un petit balai (2); pour l'emporter chez la dame, & s'en fervir conformément aux avis que lui donnoient fes lectures ; il emporte auffi une efpèce d'échaudé, pour le donner au premier pauvre qu'il trouveroit en fon chemin (3). M. Oufle favoit encore d'autres prétendus préfervatifs ; mais comme il étoit preffé, il ne put les mettre en ufage, parce qu'il ne lui étoit pas aifé de les trouver promptement ; ce font ceux-ci. Avoir des os de fes parens (4); du cuir pris fus

___

(1) Bodin dit, l. 4, c. 4, que les magiftrats ou juges en Allemagne, font prendre à de jeunes enfans des fouliers neufs graiffés d'oing de pourceau, & les envoyent à l'églife avec cette chauffure, laquelle a une telle vertu que, s'il y a des forcières dans l'églife, elles n'en peuvent jamais fortir, s'il ne plaît à ceux qui ont aux pieds cette forte de fouliers.

(2) Pour empêcher qu'un forcier ne forte du logis où il eft, mettre des balais à la porte de ce logis. M. Thiers, t. I, p. 389.

(3) On enfeigne, pour rompre le fort d'une perfonne charmée, de faire pétrir un gâteau triangulaire de faint Loup, & de le donner par aumône au premier pauvre qu'on trouvera. Cir.

(4) Les Caraïbes, pour fe garantir des fortilèges, mettent dans une calebace les cheveux ou quelques os de leurs parens défunts, difant que l'efprit du mort parle là-dedans,

le front d'une hyœne (1); de certains excrémens (2), qu'on n'a pas auſſi facilement qu'on le ſouhaiteroit; un ſaphir blanc, gravé (3) d'une manière taliſmanique, & une certaine fleur qu'on appelle gants de notre-dame (4).

Il part donc de chez lui avec toute cette mu-

& les avertit du deſſein de leurs ennemis. De la Borde. Le Monde ench. t. I, p. 128.

(1) Selon Pline, l. 22, c. 3, on arrachoit le cuir du front d'une hyœne, & on le portoit ſur ſoi contre les enchantemens.

(2) Il y en a qui oignent le dehors & le dedans de leurs navires d'excrémens de jeunes pucelles, pour ſe preſerver des malins eſprits. Selon Damien Goés de Portugal, *de Lappiorum regione*.

Le ſang m.... de la femme attaché contre les poteaux d'une maiſon, détruit les maléfices. Le Loyer, p. 830.

(3) Pline dit, l. 37, c. 9, que le ſaphir blanc, où le nom du ſoleil & de la lune ſoit gravé, & pendu au cou avec du poil de cynocéphale, ſert contre tous charmes, & donne la faveur des rois. Mais il faut trouver les cynocéphales, qui ne furent onques. Demonomanie de Bodin, p. 282.

(4) Chez les anciens, il y en avoit qui portoient ſur leur front, en forme de couronne, la fleur qu'on appelle *les gants notre-dame*, & en latin *bacchar*, de peur qu'une mauvaiſe langue ne les charmât; ce que dit Virgile en ces termes:

. . . . *Bacchare frontem*
Cingite, ne vati noceat mala lingua futuro.
Le Loyer, p. 256.

nition extraordinaire & antimagique. Il tenoit à la main sa mystérieuse canne. Il donna au premier pauvre qu'il rencontra, son gâteau triangulaire. Etant arrivé chez la dame, il met son petit balai derrière la première porte, sans que personne s'en apperçoive, & entre ensuite chez elle assez brusquement. Elle sortoit de table, & lavoit ses mains. La première pensée qui lui vint, ce fut de boire l'eau dont elle s'étoit lavée (1). Il se retint pourtant, & n'osa pousser jusque-là son extravagance. Dans le tems qu'il entra, elle étoit avec une jeune fille qui la servoit; & sur ce qu'il commença son compliment, par lui dire qu'il souhaitoit lui parler en particulier, elle fit retirer la petite fille dans une chambre prochaine. Celle-ci, en se retirant dans cette chambre, en laissa la porte entr'ouverte, parce qu'elle eut la curiosité de savoir ce que cet homme vouloit à sa maîtresse. Il fut quelque tems sans parler; & cela, parce que regardant fixement cette femme, il remarqua qu'elle avoit beaucoup de rousseurs sur le visage, & qu'il se ressouvint alors, que quelqu'un

---

(1) Le lave-main, dont usent les sorcières de Labour, se fait ainsi. On fait venir la sorcière qui est soupçonnée d'avoir donné un maléfice à quelqu'un, & lui ayant fait laver les mains dans quelque bassin, on fait boire les ordures qui restent à la personne ensorcelée. De Lancre, p. 357.

de ses auteurs avoit dit (1), que c'étoit une marque qu'on ne pouvoit évoquer le diable, ni avoir aucun commerce avec lui. Cependant, comme il crut qu'il pouvoit se méprendre, il ne s'arrêta point dans l'exécution du dessein qu'il avoit formé. Je ne rapporterai point toutes les circonstances de leur conversation ; il suffit de dire, qu'elle fut très-vive de part & d'autre ; ce qu'on croira facilement, puisqu'elle roula sur une accusation fort injurieuse, & en même-tems très-injuste. Les emportemens furent réciproques ; & enfin le tout se termina par une action très-honteuse que fit M. Oufle, action très-honteuse en elle-même ; mais qui, relativement à la folie de notre homme, étoit seulement impertinente & ridicule. Il avoit lu, que si l'on déroboit (2) quelque chose aux gens qu'on soupçonne d'être sorciers, on se garantissoit de tous leurs maléfices : en conséquence il mit en cachette dans sa poche en sortant une montre assez riche qui étoit sur une table. Il ne fit pourtant pas ce vol si secrètement

---

(1) Les magiciens disent, que ceux qui ont des rousseurs au visage, ne peuvent faire venir les démons, quoiqu'ils les évoquent. Le Loyer, p. 830.

(2) Emprunter quelque chose d'un sorcier ou d'une sorcière, ou leur dérober quelque chose, pour se garantir contre leurs maléfices. M. Thiers, t. I, p. 172.

qu'il ne fût vu par la petite servante, à peine fut-il sorti, qu'elle en avertit sa maîtresse. Celle-ci, sur le champ, courut après lui, & ne l'atteignit que dans le tems qu'il entroit dans sa maison; elle l'y suivit criant au voleur, & faisant un vacarme épouvantable. Madame Oufle, ses enfans, & Mornand accoururent à ce bruit. La dame demande justice, accuse M. Oufle d'avoir volé sa montre, & se jette sur lui pour le fouiller; Madame Oufle & ses enfans se jettent aussi sur elle, lorsque notre voleur arrête toutes ces violences par ces paroles prononcées à haute voix, & d'un ton d'oracle; patience ma femme; patience, mes enfans; patience, Mornand; patience, vous, madame, qui m'accusez. Ce mot de patience si souvent répeté, arrêta les combattans. Il tire ensuite la montre de sa poche, & en même-tems un livre de sa bibliothéque, où il montra le beau texte qui l'avoit engagé à commettre ce larcin. La dame se saisit de la montre, puis lui laisse dire ce qu'il veut. Il raconte en sa présence, à sa famille, son soupçon, & la conversation qu'il venoit d'avoir. Le fruit de cette narration, ce fut que tout le monde reconnut que M. Oufle étoit fou. Madame Oufle & ses enfans témoignèrent à la dame tous les chagrins possibles de ce qui s'étoit passé; elle reçut bien ces excuses & témoigna qu'elle n'en conserveroit aucun ressentiment. Sansugue, qui remarquoit que son père la soupçonnoit encore de magie, pour lui ôter cette ridicule idée de l'esprit, avoua de bonne foi son voyage, avec toutes ses circonstances; & ainsi lui fit connoître qu'il étoit le seul magicien qui avoit maléficié son cheval. M. Oufle, qui vouloit absolument, comme tous ceux de son caractère, avoir eu raison dans tout ce qu'il avoit fait, marqua qu'il ne croyoit rien de ce que son fils lui disoit. Il commençoit pourtant intérieurement à le croire, & il en fut entièrement convaincu dans la suite; car on lui en donna tant de preuves, qu'il ne lui fut pas possible d'en douter. La dame se retira satisfaite, elle lia même pour toujours une étroite amitié avec Madame Oufle. Le cheval, après quelques jours de repos, reprit sa première vigueur, & M. Oufle ne cessa point d'être superstitieux & visionnaire.

Fin de l'histoire de M. Oufle.

DESCRIPTION
DU SABBAT.

Pour faire une description exacte du sabbat, il faut représenter le lieu où on le fait, le tems auquel on le fait, comment on connoît ce tems, de quelle manière on s'y transporte, comment le diable s'y comporte & s'y fait voir, & à quoi s'occupent les sorciers & les sorcières qui y assistent. Examinons donc pied à pied, & avec toute l'exactitude possible, cette prétendue diabolique assemblée. Elle sera, à la vérité, effroyable; mais le ridicule qui l'accompagnera, pourra la rendre divertissante.

Disons d'abord quelque chose de son origine & de son nom. Le Loyer soutient, liv. 4 des spectres, chap. 3, qu'Orphée institua la confrérie des Orphéotélestes, parmi lesquels Bacchus tenoit anciennement la place que le diable occupe aujourd'hui en l'assemblée des sorciers, qui ont tiré toutes leurs façons de faire & leurs superstitions de ces Orphéotélestes. Le même Loyer remarque, que ce que l'on chantoit aux orgies *saboë, évohë*, répond au cri des sorciers, *har, sabat, sabat* & que Bacchus, qui n'étoit qu'un diable déguisé, se nommoit *Sabasius*, à cause du sabbat de ces bacchanales, auquel, après qu'ils étoient initiés, ils avoient coutume de dire : « J'ai bu du tabourin, & j'ai mangé du cymbale, » & suis fait profès ». Ce que le Loyer dit, qu'il faut expliquer de telle façon, que par le cymbale on entende le chaudron & bassin, dont ils usoient, comme les sorciers modernes, pour cuire les petits enfans qu'ils mangeoient; & par le tabourin, la peau de bouc enflée, de laquelle ils se servoient pour boire, & être admis par ce moyen, aux cérémonies de Bacchus. Voyez Naudé. apol. p. 129, 130. On a encore dit que le mot sabbat est donné à l'assemblée des sorciers, à cause qu'ils s'assemblent d'ordinaire le samedi.

Quand le diable a résolu de faire le sabbat, il choisit d'ordinaire un carrefour (1), ou quelque place qui soit auprès d'un lac, ou d'une mare; le carrefour apparemment, afin que le lieu de cette sorcière d'assemblée soit à la portée de ceux qui y doivent venir, en sorte qu'ils ne soient point obligés de prendre de longs détours pour

---

(1) Le lieu ordinaire du sabbat est aux carrefours, comme disoit Isaac de Queyran, ou aux places des paroisses au-devant des églises, ou en quelque lieu désert & sauvage. De Lancre, p. 68. 69.

s'y rendre. Quant à la mare ou au lac, les sorciers assurent que ce qui engage à faire ce choix, c'est que l'on en bat l'eau, & que par ce battement on excite (1) de furieux orages; car le diable & ses disciples ne songent qu'à faire du mal, ou du moins, à donner de la crainte & de la frayeur. Il ne croît (2) rien, dit-on, dans le lieu où se fait le sabbat.

C'est ordinairement pendant la nuit que s'exécute cette bacchanale démoniaque. On prétend, que toutes sortes de nuits ne lui conviennent pas; mais seulement celles du mercredi au jeudi, ou

---

(1) L'adoration faite au diable dans le sabbat, on mène les enfans qu'on lui a presentés près d'autres enfans le long d'un ruisseau; car le sabbat ne se fait guères, que ce ne soit près d'un lac, ou d'un ruisseau, ou de quelque mare, afin de battre l'eau pour faire la grêle & exciter des orages; & là on leur baille une gaule blanche, & des crapauds à garder; puis ayant demeuré quelques années en cet état selon leur âge, on les met à un degré plus haut, & on les admet à la danse. De Lancre, p. 75, 76.

(2) Le lieu où les sorciers dansent, reçoit une telle malédiction, qu'il n'y peut croître ni herbe ni autre chose: Strozzi, auteur Italien dit, l. 4, c. 4. *Del palagib degli incanti*, avoir vu dans un champ à Castelnovo près Vincense, un cercle en rond à l'entour d'un chataignier, où les sorciers étant au sabbat, avoient accoutumé de danser, si foulé, que jamais herbe n'y pouvoit naître. *Id.* 209.

du vendredi au samedi (1). Quelques-uns veulent que l'heure de midi (2) n'en soit pas exempte : mais ce n'est que dans les plus retirés & les plus affreux déserts qu'ils s'assemblent alors ; ou bien le diable prend de l'air & en épaissit autant qu'il en faut pour les cacher.

Quand l'heure du sabbat est venue, les sorciers ne s'endorment point, c'est l'effet d'une marque (3) qui les tient éveillés pour ce tems. On dit cependant ailleurs, qu'il faut dormir alors, ou du moins avoir un œil fermé (4). Comment accorder tout ceci ? Voilà un beau sujet de dissertation pour ceux qui ont tant d'envie d'en faire ! Pour moi, je ne prendrai point cette peine.

―――――

(1) Les jours ordinaires de la convocation du sabbat, ou pour mieux dire, les nuits, sont celles du mercredi venant au jeudi, ou du vendredi venant au samedi. *Id.* 66.

(2) Catherine de Naguille de la paroisse d'Ustarits, âgée de douze ans, & sa compagne, nous ont assuré qu'elles avoient été au sabbat en plein midi. *Ibid.*

(3) Il y en a qui ont dit, que la marque des sorciers se donne par Satan, afin que ceux qui l'ont, ne s'endorment jamais, & ne perdent l'heure du sabbat. Maiol, l. 3, t. II.

(4) Une sorcière dit qu'on n'alloit jamais au sabbat qu'on n'eût dormi, qu'il suffisoit seulement d'avoir fermé un œil ; car en cet instant on y est transporté. De Lancre, p. 98.

Selon les démonographes, quand il faut se trouver au sabbat, & que l'heure en est venue, une espèce de mouton paroît dans l'air (1).

Cet avertissement étant donné, chacun songe à se trouver au rendez-vous; car il en coute (2) si l'on ne s'y trouve pas soi-même; mais encore si l'on n'y fait pas trouver ceux qu'on a promis d'y conduire (3). Le diable veut absolument qu'on lui tienne parole, quoiqu'il ne soit rien moins qu'exact à tenir celles qu'il a données.

Il s'agit à présent de se transporter au sabbat; les voitures ne manqueront pas, le diable en fournira de plusieurs sortes. Aux uns il donnera ou un balai, ou un bouc, ou un âne, ou un che-

---

(1) Quelquefois le diable fait paroître comme un mouton dans une nuée, pour avertir les sorciers de s'assembler. De Lancre, p. 504.

(2) Nous avons oui une infinité de sorcières & de témoins, qui disent avoir payé les défauts, quand on ne va pas au sabbat; tantôt un demi-quart d'écu chaque fois, tantôt dix sous. *Id.* p. 91.

(3) Si une sorcière avoit promis de mener au sabbat le fils d'un gueux son voisin, dans huit jours, on lui baille quelque délai, dans lequel, si elle n'en peut venir à bout, il faut qu'elle presente son propre fils, ou quelqu'autre d'aussi haut prix; ou plus; autrement elle est fort maltraitée. *Id.* 68.

val (1). Il suffira aux autres de s'oindre d'un certain onguent, & de prononcer certaines paroles pendant cette onction (2). Ces paroles ne sont pourtant pas toujours nécessaires; car tel s'est oinct de cet onguent, sans les prononcer, qui s'est trouvé au sabbat (3) aussi-bien que ceux

---

(1) Le diable les transporte au sabbat montés sur des bâtons, ou sur des balais, sur un bouc, un âne, un cheval ou autre animal. Ces bâtons sont oints de quelque onguent ou graisse, & cet onguent est composé de graisse d'enfant qu'ils ont meurtri. *Id.* 112.

Les sorcières de France, dit Bodin, se mettant un balai entre les jambes, & disant quelques paroles, sont transportées sans graisse ni onction. Au contraire, celles d'Italie ont toujours un bouc à la porte qui les attend, pour les transporter. *Id.* 113.

Jeanne Harvillier, native de Verbery, près Compiègne, sorcière, dit que sa mère l'avoit présentée au diable dès l'âge de douze ans; c'étoit un grand homme noir, vêtu de drap noir; qu'elle eut copulation charnelle depuis ce tems-là avec lui, jusqu'à cinquante ans, ou environ, qu'elle fut prise; que le diable se presentoit à elle, quand elle vouloit, éperonné, botté, une épée au côté, & son cheval à la porte, que personne ne le voyoit qu'elle; qu'elle couchoit même avec lui & son mari, sans que celui-ci s'en aperçût. Bodin. Pref.

(2) Lorsque les sorcières s'oignent, elles disent & répetent ces mots: *Emen-Hetan*, *Emen-Hetan*, qui signifient, *ici-&-là, ici-&-là*. De Lancre, p. 392.

(3) Un charbonnier ayant été averti que sa femme alloit

qui les avoient prononcées. Il y en a d'autres qui font ce voyage sans onction & sans passer par les tuyaux des cheminées (1). Je ne sai point du tout quelle est la voiture de ceux-ci ; je n'ai trouvé aucun éclaircissement là-dessus. Quoi qu'il en soit, tous les sorciers se rendent au sabbat, même ceux qui sont renfermés dans les prisons ; car on prétend que quelque resserrés & enchainés qu'ils soient, ils vont au sabbat comme ceux qui sont libres (2), & qu'ils y mènent avec eux ceux qui veulent bien les suivre.

---

au sabbat, l'épia. Une nuit, faisant semblant de dormir profondement, elle se leva, se frotta d'une drogue, & disparut. Il en fit autant ensuite, & fut transporté par la cheminée dans la cave d'un comte, homme de considération dans le pays, & là il trouva sa femme. Celle-ci l'ayant aperçu, fit un signe, & il ne resta que le charbonnier dans la cave, où étant pris pour un voleur, il avoua tout ce qui s'étoit passé à son égard, & ce qu'il avoit vu dans cette cave. Delrio, p. 177.

(1) Nous sommes certains, par la déposition de plus de vingt ou trente témoins de bon âge, que plusieurs sorcières vont au sabbat, sans être ointes, ni graissées de chose quelconque, & qu'elles ne sont tenues de passer par les tuyaux des cheminées, non plus que par autre lieu. De Lancre, p. 114.

(2) Les sorcières, bien qu'elles soient prisonnières, ne laissent pas de mener au sabbat les enfans ou filles qu'elles

Comme il peut arriver qu'une personne ne puisse quitter sa maison pour aller au sabbat, parce que, si elle s'en absentoit dans de certains tems, il lui en arriveroit quelque dommage; par exemple, si un mari ne trouvoit pas sa femme; une mère, sa fille; un père, son fils; un maître, son domestique; le diable prend soin de former une figure qui représente cette personne, afin qu'elle reste à la maison pendant que l'original est au sabbat (1). Savoir si cette figure parle, marche, agit comme auroit fait la personne qu'elle représente, c'est ce qu'on n'a pas dit. Il faut pourtant le croire ainsi pour l'honneur de l'invention.

Imaginons-nous à présent que tous les sorciers & magiciens, toutes les sorcières & magiciennes sont assemblés, & qu'ainsi le sabbat commence. Considérons donc d'abord celui qui y préside, les figures qu'il y prend & ce qu'il y fait.

Tout le monde sait que le diable passe pour en être le souverain seigneur; c'est par son ordre & particulièrement pour lui, que la fête se fait; il y

---

ont ensorcelés ou gâtés, tout ainsi que si elles étoient en liberté. De Lancre, p. 101.

(1) Satan voulant tirer subtilement une fille d'auprès de sa mère, la faisoit enlever par une sorcière, mettant sa figure en sa place, afin que la mère ne la trouvât à dire. De Lancre, p. 101.

commande avec une autorité abfolue ; perfonne n'oferoit lui réfifter ; fon empire eft alors tout-à-fait defpotique ; auffi ceux qui y affiftent, fe font-ils entièrement donnés à lui. La principale forme qu'il y prend, fa figure favorite, c'eft celle d'un grand bouc avec trois ou quatre cornes (1), ayant une longue queue, fous laquelle on voit le vifage d'un homme fort noir (2); & ce vifage eft placé là exprès afin de recevoir des baifers (3); il ref-femble alors à Janus (4).

Mais il ne fuffit pas de le faire paroître fimple-ment en bouc effroyable par fa figure & par fa

---

(1) Au fabbat le diable eft, felon d'autres, comme un grand bouc, ayant deux cornes devant & deux derrière, ou feulement trois. Il y a une efpèce de lumière dans celle du milieu, de laquelle il a accoutumé d'éclairer. De Lancre, p. 73.

(2) Marie d'Afpilcouette dit, qu'au fabbat le diable étoit en forme de bouc, ayant une queue, & au deffous un vifage d'homme noir. De Lancre, p. 128.

(3) Le cul du grand maître avoit un vifage derrière, & c'eft le vifage de derrière qu'on baifoit, & non le cul. *Id.* 76. On ajoute que le diable donne un peu d'argent à chacun de ceux qui lui ont baifé le derrière. Monftrelet, t. III, des chroniques *fol.* 84. Edit de Paris, 1572, *in-fol.* Réponf. aux queft. d'un provinc. t. II, p. 56.

(4) Jeannette d'Abadie de Siboro, âgée de feize ans, dit que le diable a un vifage devant & un vifage derrière la tête, comme on peint le dieu Janus. De Lancre, p. 72.

grandeur. Il faudroit encore quelque chose qui sentît davantage le prodige; les auteurs y ont pourvu, & pour cela ils le font sortir fort petit d'une cruche (1), & ensuite devenir de cette grandeur énorme dont je viens de parler; & comme on ne sauroit qu'en faire s'il restoit ainsi après la cérémonie, il rentrera dans la cruche afin qu'on n'en soit point embarrassé.

La principale forme du diable, souverain & grand maître du sabbat, est, comme je viens de le dire, celle d'un grand bouc; je l'appelle la principale, parce qu'il ne se borne pas tellement à cette forme, qu'il n'en prenne de tems en tems quelques autres, selon que la fantaisie lui en vient & que ses desseins l'exigent. Il se transforme quelquefois en un grand lévrier noir, ou en un bœuf (2) bien cornu, ou en un tronc d'arbre (3),

---

(1) Marie d'Aguerre âgée de treize ans, & quelques-autres déposoient qu'aux assemblées du sabbat, il y a une grande cruche au milieu, d'où sort le diable en forme de bouc; qu'étant sorti, il devient si grand, qu'il se rend épouvantable, & que le sabbat fini, il rentre dans la cruche. *Id.* p. 71.

(2) J'ai vu quelque procedure, étant à la tournelle, qui peignoit le diable au sabbat, comme un grand lévrier noir, par fois comme un grand bœuf d'airain couché à terre, comme un bœuf naturel qui se repose. *Id.* 72.

(3) La première fois que Marie de la Ralde alla au sabbat,

DU SABBAT. 345

ou en oiseau noir comme un corbeau (1), mais aussi gros qu'une oie, ou en petits vers (2), qui courent & serpentent de tous côtés, ou en bouc blanc, ou en feu, ou enfin en cendres (3), dit-on, qu'on a bien soin de recueillir, parce qu'elles ont des propriétés admirables pour faire des maléfices.

De toutes ces figures, la plus ordinaire & celle

---

elle vit le diable en forme de tronc d'arbre, sans pieds, qui sembloit être dans une chaire, avec quelque forme de face humaine, fort ténébreuse; mais depuis elle l'a vu souvent en forme d'homme, tantôt rouge, tantôt noir; elle l'a vu souvent approcher un fer chaud près des enfans qu'on lui présentoit; mais elle ne sait s'il les marquoit avec cela. *Id.* p. 126.

D'autres disent qu'au sabbat le diable est comme un grand tronc d'arbre obscur, sans bras & sans pieds, assis dans une chaire, ayant quelque forme de visage d'homme grand & affreux. *Id.* 71.

(1) Le diable apparoît quelquefois au sabbat en forme d'un oiseau noir, de la grandeur d'une oie. *Id.* p. 150.

(2) Une sorcière dit avoir vu le grand maître du sabbat se réduire tout en menus vers. *Id.*

(3) Il est bien vérifié par les confessions des sorcières, que le diable leur fait voir au sabbat un bouc blanc comme neige, qui aussitôt de soi-même devient tout en feu, & est réduit en cendres. Le diable commande ensuite aux sorciers & sorcières de recueillir ces cendres, pour ensorceler & faire mourir les hommes & les bêtes. Le Loyer, p. 401.

qui impose le plus, est la première, c'est-à-dire, celle d'un grand bouc, ayant trois cornes & deux visages. C'est sous cette forme, ou sous celle d'homme, qu'il se montre assis sur un trône (1). Quelquefois ce diable en veut bien associer un autre à son empire (2); il y a dans l'assemblée du sabbat un maître des cérémonies qui tient en sa main un bâton doré (3).

---

(1) Le diable au sabbat est assis dans une chaire noire; avec une couronne de cornes noires, deux cornes au cou, une autre au front, avec laquelle il éclaire l'assemblée, des cheveux herissés, le visage pâle & trouble, les yeux ronds, grands, fort ouverts, enflammés & hideux, une barbe de chèvre, la forme du cou & de tout le reste du corps mal taillée, le corps en forme d'homme & de bouc, les mains & les pieds comme une créature humaine, sauf que les doigts sont tous égaux & aigus, s'appointant par les bouts, armés d'ongles, & ses mains courbées en forme d'oiseau de proie, & les pieds en forme d'oie, la queue longue comme celle d'un âne, avec laquelle il couvre ses parties honteuses. Il a la voix effroyable & sans ton, tient une grande gravité & superbe, avec une contenance d'une personne mélancolique & ennuyée. De Lancre, p. 389.

(2) Deux démons notables présidoient ès sabbats, le grand nègre qu'on appeloit maître Léonard & un autre petit diable que maître Léonard subrogeoit quelquefois en sa place, qu'ils appelent maître Jean Mullin. *Id.* p. 126.

(3) En la procédure d'Ustarits, qui est le siége de la justice de Labourt; faisant le procès à Petri Daguerre âgé de

Le diable commence l'exercice de son sabbat, par visiter tous ceux & toutes celles qui y sont, pour voir si les uns & les autres lui appartiennent, je veux dire s'ils ont de certaines marques par lesquelles il les a enrôlés pour son service. Il imprime ces marques à ceux qui n'en ont point; car puisqu'ils se sont trouvés dans ce lieu, c'est un témoignage du dessein qu'ils ont d'être des siens. Il les marque, ou aux paupières, ou au palais, ou aux fesses (1), ou au fondement, ou à l'épaule, ou entre les lèvres, ou à la cuisse, ou sous l'aisselle, ou aux parties les plus secrètes (2), ou

─────────────────────

soixante-treize ans, lequel depuis a été exécuté à mort, comme insigne sorcier, deux témoins lui soutinrent qu'il étoit le maître des cérémonies & gouverneur du sabbat; que le diable lui mettoit en main un bâton tout doré, avec lequel comme un mestre de camp, il rangeoit & les personnes & toutes choses au sabbat, & qu'icelui fini, il rendoit ce bâton au grand maître de l'assemblée. De Lancre, p. 125.

(1) Danæus dit dans son petit livre *de Sortiariis*, que le diable, pour s'assurer de la personne du magicien, lui imprime une marque, ou sous la paupière, ou entre les fesses, ou au palais de la bouche, afin qu'elle ne soit pas aperçue dans ces lieux-là. (C'est pour cela qu'on rase.)

(2) Les sorciers sont marqués entre les lèvres, ou sur la paupière, selon Daneau, ou au fondement, ou sur l'épaule droite; les femmes sur la cuisse, ou sous l'aisselle, ou aux parties. Bodin, p. 164.

à l'œil gauche (1). Ces marques repréſentent ou un lièvre, ou une patte de crapaud, ou un chat (2), ou un petit chien noir (3), & ſont toutes ſi inſenſibles, que de quelqu'inſtrument qu'on les perce, le ſorcier n'en ſouffre aucune douleur. On leur attribue encore un autre privilège, c'eſt que, tant qu'on les porte, on ne peut rien révéler de ce que les juges ſouhaitent ſavoir (4); c'eſt pourquoi les ſorciers les prient de les démarquer pour pouvoir ſe dénoncer eux-mêmes.

Outre ces marques que le diable imprime ſur ceux qu'il enrôle dans ſa milice, il leur donne encore à chacun un nom (5) de guerre.

---

(1) La première fois que les jeunes filles & enfans vont au ſabbat, le diable, après les avoir fait renoncer dieu, la vierge, les ſaints, &c. les marque d'une de ſes cornes dans l'œil gauche. De Lancre, 143.

(2) Le diable marque les ſorciers en un endroit qu'il rend inſenſible; & cette marque a quelquefois la figure d'un lièvre, ou d'une patte de crapaud, ou d'un chat noir. Delrio, p. 199. Cir.

(3) Un ſorcier avoit au dos une marque qui reſſembloit à un petit chien noir. De Lancre, p. 184.

(4) On a vu pluſieurs ſorcières qui ont prié les juges de faire ôter les marques qu'elles portoient, diſant qu'autrement il n'étoit pas poſſible de tirer d'elles aucune vérité ni ſecret de leur métier. Id. 184.

(5) Le diable donne à chaque ſorciers un nom. Bodin, p. 165.

DU SABBAT.

Voilà donc tous les conviés du sabbat, marqués & nommés. Que vont-ils faire à préfent? ils vont chanter (1) pour témoigner leur joie, s'il y arrive de nouveaux compagnons. Ceux-ci renoncent à Dieu pour fe donner au diable (2) avec des cérémonies remplies d'impiété & d'extravagance. Ceux-là mangent d'une pâte (3) ou fe font fucer par le diable le fang du pied gauche (4), afin de ne rien révéler de ce qu'il leur

---

(1) Quand il arrivoit de nouveaux forciers au fabbat, on chantoit en figne d'alégreffe,

Alegremonos Alegremofque gente nueva tenemos.

De Lancre, p. 396.

(2) Le diable pour les attirer plus aifement à renoncer à Dieu & à l'adorer, a accoutumé de leur faire toucher un livre qui contient quelques écritures obfcures; puis il leur reprefente & fait voir un abîme & comme une grande mer d'eau noire, dans laquelle il fait femblant de les précipiter, fi tout chaudement ils ne renoncent. *Id.* p. 75.

Quand on renonce à Dieu, pour fe donner à Satan, il faut prendre un parrain nouveau & une marraine, autres que ceux du vrai baptême. De Lancre, p. 74.

(3) Pour ne confeffer jamais le fecrèt de l'école, on fait au fabbat une pâte de millet noir avec de la poudre de foie de quelque enfant non baptifé, qu'on fait fécher; puis mêlant cette poudre avec ladite pâte, elle a cette vertu de taciturnité, fi bien que qui en mange, ne confeffe jamais. *Id.* 130.

(4) Le diable fuce au fabbat le fang du pied gauche des

commande de taire. Les uns font provision de poison (1) qu'on leur distribue; les autres s'occupent à passer la main sur le visage des enfans (2), dans le dessein de les rendre si troublés & si étourdis, qu'ils puissent voir tant d'horreurs sans crainte & sans inquiétude. D'autres, après avoir tué des enfans non baptisés, font de leur chair l'on-

---

sorciers, afin de les rendre plus obstinés & plus fermes à ne rien réveler. *Id.* 191.

Une sorcière dit avoir vu le diable percer aux sorciers le pied gauche avec un poinçon, tirer un peu de sang au dessous du petit doigt & le sucer, afin qu'ils ne confessent rien de ce qui concerne le sortilège. *Id.* 135.

(1) Une sorcière dit avoir vu faire cent fois du poison, lequel se distribue au sabbat parmi les insignes sorcières, ainsi que d'autres poudres; lequel poison se fait, non ès maisons particulières, mais au sabbat. De Lancre, p. 94 95.

(2) Tous les enfans qui sont menés au sabbat par des sorcières, déposent simplement qu'elles leur ont passé la main par le visage ou sur la tête; mais ils ne disent pas qu'elles aient les mains ointes ni graissées; bien, disent-ils, que tout aussitôt qu'elles leur ont ainsi passé la main, qu'ils sont troublés & éperdus, ou bien quand elles leur ont baillé à manger quelque pomme ou quelque morceau de pain de millet noir, & que la nuit ensuivant elles ne faillent d'aller chez eux les enlever, encore qu'ils soient dans les bras de leurs pères & mères, sans que personne se puisse éveiller. *Id.* p. 115.

guent (1) dont ils se servent pour leurs voyages & leurs transformations.

En voici que de petits diables sans bras (2) jettent dans un grand feu, & qui après quelque tems en sont sortis sans avoir ressenti aucune douleur. On en voit plusieurs qui rendent un compte exact des maux qu'ils ont faits (3); plus ils ont

---

(1) Satan pourroit bien faire ses transports sans onguent; mais il y ajoute cette méchanceté superflue, pour donner volonté & moyen aux sorciers de tuer force enfans, leur persuadant que sans cet onguent, il n'est pas possible qu'elles se transportent au sabbat, & il veut qu'il soit composé de chair d'enfans non baptisés, afin que ces enfans innocens, étant privés de vie par ces méchantes sorcières, ces pauvres petites ames demeurent privées de la gloire du paradis. *Id.* 112.

(2) Une sorcière dit avoir vu au sabbat plusieurs petits démons sans bras, allumer un grand feu, y jeter des sorcières, & les retirer sans douleur. *Id.* 135.

Au sabbat, le diable persuade aux sorciers que la crainte de l'enfer qu'on appréhende si fort, est une niaiserie, & leur donne à entendre que les peines éternelles ne les tourmenteront pas davantage, que certain feu artificiel, qu'il leur fait cauteleusement allumer, par lequel il les fait passer & repasser, sans souffrir aucun mal. *Id.* 127.

(3) Au sabbat les sorciers sont obligés de rendre compte de tous les maux qu'ils ont faits; & s'ils n'en ont point fait, ou d'assez grands, le diable ou quelque vieux sorcier les châtie rigoureusement. Delrio, p. 173.

été méchans, plus ils font loués, eftimés & applaudis.

La jolie chofe que de voir des crapauds danfer ! c'eft ce qu'on voit (1) toujours au fabbat. Ces crapauds parlent & font des plaintes contre ceux qui n'ont pas pris foin de les bien nourrir. Ces animaux font fort confidérés dans la magie; les enfans font chargés de les garder & de les mener paître.

Un forcier veut-il du mal à quelqu'un qui n'eft pas enrôlé comme lui dans la milice du diable? Etant au fabbat, il prend fa figure (2), afin qu'il y ait dans la fuite des témoins qui affurent l'y avoir vu, & qu'ainfi il puiffe auffi paffer pour forcier & être puni.

Le feftin fuit; mais quel feftin! les mets qu'on y fert conviendroient mieux à des chiens qu'à des hommes (3). Que dis-je, à des chiens? ces mets

---

(1) Quelquefois les crapauds vont devant les forcières danfant avec mille fortes de figures; & accufent leurs maîtres & maîtreffes de ne les avoir pas bien nourris. De Lancre. p. 392.

(2) Les forciers qui veulent mal à quelque perfonne, lorfquelles font au fabbat de nuit, ont pouvoir de reprefenter la figure de celui auquel elles veulent mal. Mais la figure ne bouge point; & le diable fait & forme ladite figure à la prière defdites forcières, pour les faire accufer de fortilége. *Id.* 144.

(3) Au fabbat, on s'affied à table, felon fa qualité, ayant
feroient

feroient même horreur à ces animaux. Les plats, les assiettes, les tasses & autres vases qu'on y met en usage, sont d'une matière si extraordinaire, qu'il ne m'est pas possible de la faire connoître (1).

Après le festin, il s'agit d'autres exercices. Quand les sorciers ignorent ce qu'ils ont à faire,

---

chacun son démon assis auprès, & par fois vis-à-vis. Ils benissent leur table, invoquant Belzebuth. Quand ils ont mangé, chaque démon prend sa disciple par la main, & danse avec elle. D'autres fois ils ne se tiennent qu'avec une main ; car de l'autre elles tiennent la chandelle allumée, avec laquelle elles reviennent d'adorer le diable, & après cela, chacun chante en l'honneur de son démon, des chansons très-impudiques. Quelques-unes de nos sorcières nous ont dit qu'on dresse des tables au sabbat, que la nappe semble dorée, & qu'on y sert de toutes sortes de bons vivres, avec pain, sel & vin. Mais le gros des sorcières mieux entendues, disent, qu'on n'y sert que crapauds, chair de pendus, charognes qu'on arrache des cimetières, fraîchement mises sous terre, chair d'enfans non baptisés, ou bêtes mortes d'elles-mêmes ; que l'on n'y met jamais de sel. Le pain est fait de millet noir. De Lancre, p. 194. 195.

Une sorcière dit avoir vu au sabbat des tables dressées avec force vivres ; mais, que, quand on en vouloit prendre, on ne trouvoit rien sous la main, sauf quand on y avoit porté des enfans baptisés ou non baptisés ; car de ces deux, elle en avoit vu fort souvent servir & manger. Id. 135.

(1) Un paysan s'étant trouvé la nuit dans un sabbat, où l'on faisoit un festin, on lui vint presenter un vase pour

ils n'ont qu'à prononcer certains mots (1); le diable vient sur le champ à eux pour les instruire de leurs devoirs. Ces devoirs consistent principalement à rendre des hommages à cette détestable créature, à l'adorer avec je ne sai combien de postures différentes & odieuses (2), à lui présenter des offrandes (3), à faire en son honneur des aspersions (4), des signes (5); enfin à

---

boire; il jeta ce qui étoit dedans, s'enfuit & emporta le vase, qui étoit d'une matière & d'une couleur inconnues; il fut donné à Henri le vieux, roi d'Angleterre. *Trinum magicum.* 37. 38.

(1) Au sabbat, on crie, *tyran, tyran, Beelzebuth,* pour faire venir le diable, afin de savoir ce qu'il faut faire. De Lancre, p. 505.

(2) Par fois au sabbat, on adore le diable, le dos tourné contre lui; par fois, les pieds contremont, ayant allumé quelque chandelle de poix fort noire, à la corne du milieu, & on lui baise le derrière ou le devant. *Id.* 75.

(3) On fait offrande au sabbat, qu'on dit être destinée pour employer aux procès que les sorciers ont contre ceux qui les poursuivent, pour les faire brûler. *Id.* 458.

(4) Au sabbat le diable urine le premier dans un trou, puis on en fait aspersion sur les assistans, p. 457. & 131.

(5) On fait le signe de la croix de la main gauche au sabbat, en disant; *in nomine Patrica Araguenco Petrica, agora, valentia, jouando goure gaits goustia.* Ce qui veut dire en langue latine, espagnole & biscayenne; *au nom de*

imiter (1) à sa gloire tout ce qu'on fait pour celle de Dieu.

Après les impiétés, suivent les ordures, les caresses immondes (2), les prostitutions, les incestes (3) les danses les plus dissolues & les plus extravagantes (4), aux chansons & au son des

---

Patrique, Petrique d'Arragon, à cette heure, à cette heure, valence, tout notre mal est passé. Id. 457. 458.

(1. Dans le sabbat, on baptise des crapauds, lesquels sont habillés de velours rouge, ou noir, avec une sonnette au cou, & une autre aux pieds, un parrain qui tient la tête desdits crapauds, & une marraine qui les tient par les pieds. *Id.* p. 133.

Une femme, nommée Sanfruena, disoit souvent la messe au sabbat. *Id.* 142.

(2) Jeanne de Hortilapits, âgée de quatorze ans, habitante de Sare, enquise si elle avoit adoré le diable, & si en cette adoration, elle lui avoit baisé le derrière, dit que non, ains que le diable les a tous baisés au cul.... Les grands le baisent au derrière, & lui au contraire, baise le derrière aux petits enfans. *Id.* p. 76.

(3) Au sabbat, la femme se joue en présence de son mari, sans soupçon ni jalousie, voire, il en est souvent le proxénète; le père dépucelle sa fille sans vergogne; la mère arrache le pucelage du fils sans crainte; le frère de la sœur. *Id.* p. 137.

(4) Les sorciers de Logny disoient en dansant; *har, har, diable, diable, saute ici, saute là, joue ici, joue là;* &

inftrumens (1), on y fait des culebutes (2); enfin on y met en ufage tout ce qui fe peut imaginer

---

les autres difoient, *fabbat, fabbat*, en hauffant les mains, garnies de balais. *Id.* p. 211, & Bodin, p. 178.

On adoroit au fabbat, le grand-maître, & après qu'on lui avoit baifé le derrière, ils étoient environ foixante qui danfoient fans habits, dos-à-dos, chacun un grand chat attaché à la queue de fa chemife, puis ils danfoient en rond. Ce maître Léonard prenant la forme d'un renard noir, bourdonnoit au commencement une parole mal articulée & après cela tout le monde étoit en filence. De Lancre, p. 126.

Les forcières danfent au fabbat quelquefois nues, quelquefois en chemife, un gros chat attaché au derrière. *Id.* 204.

Jeannette d'Abadie dit avoir vu la dame de Martia Balfarena, danfer au fabbat avec quatre crapauds, l'un vêtu de velours noir avec des fonnettes aux pieds, qu'elle portoit fur l'épaule gauche & l'autre fans fonnettes fur l'épaule droite; & à chaque poing, un autre, comme un oifeau, ces trois derniers non revêtus, & en leur état naturel. *Id.* 210.

Les grandes forcières font ordinairement affiftées de quelque démon qui eft toujours fur leur épaule gauche en forme de crapaud, fans qu'il puiffe être vu que de ceux qui font ou ont été forciers, & a ledit crapaud deux petites cornes en la tête. *Id.* 130.

(1) Une forcière dit avoir vu cent fois au fabbat le petit aveugle de Siboro, battre du tambour & jouer de la flûte. *Id.* 94.

(2) Une forcière dit que le diable tient les fabbats dans

de plus fou, de plus horrible, de plus impudent, de plus infame & de plus impie, & pour terminer notre description conformément à ce que les démonographes nous en apprennent, je dis qu'un coq a chanté, car selon eux son chant (1) dissipe cette diabolique assemblée & la fait disparoître.

---

les maisons où il porte, en forme de bouc, une boiteuse, nommée Jeannette Biscar, laquelle ensuite fait la culebute devant lui. *Id.* p. 141.

(1) Aussitôt que le coq se fait entendre au sabbat, tout disparoît. De Lancre, p. 154. 60.

Pour que le coq ne chante pas, quand on fait le sabbat, Satan a appris aux sorciers, qu'il faut lui frotter la tête & le front d'huile d'olive, ou bien, comme dit Pline, l. 29, c. 5, lui faire un collier de sarment de vigne. *Id.* p. 167.

FIN.

TABLE
DES OUVRAGES
CONTENUS DANS CE VOLUME.

HISTOIRE DE M. OUFLE.

AVERTISSEMENT DE L'ÉDITEUR des *Voyages Imaginaires*, pages 1

Préface de l'Auteur (l'abbé Bordelon), 9

CHAPITRE PREMIER. *Caractères de M. Oufle & des personnes de sa famille, dont il est parlé dans cette histoire,* 13

CHAP. II. *Où l'on voit combien M. Oufle étoit persuadé qu'il y avoit des loups-garoux, & ce qui l'avoit engagé à le croire,* 22

CHAP. III. *Comment M. Oufle crut être loup-garou, & ce que son imagination lui fit faire,* 28

CHAP. IV. *Suite des aventures de M. Oufle, loup-garou,* 34

CHAP. V. *Fin des aventures de M. Oufle, loup-garou,* 41

CHAP. VI. *M. Oufle inquiet sur la conduite de sa femme, met en usage quelques superstitieuses pratiques pour connoître si elle lui est fidelle,* 49

CHAP. VII. *Suite des pratiques superstitieuses que M. Oufle mit en usage pour connoître si sa femme lui étoit fidelle,* 59

CHAP. VIII. *Du divorce qui se mit entre M. Oufle & sa femme, & des moyens superstitieux dont se servit l'abbé Doudou leur fils, pour tâcher de rétablir la paix entr'eux,* 98

TABLE DES CHAPITRES.

Chap. IX. *Comment M. Oufle devint amoureux, & ce qu'il fit pour se faire aimer*, pages 73

Chap. X. *D'une nouvelle maîtresse que fit M. Oufle; des superstitions dont il se servit pour en être aimé, & quel en fut le succès*, 83

Chap. XI. *Où l'on montre, par un très-grand détail, combien M. Oufle étoit disposé à croire tout ce qu'on lui disoit ou tout ce qu'il lisoit des fantômes, spectres, revenans & autres apparitions*, 93

Chap. XII. *Suite du discours ou de la tirade de M. Oufle sur les apparitions*, 105

Chap. XIII. *Discours que fit Noncrède sur les apparitions, après celui de M. Oufle*, 127

Chap. XIV. *Suite du discours de Noncrède sur les apparitions*, 135

Chap. XV. *Où l'on parle des esprits foibles, ignorans, trop crédules, esclaves de la prévention, & où l'on montre combien il est facile de les tromper*, 155

Chap. XVI. *Adresse, intrigues & fourberies de Ruzine & de Mornand, pour se divertir & pour profiter de la facilité de M. Oufle à croire tout ce qu'on lui dit des spectres, fantômes, revenans, & généralement de toutes les sortes d'apparitions*, 170

Chap. XVII. *Où l'on apprend ce que fit M. Oufle pour se délivrer des prétendus spectres, fantômes & revenans qui le tourmentoient*, 182

Chap. XVIII. *Stratagême dont on se servit pour dissuader M. Oufle de ce qu'il croyoit, sur la puissance que les astrologues attribuent aux astres*, 186

Chap. XIX. *Quel fut le succès de la lecture que fit M. Oufle de l'écrit de son génie*, 196

Chap. XX. *Où l'on rapporte ce que M. Oufle s'étoit*

imaginé touchant les diables ; la puissance qu'il leur attribuoit ; la crainte qu'il en avoit, & les raisons qui l'engageoient à avoir cette crainte, pag. 199

CHAP. XXI. *Suite du discours de M. Oufle & de l'abbé Doudou, son fils, sur les diables,* 215

CHAP. XXII. *Extravagantes imaginations de M. Oufle, qui se persuadoit que les diables le suivoient par tout, & qu'ils lui apparoissoient sous des figures de chiens, de pourceaux, de mouches, de papillons, &c.,* 236

CHAP. XXIII. *Ce que fit M. Oufle pour se délivrer & se garantir des prétendues apparitions des diables, qui lui causoient des troubles & lui donnoient des inquiétudes continuelles, par la crainte où il étoit d'en recevoir quelque dommage,* 245

CHAP. XXIV. *Sansugue extrêmement avide d'acquérir de grandes richesses, s'informe, après avoir lu le discours de M. Oufle sur les diables, les moyens superstitieux qui promettent de faire devenir riche, & les met en pratique,* 251

CHAP. XXV. *Où l'on voit avec quelle facilité M. Oufle soupçonnoit ceux qui l'approchoient d'être sorciers ; les frayeurs que lui donnoient ces soupçons ; les extravagances que ces frayeurs lui firent faire, & plusieurs réflexions fort curieuses sur cette matière,* 271

CHAP. XXVI. *Chagrins que causa à la femme & aux enfans de M. Oufle, une aventure très-honteuse qui lui étoit arrivée, sur ce qu'il s'avisa de s'imaginer qu'une femme avoit ensorcelé un de ses chevaux ; les précautions qu'il prit pour faire ôter ce prétendu sort, & pour s'en préserver lui-même.* 323

DESCRIPTION DU SABBAT, 335

Fin de la Table.

www.ingramcontent.com/pod-product-compliance
Lightning Source LLC
Chambersburg PA
CBHW060055190426
43202CB00030B/1635